ケイスメソッド

民事訴訟法
〔第2版〕

池田粂男　小野寺 忍
齋藤 哲　田尻泰之　小林 学

不磨書房

──────〔執筆分担〕──────────────

池田　粂男（北海学園大学法学部教授）　　　序章，第1章
　　　　　　　　　　　　　　　　　　　　〔*No. 1* ～ *No. 7*〕

小野寺　忍（東洋大学大学院教授）　　　　　第2章
　　　　　　　　　　　　　　　　　　　　〔*No. 8* ～ *No. 18*〕

齋藤　哲（東北学院大学法科大学院教授）　　第3章
　　　　　　　　　　　　　　　　　　　　〔*No. 19* ～ *No. 26*〕

田尻　泰之（流通経済大学法学部准教授）　　第4章
　　　　　　　　　　　　　　　　　　　　〔*No. 27* ～ *No. 33*〕

小林　学（桐蔭横浜大学法学部准教授）　　　第5章
　　　　　　　　　　　　　　　　　　　　〔*No. 34* ～ *No. 37*〕

──────〔執筆順〕──────────────

第2版 はしがき

　本書が刊行されて3年が経過した。また，全面改正された現在の民事訴訟法が施行・運用されてから数えると早くも10年が経過したことになる。その間，法曹の世界では，すさまじいまでの司法制度改革が行われ，大学における法学部教育にも大きな影響を及ぼしたといえる。それは，法科大学院における法曹教育が軌道に乗り始めたこと，さらにはいわゆる現行司法試験が間もなく廃止されることで，法学教育の1つの目標が喪失することになるからである。元来，大学における法学教育は各種の試験準備のためにあるわけではないが，司法試験受験を目標とすることが重要な一要素であったことも事実だったのである。

　本書は，以上のような状況を意識しつつ，私たちの生活の中で日々引き起こされる法的紛争の実情（民事紛争）を見据えながら，学問としての民事訴訟法（民事裁判手続）をより具体的に理解するための有力な材料を提供しようとするものであることは，本書刊行の折に示した通りである。

　本書を改訂するに際しては，事例（CASE）の差し替えを行ったほか，データ部分も最新のものとした。また，学生諸君が基本事項の整理をし，実例に即した思考をすることに役立たせるべく，新たに現行司法試験の事例問題（過去問）を挿入した。

　学生諸君の役に立つものとなっていれば幸いである。

　2009年3月

編集代表　池田　粂男
小野寺　忍

はしがき——民事訴訟法を学習するにあたって——

 21世紀にはいり，民事訴訟法学は新しい時代をむかえた観がある。というのも，司法制度改革の荒波を凌いだ結果ともいうべき現行の民事訴訟法が誕生し，その後もたゆまぬ研究と工夫と新しい試みの結果としての民事訴訟手続が構築されたからである。その意味では，従来は「理論から手続への発展」とされたものが，「手続から理論への発展」へと大きく変転したようにも思われる。

 民事訴訟法は，講学上，手続理論にしたがって構築されていたのであり，訴権，裁判権，当事者権，訴訟物理論，証拠理論，既判力論，手続保障論などの論争を通じて形成された条文からなっていたのである。そうした法の状況の下で，およそ100年にわたって機能してきた民事訴訟法は，条文表現はもとより，訴訟手続運営の実際においてもいろいろな面で，さらには社会生活全体の発展との速度とも乖離する点が見られるようになり，とりわけ訴訟手続の促進化と効率化をめざそうとする実務面ではそうした現象が多くなり，改正が急務とされるようになったのである。

 このようにして完成した現行民事訴訟法が，どのような特色を有するかについては，次章に詳しく述べられているが，適正な手続を効率的に実現することと利用者である国民のニーズである「早い判決」に応えるため手続の促進を実現するためのルールを確立したことにある。

 民事訴訟法をこれから学ぼうとする読者諸氏は，以上に概略したことを十分に玩味する必要があり，その学習にあたっても留意していただきたい。

 そこで，ここでは現行民事訴訟法の特色となる点を意識した上で，学習上のポイントを説明しておきたい。

(1) 学習のポイント

 民事訴訟法は，伝統的に難しい科目（学問）といわれるが，次の点に留意することによって，民事訴訟法学に興味が持てるはずであるし，民事訴訟法の学習意欲を増進するものと思われる。

 ① 体系書　民事訴訟法の体系書は，数多く出版されており，ここで特定のものを決定することはできないが，新堂幸司『民事訴訟法』（弘文堂），伊藤

眞『民事訴訟法』(有斐閣)，高橋宏志『重点講義　民事訴訟法』(有斐閣) などは単著でボリュームたっぷりのものとして推薦できる。もちろん，このほかにも有力な体系書はたくさんあるが，最も重要なのは1つの体系書を決めて，それをきちんと読み込むことにある。

　②　専門論文　　専門論文は，「古稀記念論集」，「退職記念論集」，「周年記念論集」などとして刊行される各種の記念論文集の中で著されている。この専門論文に目を通すことも重要である。これらの専門論文は，その時々の最新のテーマを取り扱うことがほとんどだからである。これは，今後，法科大学院を経て法曹をめざす者にとっては，研究者や実務家が何をテーマとし，何を論じようとしているかが把握でき，たとえそれらの全文を読むことを後回しにしたとしても，タイトルから得たイメージによって，体系書の重要箇所が意識できるようになり，体系書の読み方も変わることになるはずだからである。

　③　判例　　判例は，毎年，コンスタントに累積されており，新聞その他のマスコミを通じても見聞する機会はあるが，それらの中でも重要とされる裁判の判決文を実際に読んでみることである。判例については，本書でもそうであるが，判例年月日だけを指摘するにとどまる場合が圧倒的に多いのであり，「判例評釈」や「判例解説」なども判決の全文を掲載するとは限らない。判決文には，裁判官のものの考え方が示されており，体系書から得た知識を基に構築しながら読む際の道標として最適と思われるからである。

　④　事例　　事例問題は，過去の司法試験などで出題されたものに頼りやすいが，むしろ事例にまとめられている事実関係などを膨らまして，事例の元となる背景を探る訓練をしてみるべきである。たとえば，「言い分」方式の事例展開をする方法も考えられる。そうした訓練をしながら事例問題について，論点を探り，自分の考えを書き上げてみることである。重要なのは，自分の手で書く作業をやり抜くことである。

　⑤　講　義　　大学等での講義も，これからは軽視すべきではないことになろう。これまでのように断片的な知識の集積と暗記に頼るだけでは，確かな法曹感覚を獲得することは困難になるはずだからである。これからの法学教育は，法科大学院はもちろん，法学部教育も「量から質へ」と変貌することは間違いのないことだからである。

　まだまだ，学習のコツはあると思われるが，結局のところ，読んで，見て，

書くという作業をきちんと続けるしかないことになろう。この他には,「聴く」という作業も重要なツールではある。各自の所属する大学等で講義を受ける場合であるが,これは,上記の留意点を心掛けた上であれば,プラス要素の確実な学習方法といえる。

(2) **本書の活用の仕方**

具体例を〔CASE〕として取り上げてあるので,Point で指摘したことを中心に論文作成の練習をしていただきたい。また,〔Step up〕では,独自のテーマとして,本文との関係の中で特に知っておくべき事項を取り上げてある。

〔Practice〕は,過去に出題された問題を本文に合わせて取り上げてあるので,進度に合わせて理解して欲しいものである。

本書は,『ケイスメソッド民事訴訟法』という書名が示すように,事例を基本軸に学習できるようにすることを目指して編集されている。その目的がどこまで達成されるかは,読者諸賢の姿勢にかかっている。すなわち,事例の解決は必ずしも単純なものではなく,場合によっては見解の対立が反映していくつかの解決案が編み出される場合も出てくるはずだからである。そうした場合に要求されるのは,いかに基本書をしっかり読み込んでいるか,そして筋道立てて考えることができるかということになろう。その意味で,本書は設定した〔CASE〕の解決策を得るための基礎知識を確認できるように記述されているので,利用方法次第で大いに参考となると思われる。

ことに,新司法試験では,民事訴訟法についても択一試験が課されており,民事訴訟手続の基本事項はしっかりと身に付けてもらいたい。あわせてご活用願いたいものである。

今後は,社会の変転に伴って民事訴訟手続も変貌を遂げていくものと予想され,その予兆はすでに始まっている観があることから,本書もでき上がった瞬間から,そうした変化に遅れることなく対応していかなくてはならないと考えている。

2006年4月

編集代表　池田　粂男
小野寺　忍

目　次

第2版はしがき

はしがき――民事訴訟法を学習するにあたって――

序　章　民事訴訟法の特色

第1節　民事紛争の解決手段 …………………………………………………… 2
　　1　民事訴訟によらない解決　2　　2　民事訴訟の特色　6
　　3　民事訴訟における当事者の意思の尊重　9
　　4　広義の民事訴訟――付随手続・特別手続　10
第2節　民事訴訟の法 ……………………………………………………………… 14
　　1　民事訴訟法の意義　14　　2　民事訴訟法の沿革　15
　　3　民事訴訟法規の規準性　18

第1章　総　則

No. 1　通　則 ………………………………………………………………………… 24
　　1　制度利用権能の局面――訴権の濫用　24
　　2　審理過程の局面――矛盾挙動の禁止（禁反言の法理）　25
　　3　訴訟状態形成の局面――判決の騙取・詐取　25
No. 2　裁　判　所 ………………………………………………………………… 26
　　1　裁判所の管轄　26　　2　裁判官の除斥・忌避　32
No. 3　当　事　者 ………………………………………………………………… 36
　　1　当事者の確定　36　　2　当事者能力　37　　3　訴訟能力　40
　　4　訴訟上の代理　42　　5　当事者適格　44
No. 4　複雑訴訟形態（当事者の複数…請求の主観的併合）………………… 48
　　1　共同訴訟　48　　2　選定当事者　53　　3　訴訟参加　54
　　4　訴訟承継　60　　5　訴訟脱退　62
No. 5　訴　訟　費　用 …………………………………………………………… 65
　　1　定義　65　　2　訴訟費用の負担　65　　3　訴訟費用の担保　66
　　4　訴訟費用額の確定　66
No. 6　訴訟の審理 ………………………………………………………………… 67
　　1　口頭弁論と訴訟指揮　67　　2　期日　67　　3　期間　69
　　4　送達　72　　5　裁判手続の停止　76

目　次

| No. 7 | 訴え提起前における証拠収集等の手続 …………………… 81 |

 1　訴え提起前における証拠収集　*81*
 2　訴え提起前における照会　*81*
 3　訴え提起前における証拠収集の処分　*82*

第2章　訴訟手続

| No. 8 | 訴　　　え ……………………………………………………… 84 |

 1　訴えの利益　*84*　　2　訴えの種類　*85*

| No. 9 | 訴えの提起 ……………………………………………………… 94 |

 1　定義　*94*　　2　訴え提起の方式　*94*　　3　訴え提起の効果　*95*

| No. 10 | 請求の併合 …………………………………………………… 97 |

 1　定義　*97*　　2　要件　*97*　　3　態様　*98*

| No. 11 | 訴　　　状 …………………………………………………… 100 |

 1　訴状モデル　*100*　　2　請求の原因　*103*　　3　請求の趣旨　*104*
 4　訴状の審査　*106*

| No. 12 | 重複訴訟の禁止 ……………………………………………… 106 |

 1　定義　*106*　　2　要件　*107*　　3　効果　*108*

| No. 13 | 訴えの変更 …………………………………………………… 110 |

 1　定義　*110*　　2　要件　*111*　　3　種類・態様　*112*
 4　手続と裁判所の処置　*115*

| No. 14 | 中間確認の訴え ……………………………………………… 115 |

 1　定義　*115*　　2　要件　*116*　　3　手続　*116*

| No. 15 | 反　　　訴 …………………………………………………… 118 |

 1　定義　*119*　　2　要件　*119*　　3　手続　*120*

| No. 16 | 計画審理 ……………………………………………………… 121 |

 1　定義　*121*　　2　位地づけ──具体的な場合　*121*

| No. 17 | 口頭弁論およびその準備 …………………………………… 123 |

 1　審理の方式　*123*　　2　準備書面　*125*　　3　口頭弁論の実施　*125*

| No. 18 | 争点および証拠の整理手続 ………………………………… 130 |

 1　口頭弁論の準備　*130*　　2　口頭弁論の準備の態様　*131*

第3章　裁判と訴訟の終了

| No. 19 | 処分権主義・弁論主義 ……………………………………… 136 |

 1　処分権主義　*136*　　2　弁論主義　*138*　　3　釈明権　*140*

| No. 20 | 証　　　拠 …………………………………………………… 143 |

1　証明を必要としない事実（不要証事実）　143
　　　2　裁判上の自白　144　　3　自由心証主義　146
　　　4　証明責任　147　　5　証明の意義　149

No. 21　証　拠　調　べ··153
　　　1　証拠調べ　153　　2　証拠の意義　155
　　　3　証人尋問（人証1）　156　　4　当事者尋問（人証2）　158
　　　5　鑑定（人証3）　159　　6　書証（物証1）　161
　　　7　検証（物証2）　164　　8　調査嘱託　165　　9　証拠保全　165

No. 22　裁判の種類··170
　　　1　裁判の種類　170　　2　判決　173　　3　訴訟費用の裁判　176

No. 23　判決の効力··178
　　　1　判決の形成的効力　179　　2　判決の本来的効力　179
　　　3　既判力の作用と既判力の性質（既判力学説）　179
　　　4　既判力の基準時（標準時）——既判力の時的限界　181
　　　5　既判力の客観的範囲（既判力はどの範囲で及ぶのか）　183
　　　6　既判力の主観的範囲（既判力は誰と誰との間に生ずるか）　189

No. 24　裁判によらない訴訟の完結··194
　　　1　裁判によらない訴訟の完結　194　　2　訴えの取下げ　195
　　　3　請求の放棄・認諾　197　　4　訴訟上の和解　198

No. 25　大規模訴訟等に関する特則··202
　　　1　受命裁判官による証人等の尋問　202
　　　2　大規模訴訟における合議体の構成　202
　　　3　その他の手続規制　202

No. 26　簡易裁判所の訴訟手続に関する特則······································203
　　　1　簡易裁判所の手続の特則　203　　2　訴え提起前の和解　204

第4章　不服申立て

No. 27　上訴と控訴··208
　　　1　上訴制度　208　　2　控訴　211　　3　控訴の利益　215

No. 28　附　帯　控　訴··220
　　　1　附帯控訴の意義　220　　2　附帯控訴の要件　221
　　　3　附帯控訴の特殊性　221

No. 29　不利益変更禁止··223
　　　1　不利益変更禁止の原則　223
　　　2　不利益変更禁止に関する判例　224
　　　3　非訟事件手続と不利益変更禁止の原則　225

目　次

No. 30　上　　告 ………………………………………………………… 229
　　1　上告手続　*229*　　2　上告の利益　*231*

No. 31　上告受理申立 …………………………………………………… 236
　　1　上告受理申立制度の意義　*236*　　2　上告受理申立理由　*236*
　　3　上告受理申立手続　*237*

No. 32　許可抗告制度 …………………………………………………… 240
　　1　不服申立方法としての抗告　*240*　　2　抗告手続の分類　*241*
　　3　抗告審の手続　*241*　　4　再抗告　*242*　　5　許可抗告制度　*242*
　　6　許可抗告の制限　*243*

No. 33　再　　審 ………………………………………………………… 245
　　1　再審の意義　*245*　　2　再審の訴え　*246*
　　3　再審の訴えの適法要件　*246*　　4　再審事由　*249*
　　5　再審の補充性　*252*　　6　再審の訴訟手続　*252*

第5章　特別な訴訟手続

No. 34　手形・小切手訴訟 ……………………………………………… 258
　　1　手形・小切手訴訟の意義　*259*　　2　手形訴訟の提起　*259*
　　3　手形訴訟の審理　*260*　　4　手形判決　*261*
　　5　通常訴訟への移行　*261*

No. 35　少 額 訴 訟 ……………………………………………………… 264
　　1　少額訴訟の意義　*265*　　2　少額訴訟の要件　*265*
　　3　少額訴訟手続の教示　*266*　　4　少額訴訟の審理　*267*
　　5　通常訴訟手続への移行　*267*　　6　判決および強制執行　*268*
　　7　不服申立て　*270*

No. 36　督 促 手 続 ……………………………………………………… 272
　　1　督促手続の意義　*273*　　2　支払督促　*273*
　　3　仮執行宣言付支払督促　*274*　　4　債務者の督促異議　*275*
　　5　電子情報処理組織による督促手続の特則　*277*

No. 37　執 行 停 止 ……………………………………………………… 281
　　1　執行停止の意義　*281*　　2　執行停止の裁判　*282*

　Practice 解　答 ………………………………………………………… *285*
　事項索引 …………………………………………………………………… *301*

凡　例

文献略語

1）体系書ほか

新堂・新民訴	：新堂幸司・新民事訴訟法〔第3版補正版〕〔弘文堂, 2005〕
上田・民訴	：上田徹一郎・民事訴訟法〔第4版〕〔法学書院, 2004〕
高橋・民訴(上)	：高橋宏志・重点講義民事訴訟法(上)〔有斐閣, 2005〕
高橋・民訴(下)	：高橋宏志・重点講義民事訴訟法(下)〔補訂版〕〔有斐閣, 2006〕
伊藤・民訴	：伊藤眞・民事訴訟法〔第3版補訂版〕〔有斐閣, 2005〕
松本＝上野・民訴	：松本博之＝上野泰男・民事訴訟法〔第4版〕〔弘文堂, 2005〕
山本・民訴審理	：山本和彦・民事訴訟審理構造論〔信山社, 1995〕
一問一答	：法務省民事局参事官室編・一問一答民事訴訟法〔商事法務研究会, 1996〕
中野ほか・講義	：中野貞一郎＝松浦馨＝鈴木正裕編・新民事訴訟法講義〔第2版〕〔有斐閣, 2004〕
実務民訴	：鈴木忠一＝三ケ月章監修・新・実務民事訴訟講座〔日本評論社, 1981〜4〕
講座民訴	：新堂幸司編集代表・講座民事訴訟〔弘文堂, 1983〜5〕

2）雑　誌

争点〔第3版〕	：ジュリスト増刊・民事訴訟法の争点〔第3版〕〔1998〕
百選ⅠⅡ	：別冊ジュリスト民事訴訟法判例百選Ⅰ・Ⅱ〔新法対応補正版〕〔1998〕
百選〈3版〉	：別冊ジュリスト・民事訴訟法判例百選〔第3版〕〔2003〕
重判解	：ジュリスト臨時増刊・○年度重要判例解説
基本コメ民訴	：基本コンメンタール民事訴訟法〈第2版〉〔日本評論社〕

3）判例集などの略称

民　録：大審院民事判決録（明治憲法下）
民　集：大審院民事判例集（明治憲法下）
　　　　最高裁判所民事判例集（日本国憲法下）
下民集：下級裁判所民事裁判例集
高民集：高等裁判所民事判例集
判　時：判例時報

凡　　例

　　判　タ：判例タイムズ
　　ジュリ：ジュリスト
　　リマークス：私法判例リマークス
　　法　時：法律時報
　　民　商：民商法雑誌

4）問 題 集

　法学検定試験委員会編・法学検定試験2級法学既修者試験　過去問題集［商事法務，
　　2005］

5）法令略語

会社	会社法	手	手形法
家審	家事審判法	破	破産法
家審規	家事審判規則	非訟	非訟事件手続法
行訴	行政事件訴訟法	弁護	弁護士法
刑訴規	刑事訴訟規則	弁理	弁理士法
憲	憲法	民	民法
小	小切手法	民執	民事執行法
裁	裁判所法	民訴規	民事訴訟規則
司書	司法書士法	民訴費	民事訴訟費用等に関する法律
商	商法	民調	民事調停法
人訴	人事訴訟法	民調規	民事調停規則
税理	税理士	民保	民事保全法
仲裁	仲裁法		

6）出 題 例

　　現司試　現行司法試験（旧司法試験）
　　昭56/②　昭和56年度第2問

序　章

民事訴訟法の特色

第1節　民事紛争の解決手段

　人の社会においても構成員の間に紛争が発生することは回避しがたい。財産や経済的な利害を基礎とする人の関係においてはもとより，その形成上およそ利害とは無縁とも思われる親子や夫婦などの関係においてさえ，何かのきっかけからその財産権や身分・家族の関係等をめぐり紛争に陥ることがある。このように，私人の権利義務なり法律関係なり（本章においてこれを権利関係という）の存否をめぐって起こる争いが民事紛争であり，これを解決する手段としては多様なものがある。

1　民事訴訟によらない解決
(1)　制度以前の紛争解決手段
　この紛争状態において，実力をもって自己の権利を実現し利益を確保することは，自力救済といわれる。しかし，自己の主張する権利もその根拠をなす事実の存在も，じつは客観性の担保を欠くばかりか，その実力行使じたいが更なる紛争の誘因になりかねない。したがって近代法治国家において自力救済を紛争解決の手段として肯定する場面は極めて限られている（例，民720条）。
　他方，紛争の対立当事者らがみずから，もしくは弁護士などの第三者に委ねて，裁判手続外で話し合いにより合意に到達する紛争解決の手段は和解契約であり，裁判外の和解といわれる（民695条・696条）。しかし，話し合いがこじれると合意はおろか対立が深刻化し，あるいは首尾よく合意にいたっても，その履行をめぐって紛争の蒸し返しを生ずるなどのおそれが残る。
(2)　紛争の制度的解決
　これらに対し，紛争解決手段として社会に受け入れられている多様な制度がある。いずれも，紛争当事者以外の第三者たる機関が存在し，これに紛争解決の役割を委ねるものである。しかし，もともと民事紛争の対象となる権利義務または法律関係は，私人相互の交渉で自由に決められるのであるから（私的自治の原則），この権利関係の存否をめぐる事件の解決も紛争当事者の合意による自主的解決に任せてよく，そのほうが事後の当事者間の関係を円満に進められる。そこで，第三者機関として，裁判所が行う調停や和解に限らず，行政機

関や弁護士会その他の民間団体が運営主体となる仲裁，調停，あっせん，相談など，これら ADR（Alternative Dispute Resolution 裁判外紛争解決制度）と総称される諸制度も，当事者の合意を基礎とする自主的解決に近い形態をとっている。いま進行中の司法制度改革のもとで，ADR のより実効的な基盤を築く「裁判外紛争解決手続の利用の促進に関する法律」（ADR 法）が，平成16年に制定された。

(a) 調　停

国の司法機関としての裁判所が行う調停には，財産権をめぐる紛争についての民事調停と家族関係をめぐる紛争についての家事調停があり，その手続は民事調停法と家事審判法にそれぞれ規定されている。調停を裁判所に申し立てることについては当事者の合意を要せず，その呼び出しを受けながら正当な事由なく出頭しない当事者に対しては過料の制裁を設けることによって，話し合いの場が作られるように配慮されている（民調34条，家審27条）。調停にあたるのは原則として裁判官と2名（以上）の民間人からなる調停委員会である。調停委員会が当事者から事情聴取をして作成した解決案を当事者双方が受け入れなければ紛争は解決にいたらない点において，調停は当事者による自主的解決の制度といえる。しかし，このように裁判所の監督・協力の下で合意が成立すれば，合意内容を記載した調停調書は確定判決と同一の効力をもつものとされており（民調16条「裁判上の和解と同一の効力」，民訴267条，家審21条），紛争解決の実効性において民法上の契約にすぎない和解契約とは異なる。

なお，当事者の頑固な恣意または僅かな意見の相違などにより調停の成立が見込めない場合に，裁判所は職権で調停にかわる裁判をすることができ（民調17条「決定」，家審24条「審判」），これに対して当事者から異議の申立てがあるとこの裁判は無効となり，異議申立てがないときは確定判決と同一の効力を有する（民調18条3項，家審25条3項）。また，訴訟が係属している受訴裁判所において，調停による解決が適当と認められる事件の場合は，職権で調停による解決を試みることもできる（民調20条。付調停ともいう）。

(b) 裁判上の和解

同じく裁判所が当事者相互の話し合いに関与する制度として，民事訴訟法じたいが認めるものに裁判上の和解がある。これには，提起された訴訟手続の中で試みられる訴訟上の和解（89条）と，簡易裁判所に最初から和解を申し立て

る訴え提起前の和解（275条。起訴前の和解，即決和解ともいう）とがある。いずれも紛争の解決を当事者の合意に任せ，しかし成立した合意内容が記載される和解調書には確定判決と同一の効力（267条）が与えられる点において，調停と同様であるが，解決にあたる機関，さらには不出頭の当事者に対する制裁を設けてない点で差異がある。

訴訟上の和解は，当事者の合意によって成立すると訴訟が判決によらないで終了することとなり，この和解率は約3割と紛争解決の小さくない役割を担っている。また訴え提起前の和解は，強制執行の基本となる文書（民執22条7号「債務名義」）を訴訟によらず簡易に作り出す手段として活用されており，同じく債務名義となる執行証書（金銭執行や代替物の引渡執行等に限られる（民執22条5号））には認められていない土地・建物の引渡し・明渡執行のためにも重要な機能を有している。

なお，執行証書は，公証人による私人の行為の公証と債務者の執行受諾とにもとづき簡易迅速に強制執行の基礎を与える文書であり，そこに表示された給付義務を強制的に実現するための手段となる。しかし，執行証書の作成は紛争の存在を前提とするものではなく，公証によって将来の紛争を未然に防ぐことを主眼として作成されるものである。したがって，ときに紛争の解決結果である給付義務が公正証書に表示されることはあるが，これをもって直ちに紛争解決手段ということはできない。

(c) 仲　裁

裁判所ではなく，仲裁人という任意の第三者に特定の紛争について解決を委ね，その審判機関（仲裁廷）となる仲裁人の判断（仲裁判断）に服する旨の合意（仲裁契約）にもとづく手続が仲裁であり，仲裁法（平成16年3月施行）がこれを定める。紛争の前後を問わず仲裁契約を締結することによりこれを利用することができるとともに，手続の進行についても強行法規に反しないかぎり当事者の合意が可能であるほか，仲裁判断の基準とすべき法も当事者の合意で定めることができ，もし双方から明示の求めがあれば仲裁廷は衡平と善により判断するものとする（仲裁36条1項・3項）など，当事者の意思を反映する制度となっている。他面において，法が手続について規定をもうけ，仲裁合意の対象とされている事件について民事訴訟による解決を排除し（仲裁14条1項「訴え却下」），いったん仲裁判断がなされたときはこれに確定判決と同一の効力を

認めることなどから，仲裁は公的制度に準ずる紛争解決手段と位置づけられる。なお，仲裁は調停制度の伝統がない欧米において，訴訟に代わる紛争解決手段として発展し，今日わが国においても国際取引紛争のほか建設工事紛争などで利用されている。

(d) 非訟事件（手続）

　この手続は，私人間の権利関係に関して裁判所が主宰し公権的な判断を示すことにおいて，民事訴訟手続との共通点も見出せる。しかし，この手続では，建前として口頭弁論を開かず，公開・対審構造をとらないで（非訟13条，家審規6条），必要があれば裁判の基礎資料を職権で探知することができる（非訟11条，家審規7条）。また，裁判の形式は簡略な決定であり（非訟17，家審13条～15条では審判という），裁判の内容については裁判所に裁量の余地が広くあり，この内容を不当と認めるときはみずから取消し・変更することも認められ（非訟19条，家審7条），その決定に対する不服申立ても抗告という簡易な方法が認められるにすぎない（非訟20条，家審7条）。このように，裁判の内容が実体法により規律される判決よりも軽易であり，民事訴訟に比べて当事者意思の反映度は低い手続である。

　この手続で処理される非訟事件は，争訟性の程度により，非争訟的非訟事件と争訟的非訟事件とに区別される。非争訟的非訟事件の例としては，非訟事件手続法に規定される法人の事務や清算の監督，および家事審判法9条1項甲類に規定される人事関係事件（甲類事件）を挙げることができる。これらは特定の私人間での具体的な紛争ではないにもかかわらず裁判所の処理すべき事件とされている。このことは沿革的な理由にもとづくのであり，現行法上この執行にあたる裁判官の職務はむしろ行政作用と見られる。これに対し，争訟的非訟事件としては，家事審判法9条1項乙類に規定される人事関係事件（乙類事件。たとえば離婚に伴う財産分与，親族間の扶養，遺産分割事件など）や，借地借家法41条以下に規定される借地条件変更事件などを挙げることができる。これらは私人間に具体的な紛争があり，本質的に訴訟事件と変わりがない。ただ，訴訟事件に比べると，これらは裁判の規準となる実体法が一義的・具体的な内容をもたない一般条項を含み，適用に当たって裁判所の裁量的判断の余地が大きいため，厳格な訴訟手続よりも機動性に富み，簡略な非訟事件手続が適するものと一応いえよう。

しかし，家事審判法の制定によりかつて訴訟で解決されていた多くの事件が非訟事件である審判事項に改められたように，訴訟の非訟化といわれる現象の中で，裁判の対審・判決は公開法廷で行うと定めた憲法32条・82条との関係で，裁判を受ける権利の侵害が問題となる。最高裁は一連の判例を通じて，裁判で実体的権利義務の存否を確定する訴訟とは異なり，その権利義務の具体的内容（履行の時期・場所・態様など）が形成されるにすぎない非訟事件を非訟手続で審理することは，そこで前提問題として権利義務の存在じたいが判断されてもこの判断について既判力を生じることはなく民事訴訟の道を閉ざすわけでもないので，違憲でないとする。これに対しては，たとえば婚姻費用の負担義務存否の確定（訴訟）とその負担額の確定（非訟）という同じ生活関係に手続重複の不合理があり，批判が強い。

2　民事訴訟の特色

民事訴訟は，紛争当事者の一方が原告となり，被告に対する紛争に関する請求について裁判所に審理し判決することを求める紛争解決制度である。結論を判決に表示することを目標とする手続であることから，判決手続の名がある。民事訴訟によらない上述した紛争解決の諸制度に比べ，当事者間の合意の成立を基礎としない紛争解決であることに特色がある。以下で具体的にみよう。

(1) 実体法の適用による解決

民事訴訟において紛争解決の基準となるのは実体法である。つまり紛争事件に対する判決は，権利関係の発生，変更，消滅を定める実体法を裁判官が適用して得られた結果であり（憲76条3項参照），当事者間の合意による結論ではない。しかも，このように紛争解決の基準があらかじめ実体法によって定められていることは，判決が当事者の意思に反しても当事者を拘束し，紛争解決に強制力を有することの正当性を担保する一要因でもある。

これを司法権の限界という視点から見るとき，民事訴訟において審判の対象となる資格は，実体法の適用により紛争解決が可能な法律上の権利関係であるということができる。裁判所法3条1項にいう法律上の争訟に限られるのである。たとえば，警察予備隊の設置・維持に関する国の一切の行為の無効確認を求めるのは法律問題ではあるが，これは当事者の具体的権利関係を離れていて，法令の違憲・無効を抽象的に確認する点で法律上の争訟に当たらないとされる

（最大判昭和27年10月8日民集6巻9号783頁）。また宗教法人の住職などの地位確認を求めるのは当事者間の具体的紛争ではあるが，これは単なる宗教上の地位にすぎず，法律を適用して解決できる権利関係とはいえないとされる（最判昭和44年7月10日民集23巻8号1423頁ほか）。もっとも，寺が罷免した住職に対してする境内地・本堂等明渡請求においては，訴訟物は法律上の権利関係であり，住職たる地位については前提問題として判断する必要を生じるものであるが既判力をもって確定するものではない。この場合，裁判所は判断内容が宗教上の教義の解釈にわたるものでない限り，住職の選任・罷免の適否について審判権を有するとされる（最判昭和55年1月11日民集34巻1号1頁）。したがって，住職選任手続などが宗教上の教義の解釈にかかる場合にはこれを事実認定の対象とすることは不可能であり，けっきょく法律上の争訟に該当しない訴えとして却下をすべきこととなる。この点で学説上は議論があり，宗教団体の自律を尊重する一立場として，宗教上の教義にかかわる事実じたいを立証主題とするのではなく，すでに団体内部で地位の取得が承認されている事実をもって宗教上の地位の取得を基礎づける事実とみなし，裁判所は経験則による承認の事実認定を行い，本案判決をすることができるとする見解などがある。

(2) 応訴の負担

紛争当事者の一方である原告の申立て（訴えの提起）により訴訟が開始すると，被告はこれに対応しなければならない。応じることなく口頭弁論期日に欠席するときは，原告主張の請求原因事実を肯定したものとみなされて（159条3項・1項「自白の擬制」），請求認容の被告敗訴判決が下されるなど，被告に不利益が課されることにもなる。この不利益を回避するために，訴えられた被告には応訴の負担が生じることとなる。

(3) 職権進行主義

訴訟は，訴えの提起に始まり，裁判所の主宰により進行し，判決をめざして訴訟主体らの行為が連なる手続である。裁判所は職務の独立と身分を保障された高度の法律専門家である裁判官からなり，中立的紛争解決機関として手続を主導する。裁判所としては，訴えが提起された以上，これに対する判断の責任を負う。当事者間に合意が成立しないこと，あるいは，事実が不明であることなどを理由に，判決を拒絶することは許されない。

なお，裁判所の主導で進行する訴訟のもとでは，当事者が裁判所に対して特

定の行為を要求しても，裁判所の職権発動を促す意味をもつにすぎない。しかし法は，裁判所が法律に定められた要件・方式を犯した場合には，当事者が遅滞なくその訴訟行為の無効を主張し，是正を求める異議の権能を認める（90条）。これは責問権とよばれる。この場合，裁判所の法規違背行為が公益性の強い訴訟要件でないかぎり，当事者の意思であえて異議を述べずに責問権を行使しない（責問権の放棄）という選択の余地もある。

(4) 既 判 力

当該訴訟の審級を完結する終局判決について，期間の経過によりこれに対する控訴や上告などの不服を申し立てること（上訴）ができず，これを取り消すことができなくなったとき，この状態を判決の確定という（116条）。この確定判決において示された権利関係の存否についての判断は最終的なものとされて，これに既判力などの効力が認められる。たとえば，既判力が生じた所有権の存在の判断を後の妨害排除請求や登記抹消請求の訴訟で裁判所が履すことはできず，むしろ所有権の存在を前提として請求権の有無を判断しなければならないほか，当事者がそれを覆すために矛盾する権利関係を主張立証することは許されないのであり，したがって裁判所もこれについて審判してはならないこととなる。

なお，判決によらない紛争解決の諸制度においても，解決内容に確定判決と同一の効力が認められており，解決の実効性は訴訟に近いこと上述したとおりである。これらの判決と同一の効力に既判力が含まれるか否かに関し，調停に代わる裁判および仲裁判断については，おおむね肯定されているが，裁判上の和解調書，調停調書などの調書については，請求の認諾調書（267条）とともに議論のあるところである。

(5) 民事訴訟と他の訴訟

今日，訴訟という方式をとるものは，その処理すべき事件内容の差異により，民事訴訟，刑事訴訟および行政訴訟に区別される。対等な私人間の身分上・経済上の生活関係において生ずる事件は民事事件として，民事訴訟が処理に当たる。特定人の犯罪事実を認定しこれに国が刑罰権を行使すべきかどうかを確定する刑事事件は，刑事訴訟で処理する。国や地方公共団体の行政権の作用の適正をはかる行政事件については，行政訴訟が処理に当たる。いずれも，社会に生ずる問題を公正に処理するために，国の機関である裁判所が，利害の対立す

る主体を当事者として対立関与させ，双方に利益主張の機会を平等に与えて，最後に双方の主張立証を判断して裁判という形式にする手続であり，この判断基準も手続の進め方も法で規律された方式をとることにおいて同じである。

　もっとも，訴訟方式をとることの理由には，処理すべき事件内容に応じた差異がある。民事訴訟の場合は，処理事件の内容に鑑みて利害対立者を当事者として対等に戦わせる訴訟方式をとるのは自然であり，しかも国としては元来この私人間の対立に利害をもたないから裁判所は純粋に第三者といえ，この意味で民事訴訟は訴訟の典型をなすといってよい。他方，刑事訴訟は，権力の服従関係をもとに国が国民に対し一方的に刑罰権を行使する往時の糾問手続に対する批判を経て，今日，刑罰権の実行・訴追をする機関（検察官）と刑罰を科す要件の具備を判断する機関（裁判所）とに国家機関を分離することにより，判断の公正をはかるにいたったものである。さらに行政訴訟も，国民に対する国家権力の行使であり，その処理事件の内容となる行政作用の是正方式としては，裁判権を行政権内部に置く旧憲法下の行政裁判所から，現憲法は行政機関の終審裁判権を認めずに（憲76条2項）行政訴訟を含むいっさいの法律上の争訟を司法裁判所の管轄に服させることにより（裁3条），国民の権利救済のため充分な保障をはかるにいたったものである。なお，行政訴訟の手続は処理する事件の特質に対応して行政事件訴訟法に規定されており，そこに定めがないときは民事訴訟の例によることとされている（行訴7条）。

3　民事訴訟における当事者の意思の尊重
(1)　処分権主義

　民事訴訟以外の紛争解決制度に対する民事訴訟の特色は，紛争当事者の合意を基礎とせず，国の裁判権を背景として強制的な解決をすることにある。しかし，民事訴訟においてもその審判の対象となる私人間の権利関係は，人事法律関係などを除けば，ほんらい当事者の意思による処分に委ねられるものである（私的自治の原則）。したがって，民事訴訟の手続における当事者意思の反映は，まず，処分権主義とよばれる原則に現れる。すなわち，訴えの提起ないし上訴により原告ないし上訴人が解決を求めた請求（訴訟物）の限度において審判が開始され，裁判所が判決の形で示す紛争解決対象も，その申立事項に限られることとなる（246条）。また，相手方がその請求じたいを認めたり，逆に申立人

が審判の申立てはそのままにして請求をみずから否定するなど（267条「請求の認諾・放棄」）し，または申立人が審判の申立てを撤回（261条「訴えの取下げ」）したり，双方が上述した訴訟上の和解（89条）をするなどして，いったん開始された訴訟を判決によらず，当事者の意思に基づいて完結することが認められている。このように，処分権主義は審判対象の定立（開始）とその処分（終結）に関して私的自治を基礎としているといえよう。

(2) 弁論主義

つぎに当事者意思の反映が見られるのは，弁論主義とよばれる審理の原則である。裁判所が判決をするさいの基礎となる資料（広義の訴訟資料）は，当事者の権能と責任に委ねて収集するというものである。第1に訴訟物たる権利関係を直接に基礎づける事実は，法律要件事実に該当する主要事実であるが，これに関して，裁判所は当事者が主張した主要事実のみを判決の基礎とすることができ，第2にこれが当事者間に争いのない（自白）事実ならば証明を必要とせず，そのまま判決の基礎としなければならず（179条），証拠調べは争いのある事実を対象に行われることとなり，第3に事実認定のため行う証拠調べは当事者が申し出た証拠方法に拠らなければならない。このように弁論主義も，訴訟物たる権利関係を基礎づける事実の主張および立証に関して，私的自治を基礎とする原則であり，この判断資料を裁判所の職責とする職権探知主義に対立する。

他面において，訴訟資料の収集を当事者に委ねる弁論主義のもとでは，もし当事者間に能力・経験の差があり対等でない場合には，真に公平で充実した審判を期し難い。法はこのような場合に，裁判所による後見的な役割として釈明権の行使を認め（149条），裁判所が当事者に主張を明瞭にさせたり新たな主張や証拠の提出を促すなどの権能と義務を定めている。これにより，弁論主義の形式的な適用による不合理を修正することが可能である。

4　広義の民事訴訟——付随手続・特別手続

私人間の権利（義務または法律）関係をめぐる争を解決するために，裁判所が判決によって紛争解決の基準を観念的に示す手続は，最も狭い意味の民事訴訟であり，判決手続ともよばれる。これに加えて，給付請求権に関しては，狭義の民事訴訟に付随して給付の実現に関するいくつかの手続がある。また，対

象となる権利関係ないし事件の特質に合わせた特別な手続として，狭義の民事訴訟に対する特別手続がある。これら広義の民事訴訟とされるものをつぎにみよう。

(1) 付 随 手 続

給付請求権については，その義務者が給付をすることにより，紛争の最終的解決となる。任意に給付をしない場合には，義務者の意に反してでも給付の実現を図る手段が必要となる。この手段となるものが，以下の付随手続である。

なお，私法上の権利関係を対象としないが，判決手続に付随する手続とされるものがある。たとえば，外国裁判所の判決についての執行判決請求訴訟（民執24条）や再審訴訟（338条）など，民事訴訟法上の効果の確定・形成を目的とする訴訟事件は，付随訴訟とか訴訟訴訟とよばれる。同様に，訴訟費用確定手続（71条），訴え提起前の証拠収集手続（132条の2～9），証拠保全手続（234条～242条），決定・命令に対する抗告手続（328条～337条）も判決手続に付随する手続といわれる。

(a) 強制執行手続

給付を命ずる確定判決や仮執行宣言付判決など，判決手続を経て給付請求権の存在が公証されたにもかかわらず，義務者が任意に給付しない場合に，その公証文書を債務名義として，国家機関たる執行裁判所が給付請求権の実現をはかる手続である。もともと民事訴訟法の中で規律されていたものを民事執行法の制定によって独立して規律するにいたったが，給付をめぐる紛争解決の手続として判決手続と強制執行手続とが民事訴訟制度における二大部門であることに変わりはない。

(b) 民事保全手続

これは権利を確定する判決手続と権利を実現する強制執行手続とを連結する手続といえる。判決手続による権利の確定を待っていたのでは，原告の窮迫の事情もしくは被告の資力低下・財産移転などで，強制執行が不能，困難または実効性を持たなくなるおそれがある場合に，強制執行によって実現されるべき請求権を保全するための暫定的措置が認められる。法は，判決までの暫定的措置として，現状の変更を禁じたり，原告となるべき者のために一定の法律関係を形成したり，訴求中の救済を判決以前に与えてしまうことを認める。このように執行保全を目的とする手続のうち，仮差押手続の方は，もっぱら金銭債権

のための強制執行の保全である。他方の仮処分手続は，たとえば土地の明渡請求権や所有権移転登記請求権などの執行保全を目的とする係争物に関する仮処分と，それ以外の，仮の地位を定める仮処分とからなる。この手続における裁判は，その迅速性が要請されるため，すべて決定で行われる。現在これを規律するのは民事保全法であり，これも強制執行と同様，もとは民事訴訟法中にあった規律が独立して法典化された。

(c) **倒産手続**

債務者がすべての債権者に債務を弁済するには財産が不足する状態の中で，あるいは総債権者に公平な満足を与えることを主眼とし，あるいは債務者の再起をもはかる手続を総称して倒産手続という。前者については破産手続や株式会社の特別清算手続があり，後者については民事再生手続や株式会社の会社整理手続，会社更生手続などがある。破産，民事再生，会社更生の手続は各別の法典に，会社の特別清算と整理の両手続は商法において規律されている。破産法は平成16年に新法が制定された。倒産手続は決定手続であり，原則として公開の対審構造をとらないので，手続の形式から非訟事件に分類できる。なお，各法典に否認，相殺制限などの実体規定が含まれるほか，迅速な清算や債務者の更生を実現するための規定も置かれてはいるが，仮に倒産手続によって満足を与えられる権利について争いがある場合には判決手続によって確定すべき関係にあり，倒産手続もこの意味において判決手続の付随手続とすることができよう。

(2) **特別手続**

特別手続には，給付請求権の確定のために判決手続の簡略化による事件の迅速な処理をはかる略式（おもに訴訟）手続，および，確定・実現の対象となる権利関係の特質に合わせた，その他の特別手続がある。なお，通常の民事訴訟を補充する手続として再審訴訟（338条）なども特別手続とされることがある。

(a) **手形訴訟・小切手訴訟**

手形・小切手訴訟は，手形金などの請求について民事訴訟法が定める特別手続である。判決手続と同様に，審理方式は口頭弁論を開いて債務者に反論の機会を与えるが，証拠方法は手形などの文書に限られ，文書の成立の真否と手形の提示に関する事実に限って当事者尋問が認められるにすぎず（352条），反訴の提起も許さない（351条）など，債権者は迅速な審理により判決を得ること

ができる。そして，この判決に対して債務者が異議を申し立てるときは，通常の判決手続による審理と裁判が保障されている（361条）。このように手形・小切手訴訟は通常の判決手続の代用手続であるとともに，判決手続の先駆的手続であるともいえる。

(b) **少 額 訴 訟**

文字通り少額の金銭の支払を求める請求についての特別訴訟である。平成8年に制定の民事訴訟法により30万円以下の金銭支払を求める訴えについて創設され，平成15年の改正によりその対象が60万円以下と拡大された（368条1項）。簡易裁判所の職分管轄とされ，口頭弁論は一期日審理で完結するのを原則とし（370条1項），証拠は即時に取り調べられるものに限られ（371条），口頭弁論終結後ただちに判決が言い渡されて（374条1項），これに対する控訴は許されない（377条）など，手続の簡略化を徹底して，迅速な審理と判決の成立がはかられている。

他の主な特則として，少額訴訟の利用が特定の債権者に独占されるのを避けるために，同一裁判所における1人の利用は1年あたり10回までと制限され，また被告の手続保障のため，通常訴訟への移行を求める権限が被告に認められている（373条）。さらに，少額訴訟の終局判決に対しては判決裁判所に異議の申立てを許し（378条1項），異議申立てが適法ならば審理は口頭弁論終結前の状態に復し，通常手続による審理が続行されることとなる（379条）。しかし，適法な異議申立ては判決の確定を阻止するにとどまり，職権で仮執行宣言が付される認容判決（376条1項）の場合，これによる強制執行について停止・取消しをするためには，厳格な要件の下で，仮の処分を求める必要がある（403条1項5号）。

(c) **督 促 手 続**

旧法下では簡易裁判所の支払命令という裁判を求める手続であったが，現行法では裁判所書記官がすすめ処分をする手続である。金銭等の一定数量の給付を目的とする請求権について，簡易迅速に確定する手続である（382条以下）ことに変わりない。債権者が簡易裁判所の書記官に対し支払督促の発付を申し立てると，書記官は債務者の言い分を聴くことなくこれを発し，この送達から2週間以内に債務者の異議申立てがないときは債権者の申立てにより，これに仮執行宣言を付ける。こうして債権者は仮執行宣言付支払督促という債務名義

を短期間に取得し、これにより強制執行に入ることができる（民執22条4号）ことから、判決手続の代用機能をもつといえる。対する債務者が、支払督促と仮執行宣言付支払督促のいずれかに異議を申し立てると、手続は通常訴訟に移行する（395条）ことから、督促手続は判決手続の先駆手続ともいえる。なお、仮執行宣言付支払督促はこれに対する異議があっても失効せず、執行力を当然に停止することにはならない。

(d) **人事訴訟**

婚姻・親子などの身分関係を確定・形成することを目的とする訴訟である。これらの人事法律関係は、当事者の私的自治に委ねることが適当でないと考えられている。したがって、手続上は、画一的確定の要請および訴外の第三者の利害を考慮して、第三者にも判決の効力を及ぼし（人訴24条）、職権探知主義を採用して（人訴20条）真実発見の手段とする特別規定が設けられている。

なお人事訴訟法は平成15年7月16日に制定され、人事訴訟の管轄を地裁から家庭裁判所に移管した（4条）ほか、旧人事訴訟手続法を実質的に現代化した。

(e) **行政訴訟**

行政処分の効力をめぐる訴訟であるが、手続を規律する行政事件訴訟法は、同法に定めのない限り民事訴訟法の規定によることとしている（行訴7条）。このため、広く行政訴訟を含む意味で民事訴訟の概念が用いられ、刑事訴訟と対比される。

争いとなる法律関係が公益にかかわることから、職権証拠調べの規定（行訴24条）が設けられ、また、行政処分が多数者の権利・利益に影響を及ぼすことから、判決効の拡張規定（32条1項）などが設けられている。

第2節　民事訴訟の法

1　民事訴訟法の意義

民事訴訟法は、民事訴訟の手続を規律する法規である。私人の権利（義務または法律）関係の種類や帰属や発生・変更・消滅などを規律する実体法と区別される。

わが国の実定法の重要部分を占める制定法は、文章で表現された条文を体系的に整序した法典を成している。民事訴訟法が不文法（慣習法）として存在す

ることも不可能ではないが，私生活の外で成立する裁判所慣習は，技術的にあらかじめ明示されていることが望ましい。ところで，民事訴訟法という名の手続法典中には，手続でなく民事実体権を規律する法規が含まれ（61条・77条・80条ただし書・260条2項など），逆に，実体法とされる法典の中には民事訴訟の手続を規律する法規を含むものがある（民12条1項4号・258条・414条・744条・787条，商38条・78条・713条1項・104条・105条・109条・247条など）。この場合，民事訴訟法という法典は一方で形式的意義の民事訴訟法と呼ばれ，他方で後者の法規とともに実質的意義の民事訴訟法に属するものとされる。これに属する他の法典として，憲法（32条・82条など），民事訴訟費用等に関する法律，人事訴訟法（平成15年の制定と同時に，旧人事訴訟手続法を廃止），民事執行法，民事保全法，破産法，会社更生法，民事再生法，仲裁法（平成16年3月1日施行），行政事件訴訟法などの法律，および民事訴訟規則その他の最高裁判所規則などを挙げることができる。以下では，実質的意義の民事訴訟法のうち，判決手続（行政訴訟を除く）に関するものをみることとする。

2　民事訴訟法の沿革

①　わが国において民事訴訟法という名の法典は，明治23年に制定され，翌年施行された。これはテッヒョーの起草にかかる案を基礎として，当時最新の法典であったドイツ法を翻訳的に継受したものである。これが旧々民事訴訟法である。

大正15年に，その手続の簡易化と促進などを期して，判決手続の部分を全面改正する旧民事訴訟法が成立した。第2次世界大戦中に審級省略などを内容とする戦時民事特別法が制定されて戦後に廃止されたり，新憲法下で行政訴訟も民事訴訟手続の一部として司法裁判所の処理するところとなり，さらに，アメリカ法の影響を受けて交互尋問制の導入ほか諸規定の改正も行われたが，その基本的な構造は旧々民事訴訟法が維持されたままであった。

昭和54年に至り，その第6編からまず強制執行が削除され，競売法の廃止とあわせて独立の民事執行法が成立した。つぎに平成元年，残されて同編の変更名称にもなっていた「仮差押，及ビ仮処分」が削除され，代わりにこれと民事執行法第3章とに分散されていた関連規定を統合して独立の民事保全法が成立した結果，その第6編は規定が全部なくなり，代わって「第5編ノ3　判決ノ

② 大正15年改正から70年を経て，平成8年に旧民事訴訟法の第1編から第6編までを全面的に書き換え，現代語化した民事訴訟法が公布され，新しい民事訴訟規則とともに平成10年1月1日に施行された。これは施行後5年いらい改正を重ねていること後述のとおりであるが，以下平成8年制定法を現行（民事訴訟）法とよぶことにする。他方で旧民事訴訟法は，上掲すべての編を削除して残った第7編および第8編を内容とする「公示催告手続及ビ仲裁手続ニ関スル法律」と法典名が改称されたのち，平成15年には，仲裁法の成立とともに「公示催告手続ニ関スル法律」と再び改称されて残存した。こうして明治時代に制定された旧々民事訴訟法は，独立法典化による分離をみつつ自らの法典名の改称を経ながら一世紀以上のあいだ存続したが，この公示催告手続も平成16年改正（平成17年施行）の非訟事件手続法において非訟事件として規定に組み込まれたことから，制定120年にしてその形を留めなくなるにいたったのである。

現行民事訴訟法の立法化の背景には，旧法の下で発達した学説・判例が立法的解決の望まれる多くの問題を顕著にしたこと，そして，社会構造の変化に伴う紛争の複雑・多様化に対応するために迅速で費用のかからない，国民に「利用しやすく，分かりやすい」手続が必要という認識の高まりがあった。現行法で注目される点としては，(i)当事者間の争点を訴訟の早い段階で確定して立証対象を明確にする「争点整理手続」を整備し（164条以下），(ii)証拠の収集手段を拡充し（たとえば当事者照会制度の新設163条，文書提出義務の拡張220条4号，インカメラ手続の創設（223条6項－平成8年法223条3項に相当）など），(iii)効率的な集中証拠調べの原則を明示し（182条），(iv)少額訴訟手続の創設による簡易・迅速な判決取得の道を開き（368条以下），(v)上告受理および許可抗告の制度を導入して最高裁に法令解釈の統一に専念する環境を整えた（318条・337条）ことが挙げられる。

③ ところで，現行民事訴訟法は一層の審理の充実と迅速化のために，すでに重要な改正を重ねている。以下にその主なものを掲げておこう。

まず，平成13年には，現行法の検討課題とされていた公文書について，一般的提出義務を認める公文書提出命令制度がいちおう導入され，引き続き，広い例外についての見直しが課題とされている。

つぎに平成15年改正では，同時に成立を見た「裁判の迅速化に関する法律」が，当事者の正当な権利利益が害されないよう公正かつ適正で充実した手続の実施を確保すべき旨の規定とともに，すべての裁判の一審判決を2年以内にすることを義務付ける規定を設けており，同法との関係でも審理の迅速化が要求された。この改正の要点としては，一般事件については，(i)複雑な事件の計画審理の推進（第2編第2章147条の2・147条の3・156条の2。これとの関連で，特定事項の攻撃防御方法につき定められた期間の経過後に提出したものは却下決定できるとする157条の2は注目される）および，(ii)提訴予告通知にもとづく提訴前の証拠収集手続の拡充（第1編第6章132条の2～9）をはかったことが重要である。このほか，(iii)専門委員制度（第1編第5章第2節）を創設して，審理期間が長期化傾向にある医療過誤訴訟などにおいては争点整理の早い段階で専門家から意見聴取することにより適正・迅速な解決をはかり，併せて，専門家である鑑定人が鑑定結果を口頭により意見陳述する方式について，証人尋問の規定を準用する鑑定人尋問から鑑定人質問という説明会方式に変更し，鑑定人の特性に応じた証拠調べの方法に改善した。(iv)また特許権等に関する訴えの管轄を体制の整備した東京・大阪の各地方裁判所に，控訴審を東京高等裁判所に，それぞれ専属化する（6条）ことで，知的財産訴訟の審理充実と迅速化をはかっている。さらに，(v)少額訴訟の訴額の上限を30万円から60万円に引き上げた（368条1項）。なお，裁判所法33条1項1号により簡易裁判所の事物管轄も90万円から140万円に引き上げられたことは，地方裁判所の1審としての負担を軽減するものである。これとともに，訴額の算定が不能・困難なときのその価格を140万円を超えるものとみなす（8条2項）旨の改正，ならびに財産権上の請求でない請求に係る訴えの訴額も95万円から160万円にひきなおされた（民訴費4条2項）。

　つづく平成16年改正は，民事訴訟手続における一層の迅速化・効率化をはかるため，現代社会のIT化に合わせたオンライン化の措置を講ずるものである。民事訴訟手続では，書面等によるべきとされている主に申立人と裁判所との二者間の手続である申立てその他の申述に限られ（たとえば，訴えの提起（133条1項），独立当事者参加の申出（47条2項），口頭弁論の準備（161条1項）など），電子計算機のファイルに記録された情報を書面に出力して記録の閲覧・謄写，正本・謄本・正本の交付，送達・送付に用いる（132条の10）。これに対して，

督促手続では，申立てだけでなく手続の全体を通じてオンライン化されている（第7編第2章「電子情報処理組織による督促手続の特則」）。さらに管轄の合意では（11条3項。さらに，これを準用する不控訴の合意281条2項も），インターネット取引の実務的ニーズに応えるものとして，電磁的記録を書面とみなしている。

民訴法132条の10は，オンライン化の詳細を最高裁判所規則で定めるものとしているが，同法第1編「通則」第7章に置かれており，同法における申立て等のオンライン化のための通則規定になっている。この規定を他の法令において準用ないしその例によることとすることにより，民事訴訟以外の手続でもインターネットの利用が可能となる。この例として，民事執行法，民事保全法，破産法，民事再生法，会社更生法，人事訴訟法などがある。

④　なお，平成13年の司法制度改革審議会の意見書による提言を受け，パラリーガルともいうべき専門職を訴訟手続に活用する方策がはかられている。司法書士の場合は，法務大臣指定の研修課程を修了した司法書士会員に対し簡易裁判所における訴訟代理権等が付与された（司書3条1項6号）。特定侵害訴訟代理業務試験に合格した弁理士には，弁護士がついている特許権等の侵害訴訟に限りで代理が付与された（弁理6条の2）。なお税理士については，すでに平成13年改正の税理士法により，租税に関する事項につき補佐人として裁判所に弁護士とともに出頭して陳述する制度が創設されている。

3　民事訴訟法規の規準性

民事訴訟手続の運営を規律する法規について，これが規範となる標準の問題をみておこう。第1の視点は，その効力ないし適用範囲の限界に関して，時的限界・人的限界と地的限界および物的限界の問題であり，第2の視点は，訴訟法規の遵守を要求する程度に関して，効力規定と訓示規定の問題である。

(1)　時的限界

時的限界とは，民事訴訟法規が改正された場合に，旧法時から引続き係属している事件にも新法が適用されるべきかという問題である。訴訟法律関係については，手続を画一的にすすめる必要性が重視されて，遡及原則がとられる。もっとも旧法時にすでに完結している訴訟行為，たとえば送達や証拠調などは，旧法に従った効力が認められるべきである。そうでないと，新法にしたがって手続を繰り返す必要が生じたり，当事者の期待に反するなどして，手続の安定

を害し，訴訟経済にも反することになるからである。また，旧法により生じた効力として，たとえば取消権や上訴権を行使できる場合に，行使しない間に新法により行使を許さないとする変更があったときについては，当事者の利益を害さないためにそれを許すべきであるが，解釈による個別的処理ではなく経過規定（時際法）で定めるのが通常である（付則3条以下参照）。以上の法理は実体的法律関係にもほぼ共通するものがある（たとえば，民法昭和22年222号付則4条）。しかし，実体法においては旧法時に発生した事実にもとづきその法的効果が生じるから，これを予期して行動している人の期待の保護あるいは法的安定性の要請などの理由で，新法は旧法時に生じた事項には遡及せず（新法不遡及の原則），旧実体法が適用される。

(2) **人的限界と地的限界および物的限界**

民事訴訟法規が適用される人，地域，および事件の種類についての範囲は，日本の裁判権が及ぶ人，場所および審判対象についての限界と重なる問題である。

まず，日本の裁判所は，日本人および日本国内にいる外国人のすべての自然人・法人に対し民事訴訟法を適用して裁判権を行使できるとするのが原則である。これに対し，つぎのような例外については，民事裁判権の免除とよばれる。天皇については，免除を認めないのがこれまでの通説であるが，象徴たる地位の性格ならびに免除による不都合が予想されないなどの理由から，免除する判例（最判平成元年11月20日民集43巻10号1160頁）・学説がある。外国国家については，すすんでわが国の裁判権に服する旨の意思表示がないかぎり免除され（大決昭和3年12月28日民集7巻1128頁。いわゆる絶対免除主義），また治外法権や職務遂行の必要性を根拠として，わが国にいる元首・外交使節・その随員家族も免除される（昭和39年発効の外交関係に関するウィーン条約31条・32条・37条ほか参照）。しかし，これらの免除を条約によって認めないこと，あるいは放棄することはできるとともに，みずからすすんで起訴をしたときは免除を放棄したものと認められる。なお，外国国家でも私法的な行為については免除を認めないとするのが通説（制限免除主義）であること，また上掲ウィーン条約では外交官・その家族について裁判権が免除される訴訟としては個人としての活動にもとづく一定の訴訟が除かれていることが注目される。

つぎに，日本で訴訟行為が行われるかぎり日本の民事訴訟法が適用される。

それが外国の司法機関の嘱託を受けて民事訴訟事件の送達や証拠調べである場合でも同じであり，外国の民事訴訟法が適用されることはない。ただし，わが民事訴訟法がその規定内容を実体法に譲っているために国際私法による準拠法として外国法が間接的に適用されることはある（例，外国人の訴訟能力28条，法例3条。ただし民訴33条）。他方，日本国内の訴訟につき，わが裁判所から外国の機関に送達や証拠調べを嘱託する場合にはその国の民事訴訟法（法廷地法）にしたがうこととなるが，それらの訴訟行為がその法廷地法に違背していても，わが訴訟法によれば適法であるかぎり，その効力を認めて差し支えない（184条2項）。

さらに民事訴訟法の物的限界とは，具体的な事件の属性すなわち，当事者と審判対象の双方の視点から見たときの裁判権の制約である。とくに渉外的要素をもつ事件，たとえば当事者が外国人，外国に在る物もしくは外国法上の事項などについての事件について問題となる。これについて，どの国の裁判所が裁判権を行使すべきか（国際管轄権もしくは一般管轄権があるか）に関しては，不動産を直接目的とする権利関係の訴訟はその所在国裁判権に属するとの原則以外に，国際間で一般的に承認された準則が存在しない。一般論として，事件と自国との間に何らかの関連性を認める場合にのみ，裁判権の行使が許されるといわれるが，具体的にどの程度の関連性を要求するかは，国際裁判管轄の課題とされる。裁判権のない事件については民事訴訟法の適用の余地はない。

(3) 効力規定と訓示規定

法規違背の訴訟行為について，法規がその行為の効力を否定する効力規定と，効力には影響を及ぼさない訓示規定（例，167条・174条・178条・298条2項・251条1項）とは，訴訟法規の遵守要求の程度差による分類といえる。なお訓示規定の概念には，義務を定めながらこれに違背しても，とくに制裁を設けていないような訴訟法規（例，161条1項）を指す場合もある。

効力規定は，さらに強行規定と任意規定に分けられる。

強行規定は遵守の要請度が高く，これには訴訟制度の基礎を維持したり訴訟当事者の基本的な手続保障をはかる規定群がある。たとえば，裁判所の構成，裁判官の除斥，審判の公開，不変期間，当事者能力，訴訟能力（追認により欠けつの瑕疵を治癒する余地がある。34条2項）など，これらに違背する訴訟行為は無効とされ，裁判所は当事者の指摘をまたずに職権でその違背を顧慮しなけ

ればならない。なお，たとえば専属管轄もこれに属するが，なるほどこの違背が発見されると管轄裁判所に移送され（16条1項），看過してなされた判決は上訴による取消しの原因となるが（299条・312条2項3号），しかし看過・確定にいたった判決は，専属管轄違背が再審事由に該当しないことから（338条参照），もはや行為の無効とされることはない。結果として，強行規定であるといっても，その違背行為が訴訟のいかなる段階においても否定されるということにはならず，同じく強行規定違背であっても訴訟行為の効力が受ける影響には違いがある。

　任意規定も，これに違背する訴訟行為を否定するという意味において効力規定であるが，当事者の意思または態度によって規定違背の訴訟行為も有効とされ得る点に強行規定との差異がある。任意規定の1つは，訴訟における合意で内容が変更されうる規定である。訴訟法規は，多数の訴訟事件を混乱なく処理する公益的要請から，私的自治に委ねられる私法とは異なり，当事者の意思などによるその内容変更は許されないのが原則である（任意訴訟ないし便宜訴訟の禁止）。しかし，明文で合意を許す規定がある場合（合意による管轄の変更11条，公訴権について不控訴の合意による変更281条1項）があり，また訴訟上の和解（267条）や自白（179条）などは，合意を訴訟法上制度化した規定といわれている。このほかにも規定の多くは，その文言自体から任意規定か強行規定か，必ずしも明らかではない。したがって規定の趣旨を考慮して解釈することとなるが，一般的基準としては規定の背後にある公益性が当事者の意思いかんを問わず訴訟行為の効力を否定する程に強い場合に強行法規とされる。もう1つの任意法規は，訴訟法規違背により不利益を受ける当事者が異議を唱えないこと（責問権の放棄）が許され，または遅滞なく責問権を行使しないとこれを喪失すること（責問権の喪失）となる種類（90条）の規定である。規定と異なる合意はできないが，責問権を行使するという当事者の意思によって法規違背の訴訟行為の効力が左右されるという意味で，この種の規定も任意規定とされる。たとえば，訴え変更は書面によることを要求する143条2項，期日の呼出しの方式94条や送達を定める94条や98条以下，証人尋問の方式を定める201条，訴訟手続の中断・中止を定める124条以下などである。かかる規定に違背する行為について随時無効を主張して後で覆すことを許すことにより生ずる手続の不安定さに加え，かえって不公平な扱いとなることを避ける意味がある。

第1章

総　　則

第1章　総　則

No. 1　通　則

　民事訴訟制度は，民事の紛争が訴訟を通じて適正かつ迅速に解決することを実現するために国家が運営する制度であり，その利用に際して裁判所と当事者がそれぞれの責務を果たすために一定のルールにしたがうことは当然の事理とされる。まず，訴訟の運営主宰者である裁判所には，訴訟手続が公正かつ迅速に行われるように配慮すべき義務が前提とされる。その上で，当事者には，つぎの3つの局面についての義務として信義誠実義務が負わせられていることを指摘できる。

〔CASE 1〕　未成年者Aの叔父Xが事実上後見人の立場で，Aの財産の管理にあたっており，これに対しては何人（なんぴと）からも異議がでていなかった。その後，XがAの後見人と称してA名義の建物をYに売却し，その1年後にAの後見人に就職した。この場合，後見人に就職したXがYに対し，就職前の自己の無権代理行為の効力を否定して，当該建物売買契約無効確認の訴えと建物登記抹消の訴えを提起した。
　このような訴えは許されるか。

《参照判例》　最判平成7年11月9日判タ901号131頁，判時1557号74頁
《判例評釈》　滝澤孝臣・平成8年度主要民事判例解説（判例タイムズ臨時増刊945号）260頁，原竹裕・平成8年度重要判例解説（ジュリスト臨時増刊1113号）119頁
〔Point〕
　① 信義誠実の原則
　② 矛盾挙動禁止の原則
　③ 訴訟行為と私法行為
　④ 後見人の態様

1　制度利用権能の局面──訴権の濫用

　憲法32条において，「裁判を受ける権利」は保障されているが，個別的な当事者の訴訟行為については，信義誠実訴訟追行義務が課せられている。した

がって，当事者に申立権が認められる場合であっても，濫用的な忌避申立て（24条）訴訟の引延ばしを目的とする期日指定の申立て（93条1項），正当な利益を有しない本案の申立て（訴権の濫用）は，信義則違反を理由として，それぞれ却下される。

2 審理過程の局面――矛盾挙動の禁止（禁反言の法理）

当事者の行った先行する訴訟行為と後行する訴訟行為が矛盾するという場合には，相手方の信頼を害するという趣旨から，矛盾する訴訟行為が信義則上禁止される場合がある。この場合の矛盾行為には，同一請求に関するものだけではなく，同一紛争に関するものと見なされれば，他の請求についての行為もそれに含まれる。具体的には，契約の有効を前提として反訴請求をなした当事者が，その手続過程における再反訴に対する抗弁として，契約の無効を主張した場合が挙げられている（最判昭和51年3月23日判時816号48頁）。

3 訴訟状態形成の局面――判決の騙取・詐取

当事者の一方が，訴訟手続上の地位を取得するために，その基礎となる事実を故意に作出したり，逆に事実の発生を妨げたりすることが，信義則上許されない場合がある。たとえば，債務者の住所地を偽って，支払督促の申立てをなし，債務名義を取得するような場合である（最判昭和43年2月27日民集22巻2号316頁）。

以上の3つの局面におけるそれぞれの行動は，公平を理念とする民事訴訟手続において，いずれも当事者の不誠実な訴訟活動と評価されることから，一定の訴訟手続上の不利益を甘受しなければならない。

《出題例・現司試昭54/②》
甲は，家具の製造販売を業としていた乙より，その営業用の工作機械一台を賃借し，これを甲の工場にすえつけたところ，丙は，甲に対し，上記工作機械の引渡請求訴訟を提起した。その訴訟において，丙は，「甲乙間の賃貸借成立以前に，丙は乙よりその営業を譲り受け，同一商号の下に家具の製造販売を続けているものであって，上記の工作機械は丙の所有に属する。」と主張した。その後，甲が右営業譲渡のあったことを理由として，乙の営業により生じた売掛金債務の支払を求めて，丙に対し訴えを提起したところ，丙は，一転して，乙から営業譲渡を受けたことはないと陳述している。丙のかかる陳述は，信義則に反しないか。次の各場合に分けて述べよ。
(1) 前訴が訴えの取下げにより終了している場合
(2) 前訴で丙勝訴の判決が確定している場合

第1章 総　則

| *No. 2* | 裁　判　所 |

1　裁判所の管轄

〔CASE 2〕　日本の自動車輸入販売業者Xは，ドイツから自動車を輸入するため，ドイツに居住し国際運送業を経営する日本人Yとの間で自動車購入の計画を話したところ，ドイツ国内において輸出手続の代行を業とするAを紹介された。自動車の輸入を急ぐXは，Aとの間で，AがXのためにその注文する自動車を購入して日本への輸出手続の代行をすることを内容とする契約を締結し，Aの指示にしたがって，自動車の購入代金820万円を静岡市内の銀行から送金して支払った。しかし，AはXとの契約締結当時から経済的破綻状態にあり，契約にしたがって自動車を購入して輸出代行を履行する意思も能力もなく，また，そのことをYはうすうす感じ取っていたがXに知らせることはなかった。自動車の購入が実現しなかったXは，Yが，XにAを自動車購入および輸出代行業者として紹介した際，Aが代行契約を履行する意思も能力もないことを知らせるべき信義則上の義務があるとして，Xに対し損害賠償を求める訴えを静岡地方裁判所に提起した。

この場合，静岡地方裁判所は管轄権を有するか。

《**参照判例**》　静岡地沼津支判平成5年4月30日判タ824号241頁
《**判例評釈**》　長谷川俊明・国際商事法務21巻11号1363頁
〔Point〕
①　国際裁判管轄権の意義
②　国際裁判管轄権の決定基準
③　国際裁判管轄権の合意

(1)　**国際裁判管轄**

①　**意　義**　裁判権は司法権の一権能であり，各国家が具有する国家主権の一態様であるから，渉外事件について，だれに対するいかなる事件をどの国の裁判所が裁判する権利があるかという裁判機能の分担は，国際法上の原則にもとづいて決定される。これを国際裁判管轄権の問題という。しかしながら，

現在は若干の条約と外交上の原則（主権免除）は別として，これに関する普遍的超国家的原則は存在せず，各国は，渉外的私法関係等の安全保障からそれぞれの国内法の形式で存在しているにすぎない。

② **決定基準** 国際裁判管轄権について，国家主義的見地による内国利益保護の立場に重点をおいて，これを国家主権の司法管轄と観念して国際法上の対人主権および領土主権に関する原則を基準とするものもあるが，国際主義ないし世界主義的立場に立って，国際訴訟制度の存在を認め，民事事件については私法的国際通商の訴訟面における安全保障という目的に沿ってこれを定めようとする立場が最近における通説となっている。わが国には，個々の各法条に定められた管轄の規定の他には国際的管轄に関する直接的規定はないので，これが欠けているときには上述した通説の原則によって各種の国内訴訟法上の土地管轄の規定と，法令の規定等を考慮してこれが決定されるべきである。なお，国際裁判管轄権については，外国判決のわが国での承認・執行（118条）にあたって，当該判決国がその事件につき管轄権を有していたか否かを判断することが必要である。

③ **国際裁判管轄の合意** 渉外関係の契約にもとづく権利関係は，契約中に国際的裁判管轄についての合意がなされることが多い。合意の方式を含む契約の成立・効力は，わが国の国際民事訴訟（明文はないので民事訴訟法・法例等の各条文を参考にして条理による）によるべきである。そのためその合意は，特定の法律関係について生じているか，または生じるべき紛争に関するものに特定されていることが必要であり，その方式も程度の差はあるにしても，書面による必要があるというのが通説である。この合意は専属的管轄の合意としてされるのが通常である。それを外国の裁判所と定めるときは，日本の裁判権を排除する合意になるが，このときも当該事件が日本の専属管轄に属さず，かつ，指定された管轄国でその合意を承認することを条件として認められる。これに違背した訴え提起に対しては，妨訴抗弁として管轄合意を主張することができるが，裁判所は移送することはできないので，訴え却下の裁判をすることになる。

(2) **国内裁判管轄**

(a) **任意管轄と専属管轄**

専属管轄とは法定管轄のうち，裁判の適正・迅速という公益的要請にもとづ

き一定の裁判所の管轄のみを認め，それ以外の裁判所の管轄を一切排除する形で定められている管轄をいう。その違反は控訴・上告の理由となる（299条1項ただし書・312条2項3号）。任意管轄とは，専属管轄以外の法定管轄であり，主として当事者の便宜や公平をはかるという私益的見地から設けられた管轄をいう。したがって，任意管轄については当事者の挙動・意思または合意で法律の定めと異なる管轄（応訴管轄や合意管轄）を生じさせることもできる（11条・12条）。専属管轄の定めがある場合には，他の一般規定による管轄の競合は生じない（13条）。したがって，裁判所もこれを無視して事件を他の裁判所に移送できない（20条）。専属管轄の違反は，控訴・上告の理由となる（299条1項ただし書・312条2項3号）。任意管轄違反は，控訴審においてはもはやその主張ができない（299条1項本文）。

〔CASE 3〕 Xは，住宅の販売修理業を営み，仙台市内に営業所をもつ会社である。Xの営業社員は，その販路を拡張するため，顧客探しに奔走したところ，Y_1（仙台市内在住）Y_2（盛岡市内在住），Y_3（郡山市内在住），Y_4（山形市内在住）とそれぞれ契約締結し，販売または修理を完了した。具体的には，Y_1に対しては価格100万円の物置設置，Y_2に対しては浴室の修理（代金75万円），Y_3に対しては価格60万円のカーポート設置，Y_4に対しては屋根の補修（代金125万円）であったが，Xはこれらの代金をいずれも回収できないでいた。

Xは，代金の支払に応じないYらに対して，それぞれの別個独立の依頼により生じた販売・修理代金の請求を併合して仙台地方裁判所に訴えを提起することは許されるか。

《**参照判例**》 仙台高決平成3年11月15日判時1412号114頁
〔Point〕
① **事物管轄と訴えの客観的併合**
② **事物管轄と訴えの主観的併合**
③ **移送の要否**

(b) **事物管轄と土地管轄**

事物管轄とは，訴訟事件の第一審を，同じ地域を管轄する地方裁判所と簡易

裁判所のどちらに扱わせるかの定めにもとづく管轄をいう。簡易裁判所は，訴額が140万円を超えない訴訟事件を管轄し（裁33条1項1号），地方裁判所はそれ以外の事件を管轄し，さらに訴額140万円以下の訴訟であっても不動産に関する訴訟は簡易裁判所と競合して管轄することになっている（裁24条1号）。事物管轄は専属管轄ではないので，当事者の合意がある場合（11条）や被告が管轄違いの抗弁を提出しないで本案について弁論するかまたは弁論準備手続において申述した場合（12条）は変えることができる。また，地方裁判所は訴訟がその管轄区域内の簡易裁判所の管轄に属する場合でも，相当と認められるときは申立てにより，または職権で事件を審判できるし（16条2項），簡易裁判所は，訴訟がその管轄に属するものでも相当と認められるときは，その所在地を管轄する地方裁判所へ移送することができる（18条）。なお，特別の行政事件については，高等裁判所が第一審裁判所となることがあり，また，行政処分の取消しや変更を求める訴えまたは公法上の権利関係に関する訴えについては，訴額にかかわらず簡易裁判所は管轄を有しない（裁33条1項1号）

　土地管轄とは，全国に所在する裁判所のうちどの裁判所に審判を求めるべきか，あるいはどの裁判所が審判をすべきかを定めたものである。そのうち土地管轄は，同種の裁判所間において日本国内を各地域に分けてそれぞれを分担させる定めである。土地管轄の基準となる関連地点を裁判籍という。実際の訴訟追行にあたっては，どこの裁判所で裁判を行うかは当事者およびその代理人にとっては費用および時間等の観点から重要な問題であり，公平かつ合理的な理由によってその基準が定められる必要がある。

　まず，普通裁判籍は，民事訴訟においては，原則として応訴を迫られる被告を基準として定めており（4条1項），被告が自然人である場合にはその住所または居所（4条2項），法人その他の団体の場合には主たる事務所または営業所，法人などにそれらがないときは主たる業務担当者の住所（4条4項）によることとしている。つぎの特別裁判籍は，普通裁判籍とならんで，法が事件の特性等から特別の裁判籍を定めるものである。

　①　財産権上の訴え等の裁判籍（5条）としては，義務履行地（5条1号），手形小切手の支払地（5条2号），船籍所在地（5条3号），財産所在地（5条4号），業務に関する事務所・営業所（5条5号），船舶に関する船籍（5条6号）

または船舶の所在地（5条7号）あるいは最初の到達地（5条10号），社員役員に関する団体の普通裁判籍所在地（5条8号），不法行為地（5条9号），海難救助地等（5条11号），不動産所在地（5条12号），登記登録地（5条13号），被相続人の普通裁判籍所在地（5条14号・15号）などがある。義務履行地の裁判籍については，民法上持参債務が原則とされていること（民484条参照）との関係などから原告有利となり，普通裁判籍の原則と対立する結果になりやすい。

② 特許権等の裁判籍（6条・6条の2）としては，特許権等に関する事件は高度に専門的・技術的な知識を必要とする場合があることから，知的財産に関する事件を処理する体制を整えた裁判所に提訴する途を開いたものである。

③ 併合請求の裁判籍（7条）としては，原告が，1つの訴えで数個の請求をする場合に，それらすべてについて管轄がなくともそのうちの1つについて管轄があれば管轄のない他の請求についてもその裁判所に管轄が生ずるとしたものである。被告においてもいずれにせよ当該裁判所において応訴しなければならないことから，主に当事者の便宜を考慮したもので，民訴38条前段に定める場合に限られている（7条ただし書）。

(c) **指定管轄（10条）**

以上のとおり，管轄は原則として法律で，詳細に規定されており，これらを法定管轄という。しかし，具体的な事件において，管轄区域や裁判籍の所在が不明確，あるいは明確でも管轄裁判所が裁判権を行使できない事態も生じ得る。そのような事態にそなえて，民訴法10条は，関係裁判所に共通する直近上級の裁判所が裁判（決定）によって管轄裁判所を定めることとしている。これにより生ずる管轄を指定管轄（裁定管轄）という。

(d) **合意管轄と応訴管轄**

合意管轄とは，当事者間の合意によって生じる管轄をいう。管轄の合意は，法定の管轄と異なる管轄の定めをすることを内容とする当事者間の合意である。公益性の高い専属管轄に対し，当事者の公平や訴訟追行の便宜を考慮して定められた法定管轄については，当事者双方の合意により管轄を定めても法定管轄の趣旨に反することはないことから認められたものである。この合意は，直接訴訟法上の効果の発生を目的とする点で，訴訟法上の合意である。その内容は，第1審の管轄裁判所を定めるもので，一定の法律関係にもとづく訴訟について

されるものに限る。合意の方式は，書面によることが必要とされる（11条2項）。合意の時期は，とくに制限はない。その効力は，直接にその内容をなす管轄の変更が生じる。

　応訴管轄とは，原告が管轄違いの裁判所に訴えを提起しても，被告が管轄違いの抗弁を提出することなく応訴することにより生ずる管轄で，他の裁判所の専属管轄に属さない限りその裁判所に管轄権を認める制度である（12条）。

　専属管轄を除けば，法定管轄は主として当事者間の公平や訴訟追行の便宜を考慮して定められているから，被告が原告の訴訟追行を争わない場合には，合意管轄と同様に扱ってよいことから認められたものである。ただし，応訴管轄はその訴訟限りで認められるにすぎないから，訴えの取下げまたは却下後の再訴には，この効果は及ばない。

(e) **移　送**

　移送とは，ある裁判所にいったん係属した訴訟を，決定等の裁判によって他の裁判所に移すことをいう。再提起による手間や費用がかかることの訴訟経済的な理由と訴訟提起についての実体法上の不利益（時効中断等）を避けるための制度である。第1審における移送として以下①ないし④がある。

　①　裁判所は，事件の全部または一部がその事物管轄・土地管轄に属さないと認めるときは，申立てまたは職権で移送する（16条1項）。ただし，専属管轄違反でないかぎり，地方裁判所はその管轄内の簡易裁判所の事物管轄に属する訴えを，相当と認めれば，移送しないことができる（16条2項）。

　②　管轄裁判所が複数存在するときに，訴訟の著しい遅滞を避け，または当事者間の衡平をはかるため必要があると認めるときは，申立てまたは職権で移送する（17条）。その当否は，当事者および証人の住所，検証物の所在地その他の事情を考慮して決められる。

　③　簡易裁判所は，相当と認めるときは，申立てまたは職権で地方裁判所に移送できる（18条）。

《出題例・現司試昭62／①》
　A県に居住する甲は，B県に居住する乙に対する金500万円の売買代金の請求について，管轄裁判所をC県のC地方裁判所とする旨の合意があるとして，同裁判所に訴えを提起した。同裁判所が，この訴訟をB県のB地方裁判所に移送することができる場合について説明せよ。

第1章　総　　則

　④　第1審裁判所は，当事者の申立ておよび相手方の同意あるときは，申立てに係る裁判所に移送しなければならない（19条1項）。また簡易裁判所における不動産に関する訴訟につき，被告の申立てがあれば，地方裁判所に移送しなければならない（19条2項）。

　②ないし④は，専属管轄（当事者が11条の規定により合意で定めた専属的合意管轄は除く）に属する場合には適用されない（20条）。以上の移送のほかに，簡易裁判所における訴訟係属中に地方裁判所の管轄に属する反訴の提起があった場合（274条），上告裁判所が原判決を破棄して原審級に差し戻すにあたって，原裁判所にかえてこれと同等の他の裁判所に移送する場合（325条），高等裁判所が上告裁判所として受理した事件を，最高裁判所の定める事由があるときに最高裁判所に移送する場合（324条）がある。移送決定および却下決定に対しては即時抗告ができる（21条）。移送の裁判が確定したときは，移送を受けた裁判所は，さらに他の裁判所に移送することはできず（22条2項），初めから移送を受けた裁判所に係属していたとみなされる（22条3項）。

2　裁判官の除斥・忌避

(1)　除　　斥

　① 概　念　　除斥とは，具体的事件について，裁判官が事件または事件の当事者との間に法で定めた一定の関係（除斥原因）がある場合に，その裁判官は，法律上当然に，その事件についての職務執行ができなくなることをいう。この制度は，具体的事件において，担当裁判官がたまたま事件または事件の当事者と特別の関係にある場合に不公平な裁判のなされることを防ぎ，裁判の公正を保障することにある。

　除斥原因があるときは，申立てまたは職権で除斥の裁判をする（23条2項）。除斥原因がある裁判官の関与した判決に対しては上訴もできるし（312条2項2号），再審も認められる（338条1項2号）。除斥についての規定は，裁判所書記官に準用され（27条），執行官につき別に規定がある（執行官3条）。

　② 除斥原因　　裁判官が法律上当然に職務執行から排除されることになる裁判官と事件または事件の当事者との関係を除斥原因という。民訴法23条に列挙されている。

　裁判官と事件の当事者との間に一定の関係がある場合としては，(a)裁判官ま

たはその配偶者もしくは配偶者であった者が，事件の当事者であるか，または事件について共同権利者・共同義務者もしくは償還義務者であるとき，(b)裁判官が当事者の4親等内の血族，3親等内の姻族であるか，もしくは同居の親族であるとき，またはそれらの者であったとき，(c)裁判官が当事者の後見人，後見監督人または保佐人等であるとき，(d)裁判官が事件につき，当事者の代理人または補佐人であるとき，またはあったとき，の各除斥原因がある。

裁判官と事件との間に一定の関係がある場合としては，(a)裁判官が事件につき証人または鑑定人となったとき，(b)裁判官が事件につき仲裁判断に関与し，または不服を申し立てられた前審の裁判に関与したとき，の各除斥原因がある。(b)の除斥原因は審級制度を保障するため設けられたものである。

(2) 忌　避

① **概　念**　具体的事件において，裁判官について裁判の公正を妨げるような事情（忌避原因）がある場合に，当事者の申立てにより，裁判によってその裁判官を職務執行から排除する（24条・25条）のが忌避の制度である。忌避原因が法定されていない点や当事者からの忌避申立てによる裁判を要する点，さらに，忌避の裁判が確定してはじめて職務執行ができなくなるなどの点で，除斥とは異なる。忌避は，民事訴訟法上，裁判官のほか裁判所書記官・鑑定人・通訳人について認められている（27条・214条1項・154条2項）。

② **忌避事由**　裁判官と事件との特殊な関係から，当事者が不公平な裁判がなされるおそれがあるとの不信の念を抱くに足る客観的・抽象的事情のことを忌避事由という。具体例としては，裁判官が当事者の一方と親友であった場合，裁判官が当事者の一方の婚約者であるとか内縁関係にあるという場合，事件の勝敗に経済的な特別の利害関係を有している場合，事件について鑑定をしたことがある場合，過去に当事者の一方に対して助言を与えていた場合などが裁判の公正を妨げるべき事情に該当する。以上に対して，具体的事件と関係のない事由，たとえば裁判官の行状・健康・信念・能力など，裁判官としての適格性に関する一般的事情は忌避の対象外である。また，裁判官の訴訟指揮に対する不満は，民事訴訟法が定める不服申立方法（150条・283条）によるべきこととなるから，忌避事由とはならない。

③ **忌避権の濫用**　忌避の申立てがあったときは，除斥と同様に，その申立てについての裁判の確定まで訴訟手続を停止しなければならない（26条）と

いう効果をもつ。このことから，裁判官の訴訟手続中の訴訟指揮に対する主観的な不満を理由とする忌避申立て，そもそもが忌避原因にはあたらない事由を理由とする忌避申立て，裁判の引き延ばしをはかっての忌避申立てなどが現れ，忌避権の濫用が問題となる。これは，忌避の原因を「裁判の公正を妨げるべき事情があるとき」と抽象的な表現で規定したことに起因する。忌避権の濫用を防止する方策として種々の見解が提案されているが，実務上は，刑訴法24条に規定する「忌避申立ての簡易却下」の類推適用が定着している。忌避申立ての簡易却下とは，「訴訟を遅延させる目的のみでされたことの明らかな忌避の申立て」について，当該裁判官は自らまたはその裁判官も関与してその申立てを却下することができる制度をいう（東京高決昭和39年1月16日下民集15巻1号4頁）。

Step up

●専属的合意管轄

合意管轄における管轄の定め方には，法定管轄のほかに管轄裁判所を追加する付加的（競合的）合意と，特定の裁判所のみに管轄を認め，その他の裁判所の管轄を排除する専属的合意がある。いずれの合意であるかは意思解釈によって決まる。

民訴法17条において，「当事者間の衡平を図るため必要があると認めるとき」には他の管轄裁判所への移送を認め，20条においては，移送を妨げる専属管轄から合意管轄を除くことにより，専属的合意の場合でも移送をなしうることを明らかにしている。

Practice

問 千葉市に本店があるX株式会社は，取引先のY株式会社を相手方として，Xが有する特許権の実施契約にもとづく実施料の支払いを求める訴訟を提起しようとしている。Yの定款上および登記上の本店は京都市にあるが，事実上の営業の中心地は長崎市と熊本市である。XとYは，当該実施契約および実施料の支払いの履行地を広島市とする特約を口頭で結んでいる。Xが訴状を裁判所に提出した後，Yに訴状が送達される前に，Yは，定款上および登記上の本店ならびに事実上の営業場所のすべてを仙台市に移した。以上の事実にもとづいて，土地管轄に関す

る以下の記述のうち，正しいものを1つ選びなさい。

1. 本件訴えは，特許権の侵害を理由とする損害賠償請求のような特許権それ自体にもとづく訴えではなく，特許権の実施契約の成否や解釈が主要な争点となる契約上の紛争であるので，特許権に関連する訴えの管轄を定めた民訴法6条は適用されないから，大阪地方裁判所に土地管轄はない。

2. 株式会社の住所は，その本店の所在地にあるものとされ（商54条2項），本店の所在地は，定款によって定められ（商166条1項），登記されることになっているので（商188条2項），事実上の主たる営業場所は普通裁判籍の基準とはならないから，長崎地方裁判所に土地管轄はない。

3. 民訴法5条1号によれば，財産権上の訴えについて義務履行地の特約を結ぶことによって管轄が定まるので，実施料の支払いの履行地を広島市とする特約は同法11条1項にいう管轄の合意であるが，同条2項に定める書面要件を満たしていないので，広島地方裁判所に土地管轄はない。

4. 裁判所の普通裁判籍にもとづく土地管轄は，訴え提起行為の完了した時を基準に固定されるのであり，訴訟係属の時を基準として定まるものではないから，仙台地方裁判所には土地管轄はない。

5. 法人の普通裁判籍の基準である主たる事務所または営業所は1つに特定されなければならないから，長崎地方裁判所と熊本地方裁判所が競合して土地管轄を有することはありえない。

第1章 総　則

No. 3　当　事　者

1　当事者の確定
(1)　確定の必要性
　個々の訴訟において，その当事者がだれであるかを定めることを当事者の確定という。現実の訴訟において当事者がだれであるかによって，裁判籍・除斥原因・訴訟手続の中断・訴訟事件の同一性・証人能力・判決の効力の及ぶ人的範囲などが決まり，また，その者について当事者能力・訴訟能力・当事者適格などを調査する必要があるから，裁判所は常に職権で当事者の確定をしなければならない。当事者は必ずしも訴訟物たる権利関係の主体と同一ではなく，訴訟は当事者間の紛争解決のために，その間に権利関係を確定するものであるから，当事者の方が訴訟物たる権利関係より先に確定されなければならない。

(2)　確定の基準
　当事者の確定の基準については見解の対立があり，原告または裁判所の意思を基準とする意思説，訴訟上だれが当事者らしく振る舞い，または当事者として扱われたかを基準とする行動説，訴え提起行為の内容すなわち訴状の記載を基準とする表示説とがある。さらに，これらの見解を基点として，当事者の確定問題を，訴訟の進行に応じて発展的動態的に考察を加える説，逆に初期段階に限定して進行後は別問題として処理する見解がある。
　民事訴訟では，基準が最も明確であるとの理由から表示説が通説であるが，判例の立場は必ずしも一貫していない。表示説によれば，訴状の内容を客観的に観察して，これだけで当事者を確定するのであって，訴状の必要的記載事項として当事者の表示が要求されており（133条2項1号），氏名・名称を用いて表示するのが通常であるが，これだけが唯一の資料ではなく，訴状の全趣旨から，その訴えでだれからだれに対する判決が求められているかが判明する限り，その者がその訴訟の当事者（原告または被告）である。なお，刑事訴訟では，被告人の確定につき表示説と行動説とを併用し，起訴状に表示された者と被告人として取り扱われる者が，ともに被告人となるとする見解が有力である。

(3)　当事者の同一性の調査
　当事者がだれであるかは一見明白であるように思われるが，だれかが他人の

名を冒用して訴訟をする場合（氏名冒用訴訟），当事者として表示されている者が初めから死んでいた場合（死者名義訴訟），人違いの場合などに問題が生ずる。

このような場合，裁判所は，訴え提起に際して当事者がだれかについて調査しなければならないし，訴訟手続が進行中の場合でも疑問が生じたときには職権で調査しなければならない。

(4) 当事者の表示の訂正

訴状提出後における当事者の表示の訂正補充は，当初の当事者の同一性を害しない場合に限り可能である。訂正に名をかりて別人を表示することになれば，当事者の変更（任意的当事者変更）として扱われることになる。この場合は，当事者に入れ替わりが生じるため，新当事者となる者の手続保障を考慮する必要がある。

2 当事者能力

〔CASE 4〕 Xは，債権の回収を目的とする「クレジット債権管理組合」（A組合）という組織を主宰し，その業務執行者となり，組織加盟者から債権取立ての依頼を受けてその具体的取立て業務を行い，報酬など一定の諸費用を差し引いた上，残額を加入者に支払う業務を行っている有限会社である。Yは，Xに対し，出資金を支払ってA組合に加入し，同時に債権取立てを委託していたが，XのA組合に関する運営方針に疑念をもつようになりA組合を脱退した。

Xは，Yに対し，A組合を退脱するときは，A組合の規約にしたがって，業務執行者であるXが弁護士への委任手続を完了した債権額の20パーセント相当額か，または全受託債権額の10パーセント相当額のいずれかについて，業務執行者であるXの選択する金員を脱退金として支払うべきであるとした。しかし，Yは，脱退金を一律に委託債権額の10ないし20パーセントと定める規約は，著しい暴利行為にあたるものであり，反社会的で公序良俗に違反し無効であるとして，脱退金の支払いを拒絶した。

そこで，Xは，Yに対し，Aの規約にしたがった脱退金の支払いを求めて，Aを原告としXをその代表者として，訴えを提起した。この訴えは，適法か。

《**参照判例**》 東京高判平成8年11月27日判時1617号94頁
《**判例評釈**》 浜野惺・ジュリスト855号92頁，山川隆一・ジュリスト886号123頁
〔Point〕
　① 民法上の組合の当事者能力
　② 任意的訴訟担当の許容範囲
　③ 当事者適格の要件

(1) 概　　念

　訴訟主体として裁判権の行使を受けるのに必要な訴訟法上の権利能力または権利主体性を当事者能力という。当事者となることのできる一般的能力である。判決手続についていえば，原告として訴えまたは被告として訴えられる能力であり，訴訟の主体となって裁判権の行使の効力を受けるのに必要な訴訟法上の権利能力または人格である。民事訴訟法は当事者能力を，原則として，私法上の権利能力に準拠させているから（28条），自然人および法人はすべて当事者能力者である。これは私的紛争の解決には，私法上の権利主体を訴訟上も当事者として，これに対して判決する方法によるのが，一般的には一番素直であるし，効果的であるという考慮にもとづくものである。この場合の権利能力は，一般的権利能力を指し，特定の権利を享有できるかどうかの特別権利能力とは無関係である。さらに，民事訴訟法は法人でない社団または財団でも代表者または管理人の定めがあるものに当事者能力を認めている（29条）。これは法人でない種々の団体が社会に現存して社会的活動を営み取引に登場している以上，他人との間に紛争・利益の衝突を生じ，訴訟で解決する必要がある場合には，素直に団体を当事者として訴訟を追行させ，これに対して判決をすることが民事訴訟の機能を果たすのに便宜であるからである。当事者が当事者能力を有することは訴訟要件であって，これを欠くときはその訴えは不適法として却下される。当事者能力は，訴訟事件の内容・性質にかかわらず認められる一般的能力であるから，当事者として特定の権利関係についての紛争の解決を求め，本案判決を受けるに適する利害関係人としての資格である当事者適格とは区別される。

(2) 当事者能力者
(a) 民法上の権利能力者
① 実体法上，権利能力を有するものは，つねに当事者能力を有する (28条)。
② 胎児は，不法行為にもとづく損害賠償請求権 (民721条)，相続 (民886条)，遺贈 (民965条) の3つの法律関係についてのみ権利能力が認められ，その限りにおいて当事者能力を有する。
③ 解散した法人は，清算の範囲内において清算の結了にいたるまで存続するものとみなされるので (民73条，会社476条・645条)，当事者能力を有する。
(b) 法人格なき社団・財団で，代表者または管理人の定めのあるものは (29条)，その名で原告または被告になることができ，その場合は，法人と同様の取り扱いを受ける (4条4項・5項・6項, 37条, 民訴規18条)。
① 法人格なき「社団」とは，その団体の活動から生じた債務の引当てに供することができるように構成員から独立して管理されている独自の財産を有する人の結合体をいう。同業会，町会，校友会，学会，労働委員会の証明を受けない労働組合，代表者の定めのある民法上の組合 (最判昭和37年12月18日民集16巻12号2422頁)，設立中の会社，認許されない外国法人などがその例である。
② 法人格なき「財団」とは，個人の帰属を離れて，一定の目的のために独立の存在として管理運用されている財産の集合体をいう。設立中の財団は，その例である。
③ 「代表者又は管理人の定め」とは，団体活動の代表機関として，団体の定款，寄附行為等の根本規則により代表者選任の資格や方法を定めてあることをいう。
(c) 民法上の組合
民訴法29条が定める「法人でない社団又は財団」には，団体としての組織を備え，構成員の変更があっても団体そのものが同一性をもって存続し，その団体の代表，意思決定の方法および機関，業務の執行，財産の管理その他団体として必要な事項に関する定めが確定しているなどにより，いわゆる権利能力なき社団に該当するものと認められる団体のほか，民法上の組合契約によって結成された団体であっても，組合員および組合財産が特定の共同目的の遂行のために強く結合され，組合員の組合財産に対する共有の持分権または分割請求権も否定されて組合財産が総組合員に総有的に帰属するものと解されるものも含

まれるのであって，その代表者の定めがある場合には，同条の規定により当事者能力を有すると解されている（最判昭和37年12月18日民集16巻12号2422頁）。組合契約によって結成された団体において，組合財産の帰属または個々の組合員の組合財産に対する権利について民法の定めと異なる定めをすることはもとより可能であり，そこで組合員の組合財産に対する共有の持分権が否定されるなど組合財産が総組合員に総有的に帰属するものとされ，かつ，代表者の定めがある場合においては，右の団体にその名において訴えまたは訴えられる資格を認めて代表者に訴訟を追行させても，訴訟の結果が構成員各自の権利を害したり，実体上の権利関係と齟齬を来たすようなこともなく，そのように解することが実際上の必要性にも適合するからである。これに対しては，消極説も有力とされている。

(3) 訴訟上の取扱い

① 当事者能力を欠く者に対しては，その名において裁判をすることはできないので，裁判所は，その職権で調査をし，いずれかの当事者が当事者能力を欠く者であることが訴訟手続開始後に判明したときは，判決により訴えを不適法として却下しなければならない。

② 当事者が，訴訟係属中に，死亡または合併により当事者能力を喪失した場合は，その訴訟手続は中断する（124条1項1号2号）。

3 訴訟能力

(1) 概念

民訴法上，訴訟当事者として自ら単独で有効に訴訟行為をなし，または相手方や裁判所の訴訟行為を受けるために必要な資格を訴訟能力という。民法上の行為能力に対応する制度であり，訴訟手続においても，普通人と同様に扱ったのでは訴訟上自己の利益を十分に擁護できない者を保護するために，一定の能力水準を有する者のみに単独での訴訟追行を認めるとする制度である。

(2) 訴訟能力の基準

① 民訴法上，訴訟能力は民法上の行為能力に準じて取り扱われ（28条），行為能力者はすべて訴訟能力者となる。ただし，行為能力者であっても意思能力を欠く場合は，その訴訟行為は無効となる。

② 外国人の訴訟能力についても，日本の法律によって訴訟能力を有する場

合は，訴訟能力者として扱われる（33条）。

〔CASE 5〕 歯科医X夫はY女と結婚し，XY間には3人の子がいる。Yは，Yの母親が死亡した頃から精神異常的兆候を表すところとなり，入退院を繰り返したが病状は収まらず，悪化する一方で治療の見込みがない状態に陥った。XはYとの離婚を考えるようになり，調停を申し立てたが，Yが出頭することができないまま調停は不調に終わった。Xは，Yを相手に離婚の訴えを提起することはできるか。

《参照判例》 最判昭和33年7月25日民集12巻12号1823頁，判時156号8頁
《判例評釈》 萩大輔・別冊ジュリスト76号50頁，本間義信・ジュリスト続民訴判例百選32頁，砂川恵信・別冊ジュリスト家族判例百選（第3版）60頁
〔Point〕
① 訴訟能力と法定代理
② 特別代理人

---

(3) 訴訟無能力者・制限的訴訟能力者
① **未成年者・成年被後見人** 未成年者および成年被後見人は訴訟能力を有しない（絶対的訴訟無能力者）。民法上は，未成年者は法定代理人の同意を得れば自ら法律行為ができるが（民4条），訴訟行為は法定代理人が常に未成年者に代わって追行しなければならない。ただし，未成年者が独立して法律行為をなしうる場合は（民6条1項，商5条），それに関する訴訟にかぎり訴訟能力が認められる（31条）。法定代理人がなく，または代理権を行使できない場合に，相手方が訴訟行為をする必要のあるときは，特別代理人の選任を求めうる（35条1項）。

未成年者が当事者となる人事訴訟においては，できる限り本人の意思を尊重する趣旨から，意思能力がある限り訴訟能力が認められる（人訴13条）。

② **被保佐人・被補助人** 被保佐人は保佐人の同意を得て自ら訴訟行為ができる（民13条1項4号）が，被告・被上訴人として相手方から提起された訴訟については同意なしに応訴できる（制限的訴訟無能力者。32条1項）。

被保佐人・被補助人が当事者となる人事訴訟においては，できる限り本人の意思を尊重する趣旨から，意思能力がある限り訴訟能力が認められる（人訴13条）。

(4) 訴訟能力の欠缺と訴訟上の取扱い

訴訟能力の存在については，それが個々の訴訟行為の有効要件であることから，裁判所がつねにその職権で調査しなければならない。したがって，訴訟能力を欠く場合には，追認の余地があるほか，裁判所による補正命令がある。

① **追　認**　訴訟能力の欠けた者の行為またはこれに対する行為は無効であるが，後日，法定代理人または能力を回復・取得した本人によって適法な追認があればさかのぼって有効となる（34条2項）。訴訟無能力者が適式に代理されることなく訴訟を追行したまま判決がなされたときは，法定代理権の欠缺の場合と同様，上訴（312条2項4号）または再審（338条1項3号）によって判決の取消しを求めることができる。

② **補　正**　訴訟能力を欠く場合には，裁判所は，期間を定めて，その補正を命じなければならない（34条1項前段）。この場合に，補正されるまで訴訟の進行を止めることで損害を生ずるおそれがあるときは，そのまま訴訟行為をさせることができる（34条1項後段）。

(5) 訴訟能力の欠缺時期

① **訴え提起時**　訴訟能力を欠く者の訴訟成立過程における訴訟行為は，訴訟係属が適法でなく，その欠缺が補正されないかぎり，終局判決により訴えは却下される。

② **訴訟係属中**　訴訟係属中に，訴訟能力を喪失した場合は，訴訟手続は中断する（124条1項3号）。これを看過し，または過誤によりなされた個々の訴訟行為は無効となる。それが期日呼出状の送達ならば期日は実施できず，判決の送達ならば上訴期間が進行せず，判決は確定しない。

③ **終局判決後**　裁判所が，訴訟能力欠缺の過誤または看過により，第1審判決を言い渡し，これに対し控訴がなされた場合は，その控訴を不適法として却下すべきではなく，第1審判決を取り消して第1審に差し戻し，補正の機会を与えるべきことになる（最判昭和42年12月15日民集24巻13号2072頁）。

4　訴訟上の代理

(1) 概　　念

わが国では，本人訴訟主義を原則とすることから，当事者本人はどの裁判所でも自ら訴訟を行うことができる。しかし，単独では訴訟行為ができない者の

能力を補充するために，または困難で煩しい訴訟行為を他人にまかせるために，代理が必要である。このための制度が訴訟上の代理であり，代理人がこの任に当たる。

代理人とは，訴訟行為を当事者本人の名前で本人に代わって自らの意思で，相手方当事者や裁判所に対し行い，あるいはそれらから受領する者である。

(2) 代　理　権

訴訟上の代理権は，訴訟手続の円滑・安定を期するという観点から，民法上の代理よりも代理権の存否・範囲について画一的かつ明確であることが要求されている（36条・55条・59条，民訴規15条・23条）。代理権を欠く代理人の行為は，訴訟能力がない者の行為について述べた扱いと同じになる（34条・59条・312条2項・338条・342条3項）。また，当事者の一方が相手方を代理すること，1人が当事者双方の代理人を兼ねること（双方代理）は許されていない（弁護25条参照）。

(3) 代理人の種類・地位

訴訟代理をするためには代理権を有していなければならないが，この権限は，実体法上の法定代理人のほかに，法令上一定の地位につく者に訴訟代理の権限が認められるものと，訴訟委任にもとづくものとがある。現行法は，主として訴訟委任にもとづく訴訟代理人を念頭においている（55条4項）。

(a) 法定代理人

法定代理人とは，本人の意思にもとづかないでなる代理人で，訴訟上は，訴訟無能力者の能力を補充し，この者の利益を保護する役割をする。訴訟上の法定代理人には，実体法上の法定代理人（民824条・859条）と，訴訟法上の特別代理人のほか，個々の訴訟行為の法定代理人（102条3項）がある。特別代理人は，特定の訴訟または訴訟手続のために裁判所が選任する。具体的には，訴訟無能力者に法定代理人がいない場合（35条），証拠保全手続における場合（236条）などである。これらの法定代理権の範囲は，原則として，民法等の法令による（28条）。

なお，法人等を当事者とする訴訟を追行するのは，その代表者である。この場合の代表者は，法定代理人に準じて扱われる（37条）。

(b) 任意代理人

① 法令上の訴訟代理人　　訴訟追行のための包括的な代理権が，訴訟代理

権として法令に規定されている場合に，本人から代理人となることを依頼されると，本人の一定範囲の業務について当然に訴訟代理権限も授与されたことになる者をいう。これには，支配人（商21条1項），船舶管理人（商700条1項），船長（商713条1項）が該当する。法令上の訴訟代理人は，訴訟実務上，法定代理人に類似するものとして取り扱われている。

② **訴訟委任にもとづく訴訟代理人**　訴訟委任により訴訟代理権を授けられた者を訴訟代理人と称するが，訴訟代理人は，原則として，弁護士でなければならない（弁護士代理の原則）。ただし，簡易裁判所における訴訟については，裁判所の許可があれば，弁護士でなくても訴訟代理人になれる（54条）。とくに，訴額が140万円以下の事件については，司法書士も訴訟代理人になることができる（裁33条1項1号，司書3条1項6号）。

訴訟代理人を選任した場合は，その代理人が代理権の範囲内でした訴訟行為は，本人がしたのと同じ効力を生ずる。その場合でも本人は訴訟行為を自分でおこない，または受ける権能を失わない。本人が訴訟代理人とともに出廷して，代理人のした事実上の陳述を直ちに取消し・更正をするときは，代理人の陳述は効力を生じない。

(5) **補　佐　人**

補佐人とは，当事者，補助参加人またはこれらの訴訟代理人とともに期日に出頭し，これらの者の陳述を補足する者をいう（60条）。弁理士・税理士が，それぞれの資格にもとづいて補佐人となる場合は，個別の許可を得る必要がない（弁理士5条1項，税理士2条の2）。

5　当事者適格

(1) **概　　念**

民訴法上，訴訟物たる一定の権利関係に関して訴訟当事者すなわち原告または被告として訴訟を追行し本案判決を受けるために必要な資格をいう。訴訟追行権とも称し，これをもつ者をその請求についての正当な当事者という。当該訴訟においてだれが原告として訴えなければならないか，まただれが被告として訴えられなければならないかの問題であるから，当事者能力や訴訟能力のような事件の内容と無関係に認められる一般的・人格的能力とは性質が異なる。

ほんらいは訴訟物である権利関係について対立する利益をもつ者が適格者で

あるが，特別な事由からほんらいの適格者にかわり他の者が，あるいは自らその権利関係について固有の利益をもたない者が当事者適格をもつ場合がある。この現象を第三者の訴訟担当ともいう。このうち，法律上当然に第三者が訴訟追行権をもつ場合を法定訴訟担当といい，ほんらいの適格者が自ら当事者になるかわりに他人に訴訟をする機能を任せる場合を任意的訴訟担当という。前者の例として，代位債権者（民423条），債権質権者（民367条），取立訴訟をする差押債権者（民執155条・157条），代表訴訟の株主（会社847条），破産管財人（破80条），遺言執行者（民1012条），人事訴訟において本来の適格者の死亡後に当事者とされる検察官（人訴12条3項・23条），成年被後見人の離婚訴訟および嫡出否認の訴えについての成年後見人または成年後見監督人（人訴14条），海難救助料の請求についての船長（会社811条）があり，後者の例として，選定当事者（30条），手形の取立委任裏書の被裏書人（手18条）がある。

当事者適格は訴訟要件の一種であるから，それが欠けていれば訴訟は請求の当否に立ち入らず却下される。数人が一体としてのみ原告または被告となる適格をもつ場合は，必ず共同訴訟人としてともに訴えまたは訴えられなければ，この要件を欠くことになる（固有必要的共同訴訟）。訴訟中に当事者が適格を失ってこれを第三者が取得する場合は訴訟の承継が生ずるのが通常である。

(2) 集団訴訟と当事者適格

近時，消費者保護が大きな問題となっているが，たとえば，消費者被害にみられるように，個々の損害額は少額であるが，共通の原因による被害が大量に発生するために，総体的にはその損害額が莫大なものになる場合がある。このような場合に，その少額多数の被害者の中から1人または数名の者が代表して，被害者総員の損害賠償請求を一括して訴えることのできる制度がクラス・アク

《出題例・現司平成4／②》

甲は，乙に対し，既に弁済期の到来している1000万円の貸金債権を有していると主張している。乙は，丙に対し，1000万円の売買代金債権を有しており，乙は，この債権以外には，見るべき資産を有しない。甲は，乙に代位し，丙を被告として乙の丙に対する売買代金債権の支払を求める訴えを提起した。
1　審理の結果，甲の乙に対する債権の成立が認められない場合，裁判所は，どの様な判決をすべきか。
2　1の判決は，確定した場合，どの様な効力を有するか。
3　乙は，甲の右の貸金債権の成立を争い，且つ，丙に対し，右の売買代金債権の支払を自ら請求したいと考えた場合，甲丙間の訴訟に当事者として参加することができるか。

ションである。アメリカ合衆国で発達した手続であり，わが国でも立法論としてその導入が提唱されているものである。

　現行法のもとでかかる場合に対処する方法としては，たとえば選定当事者（30条）の制度があるが，これは個々の被害者からの授権があってはじめて授権者の利益・権利について当事者として訴訟を追行できるものであって，少額大量被害の損害賠償請求についての紛争を処理する手段として十分に機能しているとはいえない。この点，クラス・アクションは，かかる授権を要せず，被害者の群（クラス）の中から名乗り出た代表者がそのクラス全体の利益を適切に代表する者と認められれば，そのクラスに属する総員の賠償請求全体について一括して訴えを提起することができるのであり，さらに，クラス・アクションの通知を受けた被害者は，とくにそのクラスからの除外を申し出ない限り，当然にその訴訟手続に組み入れられ，その代表当事者の受けた判決にも拘束されることになる。少額大量被害の被害者を救済するための手続法理として注目されている。

(3) 紛争の管理と当事者適格

　講学上，訴訟提起前の紛争の過程で相手方と交渉を行い，紛争原因の除去につき持続的に重要な役割を果たしている第三者は，訴訟物たる権利関係についての法的利益や管理処分権を有しない場合にも，いわゆる紛争管理権を取得し，当事者適格を有するにいたるとする見解がみられるが，法律上の規定がないこと，および当事者からの授権がないまま第三者がその訴訟追行権を取得できるとする根拠に乏しいとされている（最判昭和60年12月20日判タ586号64頁）。

Step up

❶ **当事者権**　民事訴訟の当事者となることで手続上認められる権利を総称して当事者権ということがある。具体的には，期日申立権，期日の申立てを受ける権利，訴訟関係書類の送達を受ける権利，訴訟手続進行に関する申立権，処分権主義にもとづき訴訟上認められている権能，弁論権，上訴権などである。

❷ **審問請求権**　訴訟であれ訴訟以外であれ，およそ裁判所における手続により裁判で私人の権利の存否を宣言する場合には，あらかじめ裁判事項につき権利主体である当事者双方の言い分を尽くさせることが必要とされ，わが国においても最近確立された司法手続上の原理である。これを私人側の権利とす

ることから，審問請求権（あるいは審尋請求権）と称されている。当事者権との関係で，通常の民事訴訟の本案の審理では，当事者主義（弁論主義）と職権主義（職権探知主義）との関係が乖離しないように把握すべきことになろう。

❸ **氏名冒用訴訟**　氏名冒用訴訟とは，たとえば，A（冒用者）がBと称して原告になり訴えを提起したり，あるいは，AがBを相手に離婚の訴えを提起したさいAと通謀しているC（冒用者）がBになりすまして被告として振る舞ったりすることである。この結果，冒用されたことを知らないB（被冒用者）は訴状その他の書類の送達を受けるなどの訴訟手続に関与の機会もないままに判決を言い渡されるということになる。その訴訟ではAやCによって選任された訴訟代理人が訴訟を追行することもある。後に冒用に気づいたBは，当該判決の取消を求めて，上訴や再審の訴えを提起することになる。

このような氏名冒用訴訟における当事者は，客観的には被冒用者Bと解することになる反面，この訴え提起はBの意思にもとづき訴訟代理人を委任し訴訟が追行されたものでないことがわかる。訴訟における当事者の確定は，訴状に表示された当事者の氏名（補充的資料として住所等）によって客観的に定めることが原則とされているが，訴訟のはじめから，あるいは一審判決後その控訴審の第1回口頭弁論期日にいたって，いわゆる氏名冒用訴訟でないかといった疑いが生じたような場合は，それまでになされた手続・判決の効果をだれに及ぼすのが適当か，氏名被冒用者を訴訟からいかにして解放をはかるべきか等の視点が考慮されなければならない。

氏名冒用訴訟では，無権代理人による訴訟行為と同視して，被冒用者が審理の続行を求めないかぎり，訴えを不適法として却下すべきである。

❹ **弁論能力**　法廷で事実や法律的な意見を述べるなどの，現実に弁論をするための資格のことをいう。わが国では，本人訴訟を一般的に許していることから，訴訟での自分の立場の利害を理解するだけの能力（訴訟能力）があれば，その者自身を直接訴訟に参加させて自分の立場を守らせることを原則としている。しかし，訴訟能力が当事者保護の制度であるのに対し，弁論能力は訴訟の円滑・迅速な処理をはかる制度であるから，裁判所は，必要な陳述をできない当事者の陳述を禁止する裁判をすることができ，この裁判を受けた者は弁論能力を失う。

No. 4　複雑訴訟形態（当事者の複数…請求の主観的併合）

　訴訟の形態が複雑になる局面は，紛争の態様により，提訴時から生じている場合と訴訟の係属中に生じる場合とがある。前者の場合は，主に複数の当事者が関係する場合であり，後者の場合は，反訴や訴えの変更の場合のように，同一当事者間において錯綜とした訴訟物が複数存在している場合が典型である。ここでは，1つの訴訟手続に3人以上の者が，同時にまたは時を異にして，訴訟当事者の地位につく訴訟形態について概観する（*No. 13*〜*No. 15*を参照）。

1　共同訴訟

〔CASE 6〕　Wには，妻Yがおり，その間には，長男A・長女B・次女C・養女Dがあり，さらにAには妻X_1とその子X_2がいた。Wは平成2年6月27日に死亡し，その後，平成10年11月17日にAが病死した。Wの死亡後，そのほとんどの財産の処遇については問題が生じていなかったが，一筆の土地（甲）についてだけ，Yを所有権者とする所有権保存登記（平成6年1月31日）がされているものがあった。X_1およびX_2は，Aの相続人としてWの遺産について相続権を有する者であり，甲土地はもともとWと訴外Zとの間にあった約束にもとづいてWに売り渡されるはずであったところ，Wが既に死亡していたために，便宜上，Y名義で所有権保存登記がされたのであるから，甲土地はWの遺産に属するはずであり，法定相続分に応じた共有持分権を有するとして，Yに対し，甲土地の遺産帰属確認および共有持分の移転登記手続を求めることはできるか。

《参照判例》　最判平成元年3月28日民集43巻3号167頁，最判昭和61年3月13日民集40巻2号389頁，判タ698号202頁，判タ602号51頁
《判例評釈》　山本和彦「遺産確認の訴えと固有必要的共同訴訟」ジュリスト946号49頁，徳田和幸「共同相続人間における遺産確認の訴えと固有必要的共同訴訟」判評373（判時1333）号200頁
〔Point〕
　①　共同相続人間の遺産確認の訴え
　②　遺産確認訴訟の訴えの利益

③ CおよびDが訴訟に関与しないことで生じる問題
④ 共同相続人間における遺産確認の訴えの訴訟形態

(1) 定　義

　共同訴訟とは，1個の訴訟手続に数人の原告または被告が関与している訴訟形態をいう。この場合，同じ側に立つ複数人の当事者を共同訴訟人（共同原告・共同被告）という。共同訴訟では，各共同訴訟人と相手方との間に存在する請求が1個の訴訟手続に併合されていると考えられている。このように訴えの客観的併合を伴う訴訟形態であることから，訴えの客観的併合の一般的要件（例，136条）を具備しなければならない。

　共同訴訟は，各共同訴訟人につき判決が区々となっても差し支えない場合である通常共同訴訟と，各共同訴訟人ごとに判決が区々となることが許されず合一確定の要請が働く必要的共同訴訟とに分類される。さらに，必要的共同訴訟は，共同訴訟とすることが法律上強制されるわけではないが，共同訴訟とされた以上は合一確定が要請される類似必要的共同訴訟と，共同訴訟とすることが法律上強制される固有必要的共同訴訟とに分けられる。合一確定の要請のない通常共同訴訟にあっては，各共同訴訟人は，他の共同訴訟人に制約されることなく訴訟を追行できるが（共同訴訟人独立の原則（39条）），必要的共同訴訟にあっては，訴訟追行上，連合関係にあるので一定の制約を受ける（40条）。

(2) 共同訴訟形態

　① **通常共同訴訟**　　共同訴訟人が相互に制約されることなく，独自に訴訟追行をする権能を認められる場合で，合一確定が法律上は保障されていない共同訴訟形態を通常共同訴訟という。共同訴訟の方が個別訴訟によるよりも審理時間・費用・労力等において節約をはかることができる。この効果は各共同訴訟人の請求間に一定の関連性を有する場合にのみ生ずるものであり，民訴法38条はこれを通常共同訴訟の要件としている。つまり，通常共同訴訟が認められるためには，共同訴訟人の請求または共同訴訟人に対する請求の間に一定の共通性・関連性のあることが必要であり（38条前段），さらに，これらの共通性・関連性がなくても，訴訟物たる権利義務が同種であって事実上および法律上同種の発生原因にもとづくときも認められる（38条後段）。これらは，1個の訴訟手続における同一当事者間での複数の請求について審理をする「訴えの客観

的併合」の場合に対比する意味で，共同訴訟の主観的併合要件とよばれる。

通常共同訴訟にあっては，各共同訴訟人は，各自独立に，請求の放棄・認諾，和解，訴えの取下げ，上訴，自白などができるし，その効果も相手方との関係にしか生じない。共同訴訟人の1人について中断・中止の事由が生じても，他の共同訴訟人には影響を及ぼさない。これは，通常共同訴訟が，元来，別個に判断されても差し支えない複数の請求がたまたま1つの訴訟手続にまとめられているにすぎない訴訟形態であって，法律上裁判の統一の保障がない場面であるから，紛争の統一的解決に資するための規制を設けるよりも，訴訟追行における各共同訴訟人の自主性を尊重しようとしたのである。通常共同訴訟においても，証拠共通の原則は妥当するから，統一的な心証形成がはかられ，適切な訴訟指揮と相まって，事実上判断が区々となることは避けられるが，本人訴訟などの場合には不自然に跛行的な訴訟状態が形成されるおそれもある。そのような事態を回避するために，共同訴訟人独立原則は他からの制約を受けないで積極的な訴訟追行行為をなしうるという点にその目的・意義があるのであって，独立の訴訟追行権を行使しなかった場合は独立原則の適用外であるとするなど，主張レベルにおける形式的な独立原則を修正する種々の解釈論的試みがなされている。具体的には，主債務者と連帯保証人が共同被告として訴えられた場合などは，共同訴訟の効用，当事者間の公平，裁判の統一といった観点から，共同訴訟人間に主張共通，証拠共通等の原則を適用できるとする見解がある。

② **必要的共同訴訟（合一確定訴訟）**　訴訟の目的が共同訴訟人の全員について合一にのみ確定すべき共同訴訟形態を必要的共同訴訟といい，口頭弁論および証拠調べは同一期日に統一的にされる。その1人の訴訟行為は全員の利益においてのみその効力を生じ（40条1項），不利な行為は全員がしないとその効力を生じない。また，共同訴訟人の1人に対する相手方の訴訟行為は，全員に対してその効力を生ずるし（40条2項），共同訴訟人の1人について訴訟手続の中断または中止の原因があるときは，その中断または中止は，全員についてその効力を生ずる（40条3項）。共同訴訟人の1人が上訴期間等の期間を遵守すれば，全員につき期間懈怠の効果を生じない。上訴期間（285条・313条・332条）は，各共同訴訟人に裁判の送達がされたときから各別に進行し，1人が自分の上訴期間内に上訴を提起すれば全員につき効力が生じる。自分の上訴期間が経過した場合は自ら上訴できないが，他の者が上訴期間内にした上訴の

効力は全員に及ぶ。終局判決は全員に対する１個の全部判決でなければならず，一部判決をすることはできない。また，共同訴訟人の一部との間で和解をすることも許されない。必要的共同訴訟には，共同訴訟人として関係者全員が当事者にならない限り当事者適格が認められないという固有必要的共同訴訟と，各自単独に当事者適格を有するが共同して訴えられた以上共同訴訟形態をとって合一確定をはからなければならないという類似必要的共同訴訟とがある。

③　固有必要的共同訴訟　民訴法40条は，訴訟の目的である権利または法律関係についての判決の内容が，各共同訴訟人について区々になってはならない性質の訴訟を必要的共同訴訟と規定し，そのさい訴訟法上の効果として共同訴訟人全員について一律に紛争解決することを合一確定という。本来，必要的共同訴訟は，数人が共同して初めて当該請求に関する当事者適格が認められることとなる訴訟を意味し，通常共同訴訟に対して合一確定訴訟と称されている。現在では，必要共同訴訟として次項に挙げる類似必要的共同訴訟をも包含することから，真正必要的共同訴訟もしくは固有必要的共同訴訟とよんで，両者を区別している。

どのような紛争がこれに該当するかについては，法律の規定は網羅的でない。判例・通説は，他人間の法律関係の変動をもたらす形成ないし形成的訴訟の場合，訴訟物たる権利ないし法律関係についての実体法上の管理処分権，訴訟追行権が数名の者に含有ないしは総有的に帰属している場合について固有必要的共同訴訟としている。

具体例としては，共有物分割請求訴訟（民258条１項）および共有地の境界確定訴訟における共有者，詐欺の短期賃貸借解除請求訴訟（民395条ただし書）における賃貸人および賃借人，取締役解任請求訴訟（会社854条）における会社と取締役，第三者からの婚姻無効・取消訴訟（人訴２条１号）や養子縁組無効・取消訴訟（人訴２条３号）における婚姻もしくは縁組当事者等があり，入会権の対外的な確認訴訟における入会権者，数人の選定当事者がある場合の訴

《出題例・現司試昭49/②》
次の訴訟は必要的共同訴訟か。
1　甲・乙が，ある土地を共有するとして，その土地につき所有権の登記を有する丙に対して，所有権移転登記を求める訴訟。
2　甲が，ある土地を所有するとして，その土地につき共有の登記を有する乙・丙に対し，所有権移転登記を求める訴訟。

訟における選定当事者等がある。また，第三者が夫婦を相手に提起する婚姻無効または取消しの訴え，抵当権者が賃貸人・賃借人双方を相手に提起する短期賃貸借契約の解除請求の訴えおよび共有物分割の訴えも固有必要的共同訴訟である。

④ **類似必要的共同訴訟**　法律上，共同訴訟とすることは強制されないが，共同訴訟とされた以上は合一確定が要請され，勝敗が一律に決まらなければならない場合を固有必要的共同訴訟と類似の取扱いをするという意味で類似必要的共同訴訟とよぶ。合一確定とは，同1人に対する判決の効力（既判力）の衝突を避けなければならない法律的要求のある場合をさし，それは共同訴訟人の1人の受けた判決の効力が他の共同訴訟人にも及ぶ場合をさす（通説）。すなわち，共同訴訟人の1人の受けた判決の既判力が他の共同訴訟人にも及ぶ場合に，各共同訴訟人につき勝敗がばらばらになると各共同訴訟人の受けた判決の既判力の抵触矛盾を来たし混乱が生じるからである。

類似必要的共同訴訟の具体例としては，数人の提起する株主総会決議不存在・無効確認または取消しの訴え（会社830条・831条），会社設立無効確認の訴え（会社828条・834条・845条），数人の債権者の債権者代位権にもとづく訴訟（民423条），数人の差押債権者の取立訴訟（民執157条），地方自治法242条の2第1項4号にもとづく代位請求訴訟（最判昭和58年4月1日民集37巻3号201頁，最大判平成9年4月2日民集51巻4号1673頁），数人の異議者との間の破産債権確定訴訟（破126条）および数人の株主の提起する代表訴訟（会社847条）などがある。

〔**CASE 7**〕　Xは，Y_1から300万円の融資を受けるに際して，所有する甲土地（時価2000万円）を担保として提供することとし，便宜上，Y_1名義に登記移転手続をしていた。その後，Y_1の口車に乗せられて甲土地を担保に取られたと思うようになり，甲土地の登記名義をY_1からXに戻すよう再三にわたって要求した。結局，Xは，XY_1間の譲渡担保を無効であるとして，Y_1を相手に甲土地の移転登記請求の訴えを提起した（第一訴訟）。この訴訟の継続中に，Y_1は友人Y_2に甲土地を1500万円で売却し，登記も移転してしまった。困り果てたXは，Y_1に対する理由をもって，Y_2を相手に，甲土地の移転登記請求の訴えを提起し，X敗訴の場合を考慮して，

Y_1に対しては予備的に甲土地の時価評価額から融資額と手数料を差し引いた額を相当額とする損害賠償請求の訴えを提起した（第二訴訟）。

《参照判例》　最判昭和43年3月8日民集22巻3号551頁
《判例評釈》　高橋宏志「主観的予備的併合の適否」別冊ジュリスト76号82頁
〔Point〕
① 第一訴訟と第二訴訟の関係
② 不動産の譲渡担保
③ 第二訴訟の訴訟形態

⑤　**同時審判申出共同訴訟**　現行法では、「共同被告の一方に対する訴訟の目的である権利と共同被告の他方に対する訴訟の目的である権利とが法律上併存し得ない関係にある場合において、原告の申出があったときは、弁論および裁判は分離しないでしなければならない」(41条)。これが同時審判共同訴訟である。この共同被告に対する法律上相互に併存しえない関係にある権利が訴訟の目的となる場合には、いわゆる訴えの主観的予備的併合の許否が問題とされてきた一局面でもある。本条が同時審判の申出を認めた結果、仮に個別訴訟ならば相互矛盾する理由で両方とも原告敗訴となるような危険を回避することができる。他方、両被告に対する審判が常になされることとなり、予備的という不安定な地位は解消することとなった。

2　選定当事者

選定当事者とは、共同の利益を有する多数の者の中から選定されて、選定者全員と自分の訴訟について当事者となる者をいう(30条)。共同訴訟人が多数となるときに、訴訟を単純化し、迅速化をはかるための制度で、明文の規定によって認められている任意的訴訟担当の一例である。委任による訴訟代理人のように訴訟行為に制限がなく一切の訴訟行為ができる。なお、同一の選定者から選定当事者が数人選任された場合は固有必要的共同訴訟となる。

選定の時期は提訴の前後を問わず可能なので、選定当事者が訴えを提起したり(30条1項)、訴訟当事者が選定当事者を選定して訴訟から脱退する場合(30条2項)のほか、平成8年の現行法制定にさいし、訴訟外の共同利益者が訴訟係属後に、当事者となっている者を選定当事者として選定する追加的選定が新

設された（30条3項）。

　選定当事者の受けた判決の効力は選定者に及ぶ（115条1項2号）。和解，請求の放棄および認諾の効力についても同様である（267条）。強制執行は選定者に対しまたは選定者のために執行文の付与を受けてなしうる（民執23条1項2号・27条2項）。訴訟中に数人の選定当事者のうちの一部の者が，死亡等の事由で資格を喪失したときは，残りの者が全訴訟を続行できる（30条5項）。選定当事者の全員が資格を喪失したときは，選定者全員または新選定当事者において訴訟を承継し，これらの者が受け継ぐまで訴訟手続は中断する（124条1項4号）。

　① **選定者**　たとえば，同一の交通事故による被害者甲・乙・丙が，正面に立って訴訟を追行する代表者甲を選んだ場合，甲を選定当事者，甲・乙・丙を選定者という。選定は書面をもって（民訴規15条後段），各自個別的に，無条件でなされなければならない。選定者はいつでも選定の取消変更をすることができる（30条4項・36条2項）。選定者に死亡等の実体法上の地位の変動があっても，選定当事者の資格に影響はない（58条類推）。

　② **共同の利益**　多数者の中から選定当事者を選定し，この者を全員の総代的な訴訟当事者として訴訟を追行させるには，母体となる多数者の間に共同の利益がある場合でなければならない（30条）。共同の利益の意義に関しては解釈上争いがあるが，判例は，多数者相互間で共同訴訟人となりうる関係を有し，かつ，主要な攻撃防御方法を共通にすることと解している（大判昭和15年4月9日民集19巻695頁参照）。

3　訴訟参加

　訴訟参加とは，他人間で行われている訴訟の結果に何らかの利害関係を有する第三者が，自己の利益を擁護するために，自己の名において，その訴訟に加入する行為または訴訟形態をいう。この場合，当事者または当事者に準ずる者として，独立に訴訟行為を行うことのできる訴訟法上の地位につく第三者を参加人といい，その相手方当事者または補助される当事者を被参加人という（42条以下）。参加人が新たな当事者として既存の当事者の双方または一方に対する自己の請求を掲げ，その請求についても同一の訴訟手続で勝訴判決を得ることにより，参加人自身の利益を直接に擁護しようとする場合を「当事者参加」

といい，独立当事者参加および共同訴訟参加がこれにあたる。これに対し参加人が既存の当事者の一方を補助して勝訴させることにより，参加人自身の利益も間接に擁護しようとする場合を「補助参加」という。

(1) 補助参加

① 定義　既に係属している他人間の訴訟の結果について利害関係を有する第三者が，当事者の一方を補助し勝訴させるため，その訴訟に参加することを補助参加といい（42条），これにより参加する第三者を補助参加人という。

② 参加要件　補助参加の要件は，他人間の訴訟が係属していること，および，その訴訟の結果について補助参加人が利害関係を有することである。

補助参加人は，訴訟に当事者として参加する者ではないから，「訴訟の結果について利害関係のあること」が必要とされる。もっとも，補助参加は上告審でも可能であり，判決確定後も再審の訴えに補助参加することができる。

「利害関係」とは，参加人に固有の法的な利害関係であることを要する。単に経済上または感情上影響を受けるというだけでは足りない。この法律上の利害関係を補助参加の利益という。

従来，この補助参加の利益があるというためには，その訴訟の勝敗，すなわち，本案判決の主文で判断されるべき訴訟物たる権利関係の存否によって参加人の法的地位が論理上決定される場合でなければならないとされてきた。たとえば，債権者が主債務者を被告として提起した貸金請求訴訟に，保証人が被告の側に補助参加するなどである。これに対して，判決理由中で示された間接事実等についての判断により補助参加人の法律上の地位が事実上影響を受ける場合も含めるべきであるとする見解が有力になりつつある。

③ 手続　補助参加の申出は，補助参加により訴訟行為をすべき裁判所に対して書面または口頭でする（43条1項）。補助参加の許否は，当事者から異議が述べられた場合にのみ，裁判所が決定により判断する（44条1項）。

④ 補助参加人の地位　補助参加人は，事件の当事者ではないため，当該事件の証人や鑑定人となることができるが，他面，自己固有の地位をもって訴訟に関与する者であるから，期日の呼出し等の訴訟書類の送達は受ける。また，補助参加人は，原則として，被参加人を勝訴させるのに必要な一切の訴訟行為をすることができ，再審の訴えの提起もできる。しかし，補助参加は，当事者を補助することを目的とするものであるから，その訴訟行為は，補助参加の時

55

の訴訟の程度にしたがってされるのでなければならず（45条1項ただし書），それが被参加人の訴訟行為と抵触するときは，その効力を生じない（45条2項）。また，補助参加人は，判決の既判力・執行力は受けないが，一定の場合を除き，参加的効力は受ける（46条）。

補助参加人の訴訟行為については，補助参加人は一切の訴訟行為をすることができるが，その地位の従属性から被参加人の訴訟行為と抵触する行為はすることができない（45条1項2項）。たとえば，被参加人が自白している事実を補助参加人が否認してもその効果は生じない。また，訴えの取下げ，請求の認諾・放棄等の訴訟係属にかかわる行為もすることができない。補助参加人に対して生じる判決の効力（46条）については，既判力とは異なる参加的効力と解するのが判例・通説である。これによれば，被参加人敗訴の結果，被参加人と補助参加人との間に求償関係等が生じる場合に，補助参加人は被参加人との関係でこの判決の判断に拘束されることになる（この場合の参加的効力は判決理由中の判断にも及ぶと解される）。

⑤ **参加的効力**　民事訴訟法上，補助参加人または訴訟告知を受けた者に対して生ずる判決の効力をいう（46条・53条4項）。本来の判決の効力（既判力および執行力）は，その訴訟の当事者にのみ及ぶのが原則であり（115条，民執23条1項），訴訟の当事者ではない補助参加人および被告知者には及ばない。しかし，補助参加人および被告知者は，被参加人を補助して訴訟を追行し，あるいは追行することができた以上，敗訴した被参加人から後で訴えられた場合に，前訴の敗訴判決の理由中でされた事実認定や法律効果の判断について拘束を受ける。したがって，これに反する主張をして，被参加人の敗訴はその訴訟追行が不完全であったことにもとづくと主張することは許されない（たとえば，物の売主は，買主が第三者から訴えられて，目的物について所有権を主張されて追奪されようとする場合に，その訴訟に補助参加をして共に争ったが，その訴訟の判決で目的物は最初から第三者（原告）の所有であるとの理由で敗訴した以上，後になって買主から責任を追及された際，売買の当時，目的物が自分の所有であったことを主張することはできない）とするものである。この補助参加人および被告知者に対する判決の効力を本来の判決の効力と区別して，参加的効力という。この効力は，補助参加人または被告知者に敗訴に対する共同責任を負わせる公平の原理にもとづくものであるから，これらの者が十分な訴訟追行をなしえず，

このため共同責任を負わせることがかえって不公平な場合には，除外例が認められる（46条）。

なお，民訴法46条にいう「裁判の効力」の性質・範囲については，参加的効力説が通説・判例（最判昭和45年10月22日民集24巻11号1583頁）であるが，最近では，既判力とこの「裁判の効力」を統一的にとらえようとする新既判力説も有力になりつつある。

⑥ **共同訴訟的補助参加**　明文の規定はないが，判例・学説上，補助参加人の地位の特例として認められている補助参加の形態であり，既存の訴訟手続における当事者間の判決の効力が第三者に及ぶ場合，その第三者が補助参加することをいう。被参加人と相手方との間の判決の効力が参加人に不利益に及ぶ場合がありうるので，通常の補助参加の場合に比べ，より手厚い手続的保障を認める必要から，必要的共同訴訟人に準じた地位を与えることとした（最判昭和40年6月24日民集19巻4号1001頁参照）。したがって，被参加人の訴訟行為と抵触するような行為であっても有効になしうるので，被参加人が上訴権を放棄したり，上訴を取り下げたりした場合であっても，参加人は独立して上訴を追行できるものと解されている。共同訴訟的補助参加が認められるのは，ある株主が株主総会決議取消しの訴えを提起した場合に別の株主が被告の会社側に訴訟参加する場合，または提訴期間を徒過した後に原告の株主側に訴訟参加する場合（この場合，参加人には当事者適格がないから，共同訴訟参加はできない），遺言執行者を当事者として係属している訴訟に，相続人が遺言執行者の側に訴訟参加する場合などである。

(2) **独立当事者参加**

① **定　義**　独立当事者参加とは，訴訟係属中に，第三者が，原告および被告の双方またはその一方に対して，自己の請求について申出をして，原告の

《出題例・現司試平13/②》

甲は，乙に対し，自己の所有するA土地について偽造書類によって甲から乙に所有権移転登記がされているとして，甲から乙への所有権移転登記の抹消及びA土地の所有権確認を求めて訴えを提起した。
1　乙の債権者である丙は，甲乙間の訴訟に補助参加することができるか。
2　甲乙間の訴訟の係属前にA土地を乙から買い受けたと主張する丁が甲乙間の訴訟に参加した。この場合に，丁は，それまでの訴訟の中で乙が自白した事実を争うことができるか。

請求についてと同時にかつ矛盾のない判決を求める独立の当事者として訴訟参加する場合をいう（47条）。民事訴訟は，原則として二当事者対立構造であるが，3名以上の者がそれぞれ対立しあう紛争形態においてもなお二当事者対立の訴訟に分解しようとすることは，審判の重複による訴訟の不経済性，判決の矛盾抵触のおそれがある。独立当事者参加訴訟は，それらを防止して統一的な紛争解決を実現するために認められた訴訟形態である（三面訴訟説）。現行法は，原告被告間の一方を相手方として参加する片面的独立当事者参加も認めている。

② **参加の要件** 独立当事者参加を許される場合については，詐害防止参加（47条1項前段）と権利主張参加（47条1項後段）の2つを区別している。

詐害防止参加は，他人間の訴訟の結果によって自己の権利を侵害される第三者に参加を認めて詐害判決を防止する形態である。この場合，どのような権利侵害がこれにあたるかについては，基準の明確性，可及的・統一的紛争解決などの観点から説が分かれている。

権利主張参加は，参加人が他人間の訴訟の目的の全部または一部が自己の権利であると主張する形態である。具体例としては，本訴が物の引渡請求訴訟の場合に，参加人が本訴の原告に対してはその物の所有権確認の請求を，本訴の被告に対してはその物の引渡しの請求をする場合などがある。

③ **手続** 独立当事者参加訴訟の審判においては，合一確定を要する必要的共同訴訟に関する民訴法40条が準用される（47条4項・40条1項〜3項）。原告被告間の自白は参加人に不利益なものは効力を生じないし，原告と被告のみで請求の放棄・認諾をすることはできない（40条1項参照）。参加人が被告に対して上訴すると原告被告間の訴訟も移審し（40条2項），参加人についての中断・中止により原告被告間の訴訟も停止する（40条3項）。

④ **二当事者訴訟への還元** 独立当事者参加訴訟は，原告による本訴の取下げ，本訴の不適法却下，参加人による参加申出の取下げ，原告または被告の訴訟脱退により，二当事者対立構造の訴訟に還元される。

(3) **共同訴訟参加**

共同訴訟参加とは，係属中の訴訟手続に，第三者が原告または被告の共同訴訟人として参加した結果，必要的共同訴訟として民訴法40条の適用を受ける場合をいう（52条）。その要件は，訴訟が係属中であること，参加人と当事者の

一方との間で合一確定する必要のある場合であること，すなわち当該訴訟の判決の効力が参加人と相手方との間に及ぶ場合であること，さらに，この参加は別訴の提起に相当するものであるから，参加人自身が相手方に対して本訴の請求について当事者適格を有することである。したがって，共同訴訟参加は，後発的に類似必要的共同訴訟となる場合であり，参加人に当事者適格がない場合は，補助参加または共同訴訟的補助参加しかできない。共同訴訟参加の申出は，補助参加の方式が準用され，参加の趣旨として，いずれの側に参加するのかを示し，参加の理由として，合一に確定すべき場合である事由を述べて行う。共同訴訟参加の典型的事例としては，1人の株主が提起した株主総会決議取消訴訟（会社831条）に他の株主が原告の共同訴訟人として参加する場合がある。例外的ではあるが，固有必要的共同訴訟でありながら共同訴訟人となるべき者が脱落していた場合の脱落者の参加を本条の参加により認めることができる。第三者が被告の側に参加する場合，自ら原告に対する請求を掲げる必要があるのか，端的に原告の請求棄却を求めればよいのかについては争いがある。なお，上告審においても共同訴訟参加が許されるかどうかについて見解の対立があるが，第三者自ら参加する場合であって，その審級の利益を考慮する必要がないから，相手方の裁判を受ける権利が実質的に保障されていると認められる限りは許されてよかろう。

(4) 訴訟告知

訴訟の係属中に，当事者の一方（告知者）が，当該訴訟について利害関係を有し訴訟参加のできる第三者（被告知者）に対して，法定の方式により訴訟係属の事実を通知することをいう（53条）。訴訟告知は，事実の報告であり，被

《出題例・現司試平成20/②》

債権者Xの保証人Yに対する保証債務履行請求訴訟に，主債務者Zは，Yを補助するため参加した。
1　第一審でY敗訴の判決が言い渡され，その判決書の正本が平成20年7月3日にYに，同月5日にZに，それぞれ送達された。Yはこの判決に対して何もしなかったが，Zは同月18日に控訴状を第一審裁判所に提出した。
この控訴は適法か。
2　Y敗訴の判決が確定した後，Yは，Zに対し，求償金請求の訴えを提起した。仮に，Yが，主債務の存在を疑わしめる重要な証拠であってZの知らないものを所持していたにもかかわらず，XY間の訴訟において，その証拠の提出を怠っていた事実が判明した場合，Zは，YZ間の訴訟において，主債務の存在を争うことができるか。

告知者に対する催告でもなければ，参加の命令でもなく，さらに第三者に対する裁判上の請求でもない。また，告知するかどうかも原則として任意であって義務ではない（告知義務のある場合は，会社849条3項）。ただ，告知がなされると，被告知者は訴訟参加をして自己の利益を守る機会が与えられるし，たとえ被告知者が訴訟に参加しなくても，告知者・被告知者間の後訴では一定の要件の下で民訴法46条の参加的効力が生ずる（53条4項）こととなる。

4　訴訟承継
(1) 定　義

訴訟承継とは，訴訟の係属中に，当事者が死亡したり係争物が譲渡されるなどして，訴訟物をなす権利関係の帰属主体が変動した場合に，従前の当事者に代わって第三者がその者の訴訟上の地位を承継することをいう。民事訴訟法は，係属中の訴訟経過を無駄にすることなく紛争を解決するための立場としては，承継人である第三者を当事者として訴訟に加入させ，前主である当事者の訴訟上の地位を引き継がせる訴訟承継主義を採用している。その要件・効果は，民訴法49条・50条・124条1項・2項に規定がある。

(2) 種　類

訴訟の係属中に当事者の死亡，法人の合併などの承継原因（一般承継）の発生により当然に当事者の相続人や合併会社により訴訟の承継が行われる場合を「当然承継」という。これに対し，売買，贈与などによる権利移転（特定承継）の発生により訴訟の承継が行われる場合を「申立承継」という。後者には，新しく紛争の主体となった者の方から訴訟を承継する旨を裁判所に申し立てて訴訟に参加していく「参加承継」（49条）と，その者が参加承継してこない場合に，従前の当事者の相手方から裁判所に申立てをして，その者に訴訟を引き受けさせる「引受承継」（50条）とがある。独立当事者参加（47条）の形式で当事者となる参加承継（49条）の参加があった場合も，訴訟引受けの申立てにつき裁判所の引受決定があった場合も，参加人は当該訴訟の当事者となって前主の訴訟上の地位を引き継ぎ，前主は訴訟から脱退できる（48条）。

(a) 当然承継

当然承継とは，紛争の主体に変動があったときに，新たに紛争主体となった者が法律上当然に訴訟当事者となる場合をいう。この場合は，実体的な承継者

の訴訟参加（49条・51条前段）の申出による。当然承継の原因は，つぎのとおりである（124条1項）。
① 当事者の死亡
② 法人その他の団体の合併による消滅
③ 当事者である受託者の信託の任務終了
④ 当事者が有する一定の資格の喪失
⑤ 選定当事者の全員の資格喪失

(b) 参加承継
訴訟の係属中その訴訟の目的である権利または義務について特定承継があった場合に，承継人が訴訟の当事者の双方または一方を相手方として訴訟参加の申立てをして自発的に訴訟に参加することにより，訴訟上の地位を承継するのが「参加承継」である（49条・51条前段）。

(c) 引受承継
訴訟の当事者（承継人の前主の相手方）が，承継人に対して，訴訟引受けの申立てをして強制的に訴訟に参加させることにより，訴訟上の地位を承継させることを「引受承継」という（50条1項・51条後段）。

特定承継があった場合の訴訟承継の形態である。ここにいう特定承継があった場合とは，一般に，訴訟物あるいは係争物の譲渡があった場合といわれるが，訴訟物たる権利または義務やその目的たる物件の任意処分（売買・債権譲渡・債務引受けなど）はもとより，法定の原因（弁済者の法定代位（民500条）など）や執行処分（競売・転付命令など）などによる移転的承継および設定的承継（賃借権・抵当権の設定など）の場合も含まれる。

承継の効果として，承継人は承継の時における訴訟状態をそのまま承継する（たとえば，既に前主によってなされた弁論・証拠調べ・裁判などの効果を受けるこ

――《出題例・現司試平成3／②》――
　甲は，乙に対して500万円を貸し付けたとし，乙を被告としてその支払いを求める訴えを提起した。乙は，甲の請求を争っていたところ，訴訟の係属中に丙にこの債権を譲渡した旨の通知が甲から乙にされた。
1　乙が丙をこの訴訟に引き込みたいと考えた場合，乙はどの様な方法をとることができるか。
2　丙がこの訴訟に引き込まれた場合，丙はどの様な訴訟上の地位に立つか。
3　丙がこの訴訟に引き込まれた後に，甲丙間の債権譲渡の事実が存在しないと判断される場合には，裁判所はどの様な裁判をなすべきか。

とはもちろん，時機に後れた攻撃防御方法の提出のように，前主がすることのできなくなった訴訟行為もできなくなる）。時効の中断または法律上の期間遵守の効力も，承継人のため訴訟係属の時にさかのぼって生ずる（49条・50条3項・51条）。また，承継人の前主が脱退したときは，承継人に対する判決の効力は，前主にも及ぶ（48条・50条3項・51条）。

5 訴訟脱退

　訴訟脱退とは，訴訟の係属中に当事者が死亡によらないで当事者たる地位を失うことをいう。現行法上，第三者の訴訟参加または訴訟引受（47条・49条〜51条）などがあった場合および訴訟の途中で選定当事者が選ばれた場合（30条）に生じる。前者の場合は，第三者の参加により，従前の原告または被告が当事者として訴訟を追行する必要がなくなるので，訴訟関係から離脱することになる（48条）。訴訟脱退により，残留する相手方と参加人との二当事者訴訟に還元されるが，残留する相手方には，従前の当事者と訴訟追行する利益があるので，訴訟脱退には，相手方の承諾が要件とされ，また，脱退者は，将来的にのみ訴訟から離脱するので，脱退者の従前の主張・立証は，なお裁判資料となる。脱退後の訴訟の判決の効力は，脱退者にも及ぶ（48条後段）。選定当事者の選定の場合には，選定者は当然に訴訟から脱退する（30条2項）。

《出題例・現司試昭59/②》

　甲は，その建物を乙に賃貸しているが，自己使用の必要があるので，その建物の返還を求めようと考えている。乙は，その建物に妻子を居住し，更に一部屋を友人丙に間貸ししていたところ，丙と不仲になり，現在，丙に対する明渡請求訴訟が継続中である。右の場合に，甲は，どのような手続をとれば，その目的を達することができるか。

Step up

●**訴訟承継主義と当事者恒定主義**　訴訟係属中に係争物の譲渡があったときの訴訟の進め方についての考え方である。

　たとえば，そもそも訴え提起後は，係争物の譲渡を認めないとする（譲渡禁止主義）。あるいは，係争物の譲渡は認めるが，これを訴訟当事者の変動に直結させず，従前の当事者に対する判決の効力が承継人にも拡張されるとする（ドイツ法の立場。当事者恒定主義）。さらには，そのような実体関係の変動にともなう訴訟当事者の変動を認める考え方（訴訟承継主義）がある。わが国の立場はこれである。

　訴訟承継主義は，権利者と訴訟追行者とを一致させて，充実した審理を進める点で優れている。反面，権利変動のたびに，しかも変動から時間を経て，承継人を新当事者とすることとなって，時間と費用上の負担，浪費を生じる。また，実体的承継の事実が明らかにされないままなされた判決の効力は，口頭弁論の終結前の承継人に及ばない（115条1項3号参照）という不公平をもたらすことになる。

　このような訴訟承継主義の難点を是正する方策として，当事者恒定を目的とした仮処分（民保58条・62条・64条）が利用されている。ただ，被告側を恒定するために原告側が余分な負担を強いられ，他方，被告側にはそのような手段が付与されていないという未解決の問題もある。

Practice

問1　通常共同訴訟に関する以下の記述のうち，通説の理解として正しいものを1つ選びなさい。
1. 共同訴訟人の1人が提出した証拠は，他の共同訴訟人の援用がない限り，証拠として事実認定の資料とすることができない。
2. 共同訴訟人の1人による事実主張は，他の共同訴訟人の援用がない限り，これを他の共同訴訟人についての訴訟資料とすることができない。
3. 共同訴訟人の1人について訴訟中断事由が生じたときは，その効果は他の共同訴訟人にも及ぶ。
4. 裁判所は，共同訴訟関係が適正・迅速な審理を妨げるという場合でも，弁論

を分離して共同訴訟関係を解消させることはできない。

問2　以下の記述のうち，誤っているものを1つ選びなさい。
1. 選定当事者制度は，任意的訴訟担当の一種であると考えられている。
2. 固有必要的共同訴訟になると考えられる場合には，選定当事者の制度を利用することはできない。
3. 選定当事者の制度は，被告側においても利用することが許される。
4. 選定者は，一度行なった選定当事者の選定を取り消し，または選定当事者を別の者に変更することができる。
5. 訴訟係属後に選定をした場合には，選定者は，その訴訟から当然に脱退する。

問3　補助参加の場合の参加的効力に関する以下の記述のうち・判例・通説に照らして誤っているものを1つ選びなさい。
1. 参加的効力は．被参加人が敗訴した場合にのみ生じる。
2. 参加的効力は，被参加人と参加人との間および参加人と被参加人の相手方との間において生じる。
3. 参加的効力は，判決主文の判断のみならず理由中の判断についても生じる。
4. 参加的効力は，職権調査事項ではなく，当事者の援用をまって顧慮される。
5. 参加的効力は，被参加人が補助参加人の訴訟行為を妨げたときには生じない。

問4　訴訟参加に関する以下の記述のうち，正しいものを1つ選びなさい。
1. 補助参加は，当事者としてではなく，もっぱら被参加人を勝訴させるために訴訟行為をするのであるから，参加するにも，訴訟の結果について法律上の利害関係を有することを要しない。
2. 補助参加人の地位は，被参加人の地位に従属するから，自ら上訴を提起することは許されない。
3. 独立当事者参加人は，当事者として参加するのであるから，その行ないうる訴訟行為に制限はなく，他の当事者の行為によって，自らした訴訟行為の効力が影響を受けることはない。
4. 共同訴訟参加は，必要的共同訴訟の成立を目的として許されるものであるから，必要的共同訴訟の要件を満たした場合に限り許される。

No. 5　訴訟費用

1　定　義

　訴訟において，裁判所および当事者が支出した費用のうち，法律によって当事者に負担させるべき範囲・額が法定化されている費用をいう（民訴費2条）。訴訟費用には，裁判所の行為について必要となる裁判費用と当事者が訴訟追行するのに必要な当事者費用がある。裁判費用としては，手数料（民訴費3条）と手数料以外の裁判費用（証拠調べ，書類の送達，その他の手続上の行為をするために必要な費用で，たとえば証人の旅費・日当・鑑定費用等（民訴費11条））がある。必要な手数料を納めない申立ては不適法として却下される（民訴費6条）。裁判費用の予納をしない場合には，当該費用を必要とする行為を行わないことができる（民訴費12条2項。なお，141条・291条参照）。当事者費用は，当事者が訴訟追行のために，裁判所以外の者に支払う費用であり，書類作成費，自らの旅費・日当等である。弁護士報酬は訴訟費用には含まれない。訴訟費用は原則として敗訴者が負担する（61条）。

2　訴訟費用の負担

　当事者に負担させるべき訴訟費用の範囲・額は予め民事訴訟費用等に関する法律（昭和46法40号）で画一的に定められており，裁判所は事件の状況に応じて訴訟費用負担の裁判を行う（62条～70条）。裁判所は，事件を完結する裁判において，職権でその審級における訴訟費用の全部について，その負担の裁判をしなければならず，事情によっては事件の一部または中間の争いに関する裁判においても費用の負担の裁判をすることができる（67条）。

　訴訟費用は原則として敗訴した当事者が負担する（61条）。この負担は敗訴という事実によって課せられる結果責任であり，敗訴の理由，敗訴者の故意過失を問わない。一部敗訴の場合は，双方当事者が訴訟費用を負担するが，その割合は裁判所の裁量により定められる（64条）。その他，共同相続人全員敗訴の場合，勝訴当事者が例外的に負担させる場合等，事件の状況に応じて訴訟費用の負担を命じることができる（65条・62条）。

　訴訟費用の負担を命じられた者は，自分の支出した費用の負担をするほか，

更に相手方の支出した費用についても法定の範囲内で相手方に対し弁償をしなければならない。

3 訴訟費用の担保

訴訟費用の負担を命じられても，その償還義務が履行されないおそれがある場合に，濫訴から被告を保護するため，一定の場合に原告に提供させることのできる訴訟費用償還のための担保をいう。原告が日本国内に住所・事務所・営業所をもたない場合に，訴訟費用の償還を容易にするため，被告の申立てにもとづいて裁判所は原告に訴訟費用のための担保を命じることができる（75条1項）。ただし，「民事訴訟手続に関する条約等の実施に伴う民事訴訟手続の特例等に関する法律」10条に該当する場合には，担保提供義務が免除される。担保の提供があるまで，被告は応訴を拒むことができ（75条4項。ただし75条3項），原告が一定の期間内に担保を提供しない場合には，裁判所は口頭弁論を経ずに判決で訴えを却下することができる（78条）。担保の額は，被告が全審級で支出することになる費用の総額を標準として定められる（75条6項）。担保の提供は金銭または有価証券を供託するなどの方法でなされ（76条，民訴規29条），被告はこの金銭等につき，他の債権者に先立ち弁済を受ける権利を有する（77条）。担保の事由がなくなった場合，被告が同意した場合等には担保の取消しが認められる（79条）。

4 訴訟費用額の確定

終局判決の主文あるいは和解において訴訟費用の負担者および負担割合が定められ，その執行力が生じた場合に，訴訟費用の具体的な負担額を定める裁判所書記官の処分を訴訟費用額の確定処分という。訴訟費用の償還を請求し，またはその強制執行をするためには訴訟費用額の確定処分が必要であり，第1審裁判所の書記官に対し書面により申立てをして確定を求める（71条1項・72条・73条）。確定処分は債務名義となる（民執22条4号の2）。確定処分には告知後1週間以内に異議申立てができ（71条4項），異議申立てに対する裁判所の決定に対しては即時抗告ができる（71条7項）。確定処分に計算違い等明白な誤りがあるときは，書記官は申立てまたは職権でいつでも当該処分を更正できる（74条，民訴規28条）。

No. 6　訴訟の審理

1　口頭弁論と訴訟指揮

　民事訴訟手続の全般を主宰する権能は，訴訟の審理を迅速・公平に，かつ充実したものにするという観点から，裁判所または裁判長（もしくは単独制裁判官。以下，同じ）に認められている。これを訴訟指揮権という。

　その内容は，法規に適合した手続，事件の具体的内容や審理の進行状況に対応して期間を裁定したり，弁論の整理，釈明を求めたりする裁判所または裁判長の行為である。訴訟指揮は，裁判所が直接これを行使するのが原則であるが，裁判長が独立して（93条・137条），または合議体がその実施する弁論や証拠調べの期日における発言機関として（148条・149条・202条1項）行使することもあり，また，受命裁判官・受託裁判官が，その手続において，授権された権限内で行うこともある（171条2項・170条6項・148条・206条）。

　訴訟指揮の多くは，出頭命令，文書提出命令など裁判の形式をとって行われるが，弁論の制限，証拠調べなど事実上の行為として行われる場合がある。

2　期　　日

　訴訟関係人（裁判所・当事者・証人等）が一定の場所に集合して，相互に訴訟行為をなすために定められる時間をいう。訴訟手続をすすめるためには，原則として，訴訟関係人が集合することが必要であり，そのためには，集合場所および集合時間を定めなければならず，また，期日を定めることによって，訴訟関係人はこれをめざして訴訟行為の準備を整えることになる。期日の制度は，訴訟の円滑かつ迅速な進行をはかるために設けられている。

(1) 期日の指定

　裁判機関が期日を定める行為をいう。期日は，申立てによりまたは職権で，裁判長が指定する（93条1項）。職権進行主義の原則の現れである。

　期日は，訴訟関係人による準備や出頭する都合などを考慮して指定され，訴訟関係人は，その指定された期日に一定の場所に集合して，相互に訴訟行為を行うことになる。なお，期日は，やむをえない場合にかぎり，日曜日その他の一般の休日に指定することができる（93条2項）。

期日が指定された場合に，当事者その他の，期日に出頭すべき訴訟関係人にこれを告知し，その期日に出頭することを要求する裁判所の行為を呼出しという。これは期日開始の要件であり，裁判所は期日を開くためには，期日を指定したうえで，呼出しの手続をとる必要がある。具体的には，呼出状の送達，当該事件について出頭した者に対する期日の告知その他相当と認める方法によって行う（94条1項）。

(2) 期日の続行

期日が開始し，目的たる事項に入ったが，その期日だけでは終了しないために，これを次回に継続させることにして終了する期日のことである。

期日を開始しているという点において，期日が開始する前にその指定を取り消す「期日の変更」と異なり，弁論に入っているという点において，期日が開始した後に，弁論に入ることなくこれを他の期日に譲って終了する「期日の延期」と異なる。

(3) 期日の変更

期日が開始する前にその指定を取り消し，これにかえて別の期日を指定する期日のことをいう。期日が開始する前にその指定を取り消すという点で，期日が開始した後に弁論に入ることなくこれを他の期日に譲る「期日の延期」と異なり，期日における弁論に入った上でそれが終了しないためにこれを次回に継続する「期日の続行」と異なる。

期日の変更は，申立てまたは職権によって行われる（93条1項）。口頭弁論および弁論準備手続の期日の変更は，顕著な事由がある場合に限り許される（93条3項本文）。ただし，最初の期日の変更は，当事者の合意があれば許される（93条3項ただし書）。また，弁論準備手続を経た口頭弁論の期日の変更は，やむを得ない事由がある場合でなければ，許されない（93条4項）

(4) 期日の延期

期日が開始した後に，弁論に入ることなくこれを他の期日に譲って終了する期日のことをいう。訴訟関係人全員が出席したが，準備不足で実質的な弁論に入らなかった場合等に「期日の延期」として扱われる。期日を開始しているという点において，期日が開始する前にその指定を取り消す「期日の変更」と異なり，弁論に入っていないという点において，期日が開始し，目的たる事項に入ったが，これを次回に継続させることにして終了する「期日の続行」と異な

る。なお,「期日の変更」と異なり,期日を延期するについては,条文上の制限はないが,訴訟の促進に害があるので制限的に許されると解する立場もある。

(5) 期日の懈怠

当事者が指定された期日に出頭しないこと,または出頭しても必要な行為をしないことをいう。最初の弁論期日において,当事者の一方が期日の懈怠をしたときは,裁判所はその者が提出した訴状または答弁書その他の準備書面を陳述したものとみなし(これを「陳述擬制」または「擬制陳述」という),出頭した相手方に弁論をさせることができる(158条)。弁論続行期日に当事者の一方が期日の懈怠をしたときは,欠席者の擬制陳述は行わず(例外として,277条),欠席者の従前の弁論と,出席者の現実の弁論により審理を進める。当事者双方が期日の懈怠をしたときは,その期日は終了せざるをえない。この場合に,当事者は1カ月以内に新期日の指定の申立てをしないと,訴えの取下げがあったものとみなされる(263条)。なお,裁判所は,当事者の双方または一方が期日の懈怠をした場合に,審理の現状および当事者の訴訟追行の状況を考慮して相当と認めるときは,終局判決をすることができる(244条本文)。

3 期　　間

一定の時間の継続に訴訟法上の意義を付与する場合にその継続した時間を期間という。期間は,期間を定める目的から行為期間と猶予期間に分類され,また期間の長さを定める方法から法定期間と裁定期間とに分類される。一定の訴訟行為をなすべき期間として定められるのが行為期間であり(137条1項・285条等),この期間内に当該訴訟行為がなされないと失権等の効果を生じるのに対して,猶予期間(「中間期間」ともいう)は,訴訟関係人の利益保護のために一定の行為をなす準備・考慮のために与えられる期間である(112条1項2項)。法定期間は,法律により期間の長さが定められており,これはさらに裁判所が期間を伸縮することのできない不変期間(96条1項)とそれ以外の通常期間とに分かれ,他方,裁定期間は裁判所等によりその長さが定められるものをいう(34条1項・79条3項・137条1項・162条等)。裁定期間には,裁判所が定める期間(34条1項・75条5項・79条3項等),裁判長が定める期間(137条1項・162条,民訴規201条),裁判官が定める期間(170条6項),書記官の定める期間(民訴規25条1項)がある。

民事訴訟法上の期間も，民法の期間に関する規定にしたがい計算されるが（95条1項），法定期間は法定の事由が生じた時から期間が進行するのに対し，裁定期間は裁判で始期が定められた場合はその時から，定められなかった場合は裁判が効力を生じた時から進行する（95条2項）。

(1) 期間の伸縮

期間を伸長したり，短縮することである。裁判所は，原則として，法定の期間またはその定めた期間を伸長したり短縮したりすることができる（96条1項本文）。期間は，当事者その他の訴訟関係人が特定の訴訟行為をしたり，あるいは，期日における訴訟行為の準備をするための時間であるから，もしその長さが個々の具体的な事情により不適当であるならば，裁判所が職権で，法定期間であると裁定期間であるとを問わず，自由に伸長または短縮しうるものとするのが妥当であるからである。

しかし，不変期間については，伸縮は許されない（96条1項ただし書）。この場合は，訴訟の迅速かつ明確な処理のために，その長さを一定にしておく必要があるからである。

(2) 期間の態様

(a) 通常期間

通常期間は，原則として，裁判所による伸縮が許される（96条1項，民訴規38条。例外は，97条2項・112条等）。伸縮できない不変期間とともに，これは法定期間である。通常期間の不遵守の場合には，なお訴訟係属が存続しているから，当事者らはその後の手続においてなんらかの救済を求める余地があるため，追完は許されない。

(b) 不変期間

法定期間のうち，法律が不変期間と明示しているものを不変期間といい，それ以外の期間を通常期間という。不変期間は，主として裁判に対する不服申立期間であり（285条・313条・332条・342条1項・357条・393条等），訴訟の画一的処理のために不変期間とされているのであるから，伸長・短縮はできない（96条1項ただし書）。ただし，裁判所は，その期間を実質的に保障するため，遠隔の地に住所等を有する者のために付加期間を定めることができ（96条2項），この場合には付加期間も含めて不変期間となる。また，当事者がその責めに帰することができない事由によって不変期間を遵守できなかった場合には，追完

が許される（97条1項）。

(c) 行為期間と猶予期間

　行為期間は，民事訴訟において，訴訟手続の迅速・明確化をはかるために，一定の行為をその間に行うことを義務づける趣旨の期間である。たとえば，補正期間（34条1項・59条・137条1項），担保提供期間（75条5項），準備書面提出期間（162条・176条2項・170条1項6項，上訴期間（285条・313条・332条），再審期間（342条）など，法定期間（不変期間と通常期間）および裁定期間の多くは，この行為期間に含まれる。

　これに対して猶予期間とは，中間期間ともいい，当事者その他の関係人に，ある行為をするかしないかを考慮させ，またはその行為の機会を保障するために，つぎの段階に進むには一定の時間を置かなければならないという趣旨で設けられた期間をいう（112条，民執155条1項など）。

(d) 固有期間と職務期間

　行為期間のうち，当事者その他の訴訟関係人の訴訟行為をその期間内にすることが定められている場合を固有期間あるいは真正期間という。固有期間は，訴訟手続の迅速な進行をはかるためや当事者等に熟慮あるいは準備の期間を与えるために定められるもので，補正期間（34条1項・137条1項），担保供与期間（75条5項），準備書面等の提出期間（162条），上訴期間（285条・332条）等がある。当事者が前記期間を懈怠した場合，当然にその行為をすることができなくなるという失権の効果等不利益な取扱いを受ける。

《出題例・現司試平成14/②》

　甲は，A土地の所有者乙を被告と表示して，所有権移転登記を求める訴えを提起した。なお，この訴訟には，訴訟代理人はいないものとする。
1　甲と通じた丙は，乙と称して訴状等を受領して，第1回口頭弁論期日に出頭し，請求原因事実をすべて自白した。
　(1)　丙が自白した後，第1回口頭弁論期日において，出頭したのは乙ではなく，丙であることが判明した。この場合，裁判所は，どのような措置を採るべきか。
　(2)　第1回口頭弁論期日において弁論が終結し，乙に対する請求認容の判決が言い渡されて，控訴期間が徒過した。その後，甲は，A土地について所有権移転登記を経由した。この場合，乙は，訴訟法上どのような手段を採ることができるか。
2　乙が訴状等を受領したが，甲と通じた丙が，「口頭弁論期日には出頭しなくてもよい」と乙をだました上，自ら乙と称して，第1回口頭弁論期日に出頭し，請求原因事実をすべて自白した。同期日の後，乙は死亡したが，裁判所が乙の死亡を知らなかったため，乙に対する請求認容の判決が言い渡されて，控訴期間が徒過した。この場合，乙の相続人丁は，訴訟法上どのような手段を採ることができるか。

第1章 総　則

裁判所その他の裁判機関が一定の行動をなすべく定められている期間を職務期間あるいは不真正期間という。この名称は，訓示的規定であって期間を徒過しても失権等の効果を生じることはなく，真の意味で期間とよべないことに由来する。判決言渡期間（251条1項），判決の送達期間（民訴規159条1項）等がある。

4　送　達

〔CASE 8〕　Xは，Yから土地（時価800万円相当）を200万円で買い受けたとして，Yに対し所有権移転登記手続および土地の明渡しを求めて訴えを提起し，第1審で勝訴した。X勝訴の理由は，最初の口頭弁論期日にYが出頭しなかったための，いわゆる欠席判決によるものであった。

これに対して，Yは，第1審の最初の口頭弁論期日の呼出状，訴状副本および答弁書・催告書は執行官送達されて，Yの妻Aがすべての送達書類を受領しており，また，第1審の判決正本も郵便送達により実施され，同様にAが受領したにもかかわらず，その送達報告書にはY本人が送達書類を受領したことになっているが，これらの送達の事実については，Aの送達受領から約5年を経過して，XY間の別件におけるXの準備書面で知ったことであるとして，控訴を提起した。控訴は許されるか。

《参照判例》　大阪高判平成4年2月27日，判タ793号268頁
《判例評釈》　西川佳代「送達と再審」別冊ジュリスト146号453頁
〔Point〕
① Aに対する送達の有効・無効
② 本人以外の者に送達する場合
③ 控訴期間の徒過

(1)　送達の一般原則

送達とは，当事者その他の利害関係人に対し，法定の方式に従い，訴訟上の書類を交付してその内容を了知させ，またはこれを交付する機会を与え，かつ，以上の行為を公証する，裁判機関の訴訟行為をいう。送達の制度には，当事者の申立てにもとづいてする当事者送達主義と，裁判所の当然の職責としてする

職権送達主義がある。送達は，訴訟手続の進行に重大な関係があり，当事者の申立てによると，迅速・円滑な進行をはかれないので，わが法は，公示送達のほかは，後者をとっている（98条1項）。

送達を必要とする場合の目的や効果は一様ではない。訴訟上の重要な事項の通知を確認すること，裁判所の要求を通知すること，裁判の効力の発生または当事者の訴訟行為の完成をさせること，訴訟上の不変期間進行の開始を明確にすることなどを目的とする。そして，その目的にしたがって，一定の訴訟上の効果を生じる。たとえば，訴状の送達であれば訴訟係属，期日呼出状であれば不出頭の場合の一定の制裁または不利益，判決の送達であれば上訴期間の進行などの効果が生じる。

送達事務は，裁判所書記官が行う（98条2項）。送達実施機関は，原則として執行官（執行官送達）または郵便の業務に従事する者である（99条）。送達実施機関としての郵便の業務に従事する者が行う送達を郵便による送達という。郵便法上の特別送達として行われる。郵便の業務に従事する者は，送達に際しては，送達報告書を作成して裁判所に提出し，送達の事実を明らかにする（99条・109条）。郵便による送達は，送達実施機関としての執行官が行う送達と対置され，どちらによって送達するかは裁判所書記官によって決められるが，実務上は郵便による送達を行うことが多い。郵便による送達は，名宛人に到達することによってその効力を生じる（民97条）。他に，裁判所書記官による交付送達（100条）や廷吏送達（裁63条3項）のように，裁判所書記官や廷吏が行う場合もある。

(2) 送達の場所と送達受取人

当事者，法定代理人または訴訟代理人は送達場所を受訴裁判所に届け出る義務を負い，その際には，第三者を送達受取人として届け出ることができる（104条1項）。したがって，たとえば，日中には住所等（103条1項）に在宅している家族等がなく，就業場所（103条2項）への送達も望まないような場合において，確実に書類を受け取れる信頼できる親類宅を送達場所にするとともに，その親類を送達受取人として届け出ることも可能である。このように送達受取人の届出は，送達場所届出制度の活用性を高めるために規定されたものであり，送達場所の届出に付随し，かつ，任意的にされるものである。

送達を受けるべき者に出会った場所においてする送達を出会送達とよび，送

達を受けるべき者が拒まないときは，この方法によることができる（105条後段）。また，日本国内に住所等を有することが明らかでない者に対しても，出会送達をすることができる（105条前段）。

(3) 送達方法の種類

(a) 交付送達

送達とは，訴訟の当事者その他の利害関係人に対して，訴訟上の書類を法定の方式により送り届けることで，無方式の通知方法である告知等よりも厳格な手続である。送達は，職権で，送達を受けるべき者に送達すべき書類をその住所地等で交付してする交付送達が原則である（101条）。送達は，郵便の業務に従事する職員または執行官が送達実施機関（99条）としてなされるが，郵便でするのが通常である。また，当事者が裁判所に出頭したときは裁判所書記官が送達することができる（100条）。送達方法には，他に出会送達（105条），補充および差置きの各送達（106条）の他，前記送達方法で送達できない場合の書留郵便に付する送達（107条），行方不明等により送達すべき場所が判らない場合の公示送達（110条）がある。

(b) 補充送達

送達は，送達場所において，名宛人に対して書類を交付して行われるのが原則である（101条・103条）。しかし，送達場所において名宛人に出会わないときには，使用人その他の従業者又は同居人で，送達について相当のわきまえのあるものに対して送達書類を交付することができる（106条1項）。これが補充送達である。これら名宛人にかわって送達書類の受領義務を課される者は補充送達の受領資格者とも代人ともよばれる。もっとも，就業場所における補充送達の受領資格者には受領義務がなく，この者が受領を拒まなかったときにのみ補充送達がされる（106条2項）。

(c) 差置送達

送達を受けるべき者（送達名宛人）またはその就業場所以外の送達場所における補充送達受領資格者（使用人等で書類の受領について相当のわきまえのあるもの）が，正当な理由がないのに送達書類の受領を拒絶した場合に，送達実施機関が送達を試みた場所に送達書類を差し置くことによって送達の効力を生じさせる送達方法を差置送達という（106条3項）。正当な理由がないのに送達書類の受領を拒絶した場合にも，正当な権利者の権利の実現のために訴訟手続の

進行を可能にさせる必要から，受領の機会を与えることのみによって送達の効力を認めたものである。しかし，就業場所における補充送達の受領資格者に対しては，差置送達をすることはできない。

(d) 郵便に付する送達

補充送達・差置送達（106条）ができない場合に，裁判所書記官が，受送達者の住所・居所・営業所または事務所・届出のあった送達場所等，所定の場所に宛てて書類を書留郵便に付して発送することによって行われる送達（107条）で，付郵便送達ともいう。送達した書類の到達の時点あるいは現実の到達の有無を問わず，書類を発送した時に送達の効力が生じるが，発送の時点で受送達者が死亡していた場合には，送達の効力は生じない。

(e) 公 示 送 達

裁判所書記官が送達書類を保管し，いつでも名宛人に交付する旨の書面を裁判所の掲示場に掲示することによって行う送達方法（111条）をいう。当事者の住所・居所その他送達をすべき場所が不明な場合や，外国における送達について嘱託送達ができない場合等に最後の手段として行われる。

公示送達は，申立てまたは裁判所の命令により裁判所書記官が行う（110条1項2項）。同一当事者に対する2回目以降の公示送達は，民訴法110条1項4号の場合を除き職権でする（110条3項）。公示送達は，掲示を始めた日から2週間を経過することによって効力を生ずるが，同一当事者に対する2回目以降の公示送達は掲示を始めた日の翌日に効力を生ずる（112条1項）。外国においてすべき送達についてした公示送達にあっては，この期間は6週間である（112条2項）。なお，送達書類に，相手方に対する意思表示をする旨の記載があるときには，公示による意思表示到達という民法上の効力も生ずる（113条，民98条・97条1項）。

(4) 送達報告書

送達実施機関が送達を実施したときは，書面を作成し，これを裁判所に提出しなければならない（109条）。この書面のことを送達証書または送達報告書という。送達は一種の要式的公証行為であるが，送達証書が唯一の法定証拠力をもつものではない。しかし，送達証書が送達の効力の判断のために極めて重要な資料であることには変わりはない。送達報告書の記載事項については法定されていないが，性質上，送達書類の表示，送達の場所，年月日時，送達の方法，

受取人の署名または押印，受領拒絶の場合はその理由，補充送達または差置送達の事実，送達実施機関の記名押印などを記載する。

5 裁判手続の停止

訴訟係属中に，訴訟手続が法律上進行しない状態になることをいう。停止には現行法上，中断（124条）と中止（130条・131条）のほか，除斥または忌避の申立てにもとづく停止（26条）の3種類がある。停止の制度は，おもに訴訟追行が不能または困難になった当事者を保護するために設けられたもので，双方審尋主義を実質的に保障する趣旨にもとづいている。停止は，判決手続およびこれに準ずる手続（督促手続等）についても準用されると解されるが，判決手続に準じない民事執行手続等には準用されない。停止中は，訴訟手続上の行為を行うことはできず，当事者の訴訟行為は相手方に対して効力を生じない。裁判所も判決以外の訴訟行為は行えない（132条1項）。停止中は期間は進行せず，停止が解消した後，あらためて全期間が進行する（132条2項）。

(1) 裁判手続の中断

訴訟の係属中に，訴訟当事者の一方の側に訴訟追行を不可能または困難にする一定の事由（中断事由）が発生した場合に，新たな訴訟追行者が訴訟に関与できるようになるまでの間，手続の進行を停止して，当事者が訴訟に関与する機会を実質的に保障するための制度である。

訴訟手続の中断事由には，つぎのものがある。①当事者の死亡（124条1項1号），②法人の合併による消滅（124条1項2号），③当事者の訴訟能力の喪失または法定代理人の死亡もしくは代理権喪失（124条1項3号），④受託者の信託任務終了（124条1項4号），⑤資格当事者（船長・破産管財人・遺言執行者等）の資格喪失（124条1項5号），⑥選定当事者全員の資格喪失（124条1項6号），⑦当事者の破産（破44条1項，会更52条1項，民再40条1項も同旨），⑧破産手続の終了（破44条4項）。

以上の事由が生じても訴訟代理人がある間は，⑦・⑧の破産の場合を除いて中断を生じない（124条2項）。中断は中断事由の存在により当然に発生し，当事者の受継申立てまたは裁判所の続行命令（129条）により解消し，審理が再開する。中断中は期間は進行を止め，すでに進行した期間は手続の受継の通知または続行の時から改めて全期間の進行を始める（132条2項）。中断中も判決

の言渡しはできるが（132条1項），その他の訴訟行為は中断を解消させるのに必要な行為の他は有効にすることができない。ただし，中断中になされた証拠調べその他の訴訟行為であっても当事者が責問権を放棄すれば有効となる。また，中断中の訴訟行為にもとづいてなされた判決は違法ではあるが，当然無効となるのではなく上訴で取り消されることになる（最判昭和58年5月27日判時1082号51頁）。

(2) 訴訟手続の受継

中断中の訴訟手続の続行を求める当事者の裁判所に対する申立てをいう。ただし破産手続開始決定により中断した，破産者を当事者とする破産財団に関する訴訟について，破産管財人が受継する以前に破産手続が終了したときは，破産者は申立てなくして当然訴訟手続を受継する（破44条6項）。

受継申立権者は，中断事由のある当事者側の新追行者および相手方であり（124条1項・126条），新追行者は，各中断事由ごとに法定されている（124条1項各号）。受継の申立ては，中断当時訴訟の係属した裁判所にするが，終局判決後中断した訴訟の場合には原裁判所のほか上級裁判所にもできると解される。受継の申立ては書面または口頭で行う（民訴規1条）。受継の申立てが適法になされると，中断は解消し，手続が再開される。裁判所は受継の申立てがあったときは相手方に通知しなければならない（127条）。裁判所は職権で受継申立ての適否を調査し，申立てを理由ありと認めるときは，終局判決前であれば，期日を指定し，当事者を呼び出す。申立てが理由なしと認めるときは，決定で申立てを却下しなければならず（128条），却下決定がなされたときは中断は解消しない。却下決定に対して，申立人は抗告することができる（328条1項）。判決書または調書判決の送達後に中断した訴訟手続につき受継の申立てがあったときは，判決をした裁判所はその申立てにつき裁判をしなければならない（128条2項）。終局判決言渡し後，中断が生じ，受継決定がされ，それが違法であるときは，受継決定のみの取消しを求めて上訴できる（最判昭和48年3月

《出題例・現司試昭44/①》
　甲の名で，乙に対して売掛代金支払請求の訴えが提起された。
　次の各場合において，訴訟にどの様な影響が生ずるか。
　1　訴えの提起前，既に甲が死亡していた場合。
　2　訴えの提起後，口頭弁論終結前に甲が死亡した場合。
　3　口頭弁論終結後，判決言い渡し前に甲が死亡した場合。

23日民集27巻2号365頁)。口頭弁論終結後の受継の申立ても，弁論を再開しない限り，必ず決定をもって申立てを適法と宣言し，これを送達すべきものと解される。

(3) 訴訟手続の続行

中断中の訴訟手続について，当事者が訴訟手続の受継の申立てを怠っている場合に，裁判所が職権で手続の続行を命じて，中断を解消させる裁判所の命令をいう (129条)。続行命令は，中断当時訴訟の係属した裁判所がなし，当事者に告知されたとき中断は解消する。誰が受継すべきかをよく知っているのは承継人であるから，裁判所が知り得た承継人に受継の申立てをするよう促せば，通常はその申立てがなされる。したがって，裁判所が続行命令を出すことはまれである。当事者がうっかりして受継の申立てを失念しているような場合に続行命令が出されることが多い。たとえば，判決の言渡しと同時に訴訟手続が中断しているような場合に (124条2項) 当事者が受継の申立てをしないで上訴だけをしたときは，裁判所は職権をもって続行命令を発することができる (大判昭和13年2月23日民集17巻259頁)。

(4) 裁判手続の中止

訴訟の係属中に，訴訟の進行が困難または不適当となった場合に，法律上当然に，または裁判所の訴訟指揮上の措置によって訴訟手続の進行が停止することをいう。中止になると，訴訟手続上の行為はできず，当事者のした訴訟行為は無効となり，裁判所も判決以外の行為はできない (132条1項)。期間も進行せず，中止解消後新たに全期間が進行する (132条2項)。訴訟手続中止の事由としては，①裁判所の職務執行不能による中止 (130条)，たとえば天災 (地震・水害等) や事故 (戦乱・内乱等) により裁判所の職務執行ができなくなった場合であり，中止は法律上当然に発生する。②当事者の故障 (131条)，たとえば伝染病による隔離，天災による交通手段の途絶等のため当事者が裁判所に出頭できない場合で，申立てまたは職権により裁判所が中止の決定をすると手続が停止する。中止は取消決定により終了する。必要的共同訴訟では，共同訴訟人1人につき中止の原因があると，全員につきその効力が生ずる (40条3項)。③その他の法令により裁判所が中止を命じることができる場合がある (人訴12条・26条，民調規5条，家審規130条)。

(5) 裁判手続の休止

訴訟当事者間の期間を定めまたは定めない合意の結果生ずる訴訟手続の進行停止をいう。大正15年改正前の旧々民事訴訟法では，当事者の合意等により訴訟手続を停止することができる休止制度が認められていたが（旧々民訴188条），訴訟遅延の原因となったため，廃止された。平成8年改正以前の旧民事訴訟法では，当事者双方が口頭弁論期日に欠席しまたは弁論をしないで退廷した場合に，3カ月以内に期日指定の申立てをしないときは，訴えの取下げが擬制されたものの（旧民訴238条），当事者双方が合意するなどして欠席と期日指定の申立てを繰り返すと，事実上，訴訟手続が休止することとなった。そこで，現行民事訴訟法は，上記期日指定の申立期間を1カ月に短縮するとともに，双方当事者が連続して2回，口頭弁論期日に出頭せず，または弁論をしないで退廷・退席したときも訴えの取下げを擬制することとし（263条），弁論準備手続についても同様とする。

Practice

問1 以下の記述のうち，正しいものを1つ選びなさい。
1. 期日の指定や変更については，当事者は希望を述べることができるにすぎない。
2. 裁判所は・訴訟の進行に関して当事者と協議する期日を開かなければならない。
3. 口頭弁論を終結する際には，裁判所は，当事者の意見を聴く必要はない。
4. 期日とは異なって，期間を裁判所が定めることはない。

問2 以下のうち，当該共同訴訟人が死亡した場合に，他の共同訴訟人に関する訴えの訴訟手続が中断する場合を1つ選びなさい。
1. 同一の決議に関する株主総会決議取消訴訟を複数の株主が提起し係属しているときに，株主の1人が死亡した場合
2. 同一の開発行為にもとづき生命・身体等を侵害されるおそれがあると主張して開発許可処分の取消訴訟を複数の開発区域周辺住民が提起し係属しているときに，住民の1人が死亡した場合
3. 複数の連帯債務者に対する給付請求訴訟が提起され係属しているときに，連帯債務者の1人が死亡した場合
4. 民法717条にもとづき所有者と占有者を共同被告として損害賠償請求の訴えが

提起され，同時審判の申出がされて係属しているときに，所有者が死亡した場合

5. 共同相続人が相続財産である建物の不法占有者に対して明渡請求訴訟を提起し係属しているときに，共同相続人の1人が死亡した場合

No. 7　訴え提起前における証拠収集等の手続

1　訴え提起前における証拠収集

　訴え提起前における証拠収集の手続とは，訴訟手続の計画的進行をはかり，民事裁判の充実と迅速化を実現するために，平成15年改正により訴え提起前における証拠収集等の手続を拡充されたものである。すなわち，訴えの提起前においても相手方当事者に対して主張立証を準備するために必要な事項を照会できる手続および証拠となるべき文書の所持者に対して文書の送付を嘱託することができる手続である。従来は，証拠保全手続（234条以下）が，訴え提起前にも可能な証拠収集手段として限定的に認められていたに止まり不充分であった。そこで導入されたのが，この提訴予告通知制度である。これは，訴えを提起しようとする者が提訴予告通知を発することにより，提訴前照会および証拠収集処分を利用できることとするものであるが，副次的効果として，訴訟前に当事者間で紛争解決へ向けての交渉をする契機を提供することになることも期待される。

2　訴え提起前における照会

　この手続は，訴えの提起前に，訴えが提起された後の主張または立証の準備に必要であることが明らかな情報を互いに得ることができるようにすることにより，当事者の訴えの提起前における準備を充実させ，将来の審理の充実と促進化を目的とするものである。具体的には，将来原告となるべき者が，将来被告となるべき者に対し，訴えの提起を予告する通知（予告通知）を書面でした場合には，原告となるべき者は，被告となるべき者に対し，訴えを提起した場合の主張・立証を準備することに必要であることが明らかな事項について，相当の期間を定めて，書面により照会をすることができる（132条の2）。他方，被告となるべき者も予告通知をした原告となるべき者に対し，予告通知に記載された言い分に対して書面により「返答」をした場合には，原告となるべき者に対し，同様の照会をすることができる（132条の3）。

3　訴え提起前における証拠収集の処分

　この手続は，訴えの提起前に，訴えが提起された場合の立証に必要であることが明らかな証拠を収集するとができるようにすることにより，当事者の訴えの提起前における準備を充実させ，将来の審理の充実と促進化を目的とするものである。具体的には，将来原告となるべき者が，将来被告となるべき者に対し，訴えの提起を予告する通知（予告通知）を書面でした場合には，裁判所を通じて，訴えが提起された場合の立証に必要であることが明らかな証拠となるべき文書等を，その所持者等から取り寄せることができる（132条の4）。逆に，被告となるべき者も予告通知をした原告となるべき者に対し，予告通知に記載された言い分に対して書面により「返答」をした場合には，裁判所を通じて，証拠となるべき文書等を取り寄せることができる（132条の4）。

第2章

訴訟手続

No. 8　訴　　え

　多岐にわたる生活上の紛争は，それらを集約していくと，相手方に対して一定の行為を要求する内容の紛争，相手方との間に紛議が生じた時点での一定の事象に関する権利・義務の存否確定を必要とする紛争，そして法の定めた内容を基に法律関係の変動を主張する紛争に類型化することができる。このことは訴えの三類型として，訴えの形式（給付の訴え・確認の訴え・形成の訴え），訴訟の型式（給付訴訟・確認訴訟・形成訴訟），判決の態様（給付判決・確認判決・形成判決）というそれぞれの観点から区別されている。

1　訴えの利益

　訴えの利益とは，訴訟上の請求の当否について本案判決をするために必要とされる利益をいい，訴訟要件の1つであり，それが欠けると，その訴えは判決をもって却下されることとなる。訴えの利益は，権利保護の資格（請求適格ともよばれている），権利保護の利益ないし必要性，当事者適格の3つに分けて検討するのが一般である。

　訴えの利益は，給付・確認・形成の各種の訴えに共通する一般的要件と，それぞれの訴えの類型に応じて特有な要件とがある。

　訴えの利益に関する共通の一般的要件として，次の5つを挙げることができる。

　①　具体的な権利ないし法律関係の存否に関する主張であること。したがって，事実の存否の争いは原則として審判の対象とすることはできないし，抽象的な法令の解釈の当否も対象とすることはできない。しかし，これらの争いのうち，法律上の争訟（裁3条）に該当しないものは，司法権の範囲に属しないものとして訴えを却下すべきであって，訴えの利益の問題ではないという見解もある。

　②　訴え以外の法律上の救済手段が設けられていないこと。たとえば，訴訟費用の償還請求については，訴訟費用額確定手続（71条・73条）によるべきであって，訴え提起の方法によることは許されない。

　③　原告がすでに勝訴の確定判決などを得ていないこと。例外として，再度

訴えの提起を必要とする法律上の利益がある場合，たとえば，訴えを提起しなければ時効中断の措置をとることができないときには訴えの利益がある（この場合で，給付判決を得ているときに，再度提起できる訴えは確認の訴えに限定されるか，給付の訴えも許されるかについては争いがある）。

④　訴えの提起が権利濫用に該当しないこと。すなわち，訴えの提起が禁止されていないことである。具体的には二重起訴の禁止（142条），再訴禁止（262条）などに触れる場合である。これらの場合には，訴え却下の結論自体には争いがないが，その理由については，訴え却下はこれらの禁止規定を根拠とすべきであって，訴えの利益の問題ではないと主張する見解がある。

⑤　訴訟制度を利用しないという特約のないこと（通説）。たとえば，不起訴の合意や仲裁契約がある場合には訴えの利益を欠くとするのが通説であるが，訴え却下は端的に合意の効力を理由とすべきであって，訴えの利益の問題ではないと主張する見解もある。

　給付の訴えの利益に関する特有の要件については，現在の給付を求める訴えは，それだけで訴えの利益が認められるが，将来の給付を求める訴えは，あらかじめ給付判決を得ておく必要性が認められる場合に限られている（135条）。確認の訴えの利益については，その対象が，現在の権利ないし法律関係の存否に限られている。したがって，事実（たとえば法律行為）の有効・無効や過去の権利ないし法律関係の存否の確認は許されないのが原則である（例外，134条）。なお，法律行為の無効確認であっても，遺言無効確認や裁判上の和解の無効確認（民執39条参照）などについては確認の利益が認められている。形成の訴えの利益については，その根拠条文（たとえば民395条）の存在により認められている。

2　訴えの種類

〈CASE 9〉　交通事故死亡したAの母親であるXが，加害車両の所有者であるY₁に対して損害賠償を請求するとともに，XY₁間における損害額が確定される前に，Y₁の保険会社Y₂に対する保険金支払請求権を代位行使して，Y₂に対して保険金の支払いを，あわせて請求することは許されるか。

《**参照判例**》 最判昭和57年9月28日民集36巻8号1652頁, 判タ478号171頁
《**判例評釈**》 上原敏夫・判例評論294号189頁, 田邊誠「併合された将来請求の訴え——保険金請求——」別冊ジュリスト145号140頁, 佐々木光夫「保険金の代位請求」別冊ジュリスト152号208頁
〔Point〕
① 現在の訴えと将来の訴えを包含することの可否
② 保険金支払請求権の性質
③ 被害者の加害者に代位してする保険金支払請求と将来の給付の訴え
④ 債権者代位訴訟の構造

(1) 給付の訴え
(a) 定　義

　給付の訴えとは, 原告の被告に対する実体法上の給付請求権の主張とこれに対応した裁判所に対する給付判決の要求を請求内容とする訴えをいう。この訴えには, 口頭弁論終結時にすでに履行期の到来した給付請求権を主張する現在の給付の訴えと, 将来に履行期の到来する給付請求権をあらかじめ主張する将来の給付の訴えがある。前者は原則として, 当然に給付の訴えの利益が認められるが, 後者では「あらかじめその請求をする必要」(135条) という特別の訴えの利益が要求される。これらの場合の給付とは, 金銭の支払い, 物の引渡し・明渡し, 作為請求, 不作為請求, 債権的請求, 物権的請求のすべてについて, 原告が被告に対して求めることをいう。

　具体的には, 原告が被告に対し売買代金の支払を求めたり, 家屋の明渡しを求めるというように実体法上の特定の給付請求権に基づく訴えである。この訴えを認容する判決が給付判決であり, 給付判決は原告の被告に対する給付請求権の存在を確認する既判力と執行力を併せ持つ。したがって, 原告の給付の訴えを棄却する判決は, 給付請求権の不存在を確認するものとなる。

(b) 執　行　力

　給付訴訟における給付判決は, 給付の訴えに対する応答として, 前述のような形で被告に対し給付すべきことを宣言するものである, したがって, 原告の給付請求権の存在が確認された以上, 給付請求権が実現される必要がある。原告勝訴の給付判決が確定した場合あるいは給付判決に仮執行の宣言が付せられた場合に, 被告が判決の内容にしたがって任意に履行しないときは, その判決

を債務名義（民執22条1項・2項）として強制執行の申立てをすることにより，原告の権利を実現することが前提とされている。このような判決の効力を執行力という。

〈CASE 10〉　Xは，Yゴルファース協会の会員である。このゴルファース協会の規約には，「クラブ・ハンディキャップ12以下の日本ゴルフ協会加盟倶楽部会員で年齢満55歳以上の者」と明記されている。ところが，Yゴルファース協会は，ハンディキャップ12を超えている者3名（A・B・C）を正会員として入会させたので，Xは，協会規約に反した入会を認めることはYゴルファース協会の社会的権威が著しく失墜し，ひいてはYゴルファース協会の会員としてのXの地位も損なわれることになると思うにいたった。

このような場合，XはYゴルファース協会を相手方として，A・B・CがYゴルファース協会の正会員たる地位を有しないことの確認を求めることはできるか。

《参照判例》　東京地判昭和63年9月6日，最判昭和55年1月11日民集34巻1号1頁，判タ691号236頁，判時1292号105頁
《参考文献》　新堂幸司「審判権の限界」講座民事訴訟(2)1頁以下
〔Point〕
　① 部分社会における法律上の紛争
　② 確認の訴えの利益
　③ 確認の対象と司法審査の対象

(2)　確認の訴え

(a)　定　　義

確認の訴えとは，原告の被告に対して求める請求が，特定の権利関係の存在（たとえば所有権の確認）または不存在（たとえば債務不存在の確認）の主張とその存在または不存在を確定する確認判決の要求とを請求内容とする訴えをいう。そして，特定の権利関係の存在を主張するのが積極的確認の訴え，特定の権利関係の不存在を主張するのが消極的確認の訴えという。例外的に，事実を確定するためだけの確認の訴えが認められている。

確認の対象は，原則として，特定の具体的な現在の権利関係または法律関係

の存否に限られる。抽象的な法律問題の確認は，法律上の争訟（裁3条）に該当しないことから許されない。また，法律行為など単なる事実の確認も原則として許されない。例外的に認められた事実の確認を求める訴えとしては，法律関係を証する書面（たとえば遺言書）が作成名義人の意思に基づいて作成されたものか否かについての確認を求めることは法律上許されている（134条）。また，法律行為の効力の確認や過去の法律関係の確認も許されないのが原則であるが，裁判上の和解の無効確認については，民事執行法が和解無効を宣言する確定判決の正本を執行取消文書（民執40条・39条1項2号）に加えたことから，現在では法律上も許されているといえるし，遺言の無効確認については，確認の利益があるとするのが判例である（最判昭和47年2月15日民集26巻1号30頁）。

確認の訴えの判決は，確認の対象とされた権利関係の存否の判断に既判力が生ずる。したがって，既判力の及ぶ当事者間の後訴において同一の権利関係が争点となった場合には，当事者はこれに反する主張をすることは許されず，裁判所もまたこれと矛盾する判断をすることができないこととなる。

(b) **確認の利益**

確認の訴えにおいては，確認の対象が形式的には無限定であることから，確認訴訟制度の目的に照らして一定の制約を加える必要がある。この制約を確認の訴えにおける固有の訴訟要件として取り上げ，確認の対象に関する要件，即時確定の利益，当事者適格の3つに分類して，即時確定の利益を狭義の確認の利益と呼ぶ。なお，確認の利益は確認の訴えの利益と呼ばれることもある。

確認の訴えは，原告の権利関係について現に危険または不安が存し，それを除去解消させるために確認判決を得ることが必要・適切であると認められる場合に限って許される。これを即時確定の利益という。この利益の有無については，方法選択の適否と即時確定の必要性という2つの観点から検討するのが一般的である。積極的確認を選択することが可能であれば消極的確認の利益は認められないのが原則であり，また，原告の権利関係について給付の訴えが可能であれば確認の利益は認められないのが原則である。即時確定の必要性については，被告が原告の権利関係を争っており，そのため原告の法的地位に危険・不安が生じている場合がその典型例であるが，被告が争っていない場合でも，たとえば時効中断のためとか，登記簿など公簿の記載の誤りを訂正するために確認判決を必要とするときには確認の利益が認められ，確認の訴えが許される。

(c) 過去の法律関係の確認

確認の訴えの対象が，形式上，無限定であることから，確認の訴えは，請求内容が現在の権利または法律関係の存否に関するものに限って適法とされており（例外：証書の真否確認（134条）），過去の法律関係の確認請求は許されない。つまり，民事訴訟の目的は現在の紛争解決にあり，過去の法律関係の確認を求めても，その後の権利または法律関係に変動の可能性がある以上，確認の意味はないことになり，現在の紛争解決には役立たないからである。確認の訴えの目的は，権利または法律関係の存否を判決で確定し，これによって現在の原告の法的地位の不安定さを解消することにあるが，たとえば，過去の一定時点において原告が特定の物件の所有権を有していたことの確認をしてみても，それは現在の所有権に関する紛争解決とは無縁である。したがって，そのような過去の法律関係の確認の訴えは不適法な訴えとして却下される。

〈CASE 11〉 Xは，Y株式会社の株主であり，創立総会以来，Y株式会社の取締役に就任していた。平成15年に開催された定時株主総会において，Aほか5名の取締役とB他1名の監査役が選任されたが，Xは選任されなかった。そこで，Xは，株主総会における取締役の選任決議方法が法令・定款に反し，かつ，決議方法が著しく不公正であるとして，株主総会決議取消しの訴えを提起した。この訴訟が係属中に，Y株式会社の平成16年定時株主総会において，Mほか5名の取締役とN他1名の監査役が選任されていた場合について論じなさい。

《参照判例》 最判昭和45年4月2日民集24巻4号223頁，判タ248号126頁，判時592号86頁

《判例評釈》 鈴木正裕「訴えの利益と形成訴訟」別冊ジュリスト36号83頁，林田学「株主総会決議取消の訴え」別冊ジュリスト145号142頁，菅原菊志「役員選任決議取消の訴の係属中に当該役員が退任した場合と訴の利益の有無」ジュリスト臨増482号80頁，本間靖規「形成の訴えの利益」ジュリスト76号118頁，伊藤眞＝杉山悦子「株主総会決議取消しの訴え」別冊ジュリスト169号74頁

〔Point〕
① 訴訟要件と本案判決要件の関係
② Yが，Xの訴えは，訴えの利益を喪失していると主張することの可否
③ Xの「訴えの利益」
④ Xの訴えに対する裁判所の判断

(3) 形成の訴え
(a) 定　義

　形成の訴えとは，既存の法律関係の変更または新たな法律関係の発生の要件が存在することを主張することと，その変更を宣言する形成判決の要求とを請求内容とする訴えをいう。この訴えは，訴えにより裁判所に権利関係の変更を請求することができると規定されている場合に限り認められる。すなわち，とくに法律関係の安定を図る必要ある場合や多くの関係人に対して画一的な変動を必要とする場合を，法が個別的に予定して，法律状態の変動の方式を規定していることにもとづく訴えだからである。

　形成の訴えには，私法上の権利関係の形成を目的とする私法上の形成の訴えと訴訟法上の法律効果の変動を目的とする訴訟法上の形成の訴えの別がある。前者の例としては離婚・離縁の訴え，会社設立無効の訴え，株主総会決議取消しの訴え，後者の例としては再審の訴え，仲裁判断取消しの訴えがある。

　私法上の権利関係の変動は，通常は意思表示その他の法律要件事実に基づいて当然生じ，権利変動があったかどうかが不明である場合には，訴訟において，紛争のあるごとに個別的・相対的に解決される。しかし，身分関係や社団関係などで，多数の関係人の間で明確かつ一律に定めないとその法律関係に混乱を生じるような場合，権利変動の要件の存否を直接の目的とし，判決によるその存在の確定を待って初めてその変動が生ずるものとする一方，それまでは何人もその変動を主張できないこととする必要がある。こうした類型の訴訟が認められるにいたったのはこのような場合の法律関係を規律する必要からである。

　具体的には，婚姻の取消し，離婚，離縁，離婚・離縁の取消し，嫡出の否認，子の認知を求めてする人事関係の訴えや，会社の合併無効・設立無効，株主総会の決議取消しを求めてする会社関係の訴えが形成の訴えである。とくに離婚の訴え（民770条）は，「離婚原因」があると主張して「原告と被告とを離婚する」という法律関係の変動（形成）を宣言する判決を求めるものであるから形成の訴えの典型である。

　これに対して，婚姻・縁組の無効，株主総会の決議無効確認，株主総会の決議不存在確認，詐害行為取消しについては，いずれも別訴の先決問題として主張すべきこととされており，形成の訴えを構成しないとされている。

(b) 形成判決

形成判決は，一定の法律要件にもとづく法律状態の変動の主張とその変動を宣言する判決である。通常は，形成の訴えにおいて，裁判所が，原告の主張する形成原因の存在を認め，その判決主文において法律関係の変動を宣言する原告の請求認容の判決をいう。たとえば，離婚を宣言したり，株主総会の決議の取消しを宣言する判決などである。形成判決が確定したときに，そこに宣言された法律関係の変動が生じるが，形成判決がもつこのような効果を形成力という。

(c) 形　成　力

　形成判決が確定した場合に法律状態の変動を生じさせる効力のことを形成力という。たとえば，離婚訴訟において「原告と被告とを離婚する」と宣言する判決は，その判決が確定した段階で，原告と被告の離婚という法律状態の変動が生じるが，こうした法律状態の変動を生じさせる形成判決の効力が形成力である。この形成力は，嫡出否認訴訟，認知訴訟の場合のように法律状態の変動の効果を徹底させる必要のある場合に限り遡及する。

　形成の対象となる法律状態は，判決の内容により実体法上のものであることも訴訟法上のものであることもある。形成力は，既判力や執行力とは異なり，一般第三者にも及ぶのが原則である（対世効）。これは，そもそも形成の訴えが，身分関係や社団関係などで，多数の関係人の間で明確かつ一律に定めないとその法律関係に混乱を生じるような場合，権利変動の要件の存否を直接の目的とし，判決によるその存在の確定を待って初めてその変動が生ずるものとする一方，それまでは何人もその変動を主張できないこととする必要があることから認められてきたことに由来する。しかし，形成力が本来的に対世効があるのか，実定法上の規定にもとづくのかについては争いがある。

Step up

　❶　不動産登記の抹消登記請求手続を求める請求（抹消登記申請という意思表示を求める請求）などのように，原告が給付判決を取得しても事実上または法律上の理由により給付の実現可能性が制約されてる場合に，給付の訴えの利益は認められるかという問題がある。これには，強制執行が困難あるいは不可能であることは給付の訴えの利益に影響しないとする見解（通説）と「給付判決に包含される給付命令は，本来現実の執行と直結して意義をもつべきものであるから，明らかに執行の不能な場合は給付判決を求める利益なく確認の訴と

してのみ是認しうると解すべき」とする少数説（三ケ月章「権利保護の資格と利益」民事訴訟法研究第1巻1頁以下）があるが，給付請求権の存在を判決によって確定する必要性がある限り訴えの利益はある。

❷　過去の法律関係について確認の利益（即時確定の利益）を認めた判例がある（最判昭和47年2月15日民集26巻1号30頁）。このような場合には，過去の法律関係について，判決を通じて，原告の法的地位の安定性と判決以降の当事者間における紛争処理の容易性を確保することに緊急性が認められ，かつ，原告の確認の訴えを認めることで法的安定性を害さないものであることが指摘されている（松村和徳「遺言無効確認の利益」別冊ジュリスト169号63頁）。

❸　**対世効**　　形成判決が確定すると，その効力を誰も否定できなくなる結果，第三者はその形成の効果を承認しなければならなくなる。このような効力を対世効という。

❹　**反射効**　　確定判決の存在が，本来は既判力の及ばない第三者に対して間接的に不利益（利益）を及ぼす場合がある。このような効力を反射効という。

❺　**失権効**　　確定判決の効力は，標準時における権利関係を確定するので，当事者は，判決確定後は，標準時以前の事由を主張することを遮断される。このような効力を失権効という。

Practice

次の各問の正誤を答えなさい。

問1　訴えの利益に関する以下の記述のうち，適切でないものを1つ選びなさい。

1. 判例によれば，原告が自己の権利の積極的確認を求めうるときでも，被告の権利が存在しないことの確認を求めることが許される場合もある。
（　　　　）

2. 判例によれば，債務を弁済したという事実の確認を求める訴えは，不適法である。
（　　　　）

3. 判例によれば，形成判決によって実現しようとしていた法律関係の形成が，たとえ形成判決が得られても実現できなくなった場合には，特別の事情がない限り形成の訴えの利益は失われる。
（　　　　）

4. 給付判決確定後，同一の訴訟物について重ねて給付の訴えを提起するのは，原則として訴えの利益を欠き許されないが，事情によっては訴えの利益が認められることもある。
（　　　　）

5. 履行期未到来の請求権につき，将来の給付の訴えを提起するためには，履行時に給付がなされなければ給付の目的が達成できず，または重大な損害をこうむる場合であることが必要であり，履行期到来後任意の履行が期待できない事情があるだけでは不十分である。　　　　　　　　（　　　　）

問2　債権者が第三債務者に対して有する金銭債権を債権者が代位行使する債権代位訴訟に関する以下の記述のうち，明らかに誤っているものを1つ選びなさい。

1. 債権者・債務者間の債権が消滅して債権者の当事者適格が失われた場合には，その訴訟は訴え却下によって終了するのであり，債権者代位権を有する他の一般債権者がこの訴訟を受継するために訴訟が中断することはない。
（　　　　）

2. 債権者代位権に基づく訴訟が提起されたことで債務者の訴訟追行権は制約されるから，債務者が第三債務者に対する支払請求権を主張して債権者代位訴訟に独立当事者参加することはできない。　　　　　　　（　　　　）

3. 債権者が請求棄却判決を受けた場合，その判決の既判力が拡張され，債務者はもはや第三債務者に対して同じ債権に基づく支払請求の訴えを起こすことができなくなる。　　　　　　　　　　　　　　　　　　　（　　　　）

4. 他の一般債権者と共同原告となって債権者代位訴訟が起こされた場合，共同原告相互間に直接既判力が作用するわけではないが，類似必要的共同訴訟として扱われる。　　　　　　　　　　　　　　　　　　　　（　　　　）

問3　債務不存在確認の訴えに関する以下の記述のうち，誤っているものを1つ選びなさい。

1. 債務不存在確認の訴えは，給付訴訟の反対形相であるので，新訴訟物理論では訴訟物の幅は給付訴訟と同じく広くなる。すなわち，交通事故でいえば，債務不履行としても不法行為としても不存在であることの確認となる。
（　　　　）

2. 不法行為において権利者側が特定金額を訴訟外で述べていない場合には，金額を特定せずに債務不存在確認の訴えを提起することも適法である。
（　　　　）

3. 証明責任は，債務の存在・不存在につき，原告が負担する。現状を変えようとする者が証明責任を負担すべきだからである。　　　　　（　　　　）

4. 債務不存在確認の訴えの請求棄却判決は，債務（債権）の存在を既判力をもって確定する。しかし，給付判決でないから執行力はない。（　　　　）

| No. 9 | 訴えの提起 |

1　定　義

　訴えの提起とは，原告が裁判所に対して判決を求める申立行為をいう。訴えは独立の訴えと，訴訟係属中の訴えとに分けることができる。前者は，他の手続と無関係に，新しく判決手続を開始させる訴えの提起であり，後者は，既に係属中の訴訟手続内で，これと併合審理を求めて提起する訴えである。

　独立の訴えとしてする，地方裁判所への訴えの提起は，訴状という書面を提出する方式をとらなければならない（133条1項）。

2　訴え提起の方式

　訴え提起の方式については，何らの制限がないから，訴状を持参または郵送することも認められる。簡易裁判所に対する訴えについては，口頭で提起することもできる（271条・273条）。この場合には，原告が裁判所書記官の面前で訴状に記載すべき事項を陳述し，これにもとづいて書記官が訴え提起調書を作成する（民訴規1条）。(*No. 11* の図を参照）

　訴状には，当事者（および法定代理人または代表者）を表示し（133条2項1号・37条），請求の趣旨および原因を記載して訴訟上の請求（訴訟物）を特定しなければならない（133条2項2号，民訴規53条1項・54条。なお，答弁書については民訴規80条）。これらの事項を訴状の必要的記載事項といい，不備・欠点があるときには裁判長により補正命令が出され，なお補正されなければ裁判長により訴状が却下されることとなる（137条）。この点で必要的記載事項は任意的記載事項と異なる。さらに，訴状には，請求を理由づける事実（主要事実），この事実に関連する事実（間接事実）および証拠方法をも記載しなければならない（民訴規53条1項2号）。これらの記載を要求する趣旨は早期に主張立証関係を明らかにして充実した審理を行うことができるようにするためであり，これら任意的記載事項も訴状の請求の原因欄に記載するのが訴訟実務の慣行とされている。なお，訴状など裁判所に提出すべき書面一般の記載事項および方式については民事訴訟規則に定められている（民訴規2条1項）。訴状には，被告の数に応じた数の副本（民訴規58条1項）および書証（民訴規55条）などを添付

しなければならない。また，訴えを提起する際には，その訴訟物の価額（訴額）に応じた手数料を要する（8条，民訴費3条1項別表1）。その納付は収入印紙を訴状に貼る方法による（民訴費8条）。この訴訟費用は予納しなければならない（民訴費11条～13条）。訴状が裁判所へ提出されると，事件係において，これを点検し，所定の受付手続を経て訴訟記録を編成したうえ，あらかじめ定められている裁判事務分配の定め（下級裁判所事務処理規則6条1項）にしたがって，事件は特定の裁判官または合議体に分配される。なお，簡易裁判所にあっては事件係が事件を，直接各裁判官に分配する（下級裁判所事務処理規則8条）。

訴訟係属中の新訴については，それぞれの類型に応じて特別の規定が設けられている。たとえば，反訴については訴状に関する規定が準用され（146条3項，民訴規59条），訴え変更の申立てについては請求（請求の趣旨）に変更を生ずる場合に限り書面性が要求され（143条2項），当事者参加の申出については書面性が要求されている（47条2項）。訴訟中の新訴は，従前の訴訟事件と当然に併合され1個の訴訟手続として審理される。

訴えを提起したものとみなされる場合のある申立てとして，訴え提起前の和解の申立て，支払督促の申立てがある（275条・395条）。

3　訴え提起の効果

訴えの提起により，事件が特定され，訴訟手続開始の効力が生ずる。また，被告に対する権利主張が明確になることから，時効中断などの実体法上の効果も生ずる（民147条）。このような状態を訴訟係属という。この訴訟係属を前提として，関連裁判籍が生じ，訴訟参加や訴訟告知が可能となるほか，重複訴訟禁止の効果がとくに重要な問題となる（後述 *No. 12*）。

Practice

次の問の正誤を答えなさい。
問1　訴えの提起に関する以下の記述のうち，誤っているものを1つ選びなさい。
1. 訴え提起にともなう実体法上の効果は，訴状提出時に生ずる場合もあるし，被告への訴状送達時に生ずる場合もある。　　　　　　　　（　　　　　）
2. 訴状がその必要的記載事項の不備を看過して被告に送達された後は，裁判長

の命令による訴状却下をすることはできない。（　　　）
3. 訴状の「請求の趣旨」で請求を特定できるときには，請求原因の記載がないという理由で訴状が却下されることはない。（　　　）
4. 簡易裁判所における訴えの提起の際には，原告は，請求原因に代えて「紛争の要点」を明らかにすれば足りるが，本案判決を得るためには，口頭弁論終結までに請求を特定しなければならない。（　　　）
5. 財産権上の訴えの訴状に貼付する収入印紙（手数料）の額は，原則として訴訟の目的の価額（訴額）に応じて決定されるが，訴額の算定が不可能な場合に限り，例外的に非財産権上の請求と同様の扱いがなされる。（　　　）

問2 訴えの提起に関する次の記述中，誤っているものはどれか。
1. 簡易裁判所に対する訴えの提起は，口頭ですることができる。（　　　）
2. 本案につき終局判決があった後に訴えを取り下げた者は，同一の訴えを提起することができない。（　　　）
3. 債務者が債務不存在確認の訴えを提起した場合には，債権者は，同一の債権についてその存在確認の反訴を提起することができる。（　　　）
4. 確認の訴えは，売買契約書が偽造であることの確認を求めるためにも提起できる。（　　　）
5. 1個の訴えで特定の裁判所の管轄に専属しない数個の請求をする場合には，そのうちの1個の請求につき管轄権を有する裁判所にその訴えを提起することができる。（　　　）

No. 10 請求の併合

1 定 義

　当事者が単数（原・被告が各1人）で同一当事者間の複数の請求（たとえば，貸金請求と売買代金請求）があり，それらが同時にまたは時を異にして審判の対象とされる場合がある。同一当事者間における複数の請求に関する訴訟手続は，当事者または裁判所の併合行為により生ずるが，複数の請求について，最初から単一の訴状をもって提起される訴えを請求の併合（訴えの客観的併合。136条）という。さらに，訴え提起の当初からの併合請求だけでなく，訴訟係属中になされる訴えの追加的変更（143条），中間確認の訴え，反訴の提起や裁判所の弁論の併合によっても生ずる併合もあるが，前者が請求の併合の基本型である。また，1つの訴えを複数人の原告が提起したり，複数人の被告に対して提起する場合の訴えの併合は，とくに訴えの主観的併合（38条。共同訴訟について第1章 *No. 4* 参照）という。

　請求の併合により複数の請求（訴訟物）が1つの訴訟手続で審理裁判されることとなるが，そのうちのある請求について弁論を分離（152条）すれば別個の訴訟手続に分かれる。また，複数の請求がそれぞれ別個の訴訟手続で審理されていた場合であっても，弁論を併合（152条）すれば訴えの併合となって，その後は1つの訴訟手続で審理裁判されることとなる。訴訟上の書類，期日，証拠調べおよび裁判を共通にすることができるから，当事者および裁判所にとって，費用・労力および時間の節約となる点等に利点がある。

2 要 件

　複数の請求を単一の訴状により訴えを提起する場合は，それぞれの請求がいずれも同種の訴訟手続によって審判されるものであること（136条），法律上併合が禁止されていないこと，それぞれの請求が受訴裁判所の管轄に属すること（7条・13条。ただし，主観的併合については，38条前段）などの要件を備えていなければならない。しかし，複数の請求の相互間における関連性は要求されていないので，何らの関連性のない複数の請求についても客観的併合は認められる。したがって，客観的併合が認められた場合は，弁論が分離されない限り単

一の訴訟手続で審判される。

3 態 様

訴訟の最も単純な基本形態は，原告・被告が各1人で，その間の訴訟上の請求も1個であり，かつ当事者も請求も終始同一である場合である。しかしながら，現実は私人間の法律上の紛争が多岐多様である場合が多く，それを反映して訴訟形態も多様化することになる。

請求の併合の態様としては，単純併合・予備的併合・選択的併合の3種に区別される。

(1) 単純併合

数個の請求がそれぞれ他の請求の当否と無関係に併合されて，各請求のすべてについて審判を求める併合である。この場合には，裁判所は，各請求について必ず判決をする。たとえば，貸金請求と売買代金請求のように，請求の内容がそれぞれ無関係な場合や土地の明渡請求と明渡しまでの賃料相当の損害賠償請求のように，請求の内容が相互に関連する場合である。

(2) 予備的併合

第1次（主位）の請求が認容されない場合に備えて，もし，第1次の請求の認容を解除条件としながら，第2次（副位）の請求についてもあらかじめ審判を申し立てて併合する場合である。たとえば，売買代金請求に際し，その契約無効のときは，不当利得として既に引き渡した売買の目的物の返還請求を予備的に請求する場合，目的物の占有権原を明らかにするため所有権の確認請求に際し，賃借権の確認を予備的に請求する場合などである。

(3) 選択的併合

数個の請求のうちどれか1つの請求が認容されれば，他の請求については審理を求めないという趣旨の併合で，たとえば，同一物の引渡しにつき，占有権に基づく返還請求と，これと両立する所有権に基づく返還請求とを併合して請求するような場合である。選択的併合は，旧訴訟物理論により観念された併合形態であるが，新訴訟物理論によれば，競合する請求権は，請求を理由づけるための事由にすぎないとして，この併合形態を認めていない。

(4) 手 続

併合要件は，併合訴訟の訴訟要件であり，裁判所は職権で併合要件の具備に

ついて調査しなければならない。併合請求は，それが許される限り，各請求についての弁論・証拠調べは，共通に同一期日になされる。ただし，単純併合については，裁判所は併合審理が不適当であると認めた場合には口頭弁論の分離を命ずることができる（152条1項）。

第2章 訴訟手続

No.11	訴　状

1　訴状モデル

裁判所用

訴　　状

事件名　　貸金請求事件

□少額訴訟による審理及び裁判を求めます。本年，この裁判所において少額訴訟による審理及び裁判を求めるのは　　　回目です。

　　　　　　　　　　　　　　簡易裁判所　御中　　　　平成　　年　　月　　日

原告（申立人）	〒 住　所（所在地）		
^	氏　名（会社名・代表者名）　　　　　　　　　　　　　　印		
^	TEL　　－　　－　　　　FAX　　－　　－		
^	送達場所等の届出	原告（申立人）に対する書類の送達は，次の場所に宛てて行ってください。	
^	^	□上記住所等	
^	^	□勤務先　名　称	
^	^	〒	
^	^	住　所	
^	^	TEL　　－　　－	
^	^	□その他の場所（原告等との関係　　　　　　　　　　）	
^	^	〒	
^	^	住　所	
^	^	TEL　　－　　－	
^	^	□原告（申立人）に対する書類の送達は，次の人に宛てて行ってください。	
^	^	氏　名	
被告（相手方）1	〒 住　所（所在地）		
^	氏　名（会社名・代表者名）		
^	TEL　　－　　－　　　　FAX　　－　　－		
^	勤務先の名称及び住所　　　　　　　　　　　TEL　　－　　－		
被告（相手方）2	〒 住　所（所在地）		
^	氏　名（会社名・代表者名）		
^	TEL　　－　　－　　　　FAX　　－　　－		
^	勤務先の名称及び住所　　　　　　　　　　　TEL　　－　　－		

訴訟物の価額	円	取扱者
貼用印紙額	円	
予納郵便切手	円	
貼用印紙	裏面貼付のとおり	

③-1　　　　　　　　　　　　　　　　　　　　　　　　　　　　　　　　　　　（982020）

No.11 訴　状

|裁判所用|

貸　金

請求の趣旨	1　被告　　は，原告に対して，　　　　次の金員を支払え。 　　　金　　　　　　　　　　円 　　　{□上記金額に対する 　　　 □上記金額の内金　　　　　　　円に対する} 　　　平成　　年　　月　　日から平成　　年　　月　　日まで 　　　　　の割合による利息 　　　{□上記金額に対する 　　　 □上記金額の内金　　　　　　　円に対する} 　　　{□平成　　年　　月　　日 　　　 □訴状送達の日の翌日}から支払済みまで 　　　　　の割合による遅延損害金 2　訴訟費用は，被告　　の負担とする。 との判決（□及び仮執行の宣言）を求めます。
紛争の要点（請求の原因）	原告は，被告　　　　　　　　に対し，次のとおり金員を貸し付けた。 　　貸　付　日　　平成　　　年　　　月　　　日 　　貸付金額　　金　　　　　　　円 　　利息の定め　　□あり（　　　　　　　　）□なし 　　返済期の定め　□あり（平成　　年　　月　　日） 　　　　　　　　　□なし（平成　　年　　月　　日に返済を申し入れた。） 　　遅延損害金の定め　□あり（　　　　　　　　）□なし 　　連帯保証人　　□被告 　　その他の特約 返済状況　　□返済なし 　　　　　　　□一部返済あり 　　　　　　　　　平成　　年　　月　　日　金　　　　　　　円 その他の参考事項
添付書類	□契約書　　　□借用書　　　□念書 □

③-2　　　　　　　　　　　　　　　　　　　　　　　　　　　　（982020）

第2章 訴訟手続

<table>
<tr><td colspan="3" align="center">訴　状</td></tr>
<tr><td colspan="3">東京地方裁判所　御中</td></tr>
<tr><td colspan="2">日　付</td><td>平成　年　月　日</td></tr>
<tr><td colspan="2">事 件 名</td><td align="center">事件</td></tr>
<tr><td colspan="2">訴訟物の価額</td><td align="center">円</td></tr>
<tr><td colspan="2">貼用印紙額</td><td align="center">円</td></tr>
<tr><td colspan="2">予納郵便切手</td><td align="center">円</td></tr>
<tr><td rowspan="3">当事者の表示</td><td>原告</td><td>住所

氏名</td></tr>
<tr><td>原告訴訟代理人</td><td>　　　　　　　　　　　　TEL 00－0000－0000
　　　　　　　　　　　　FAX 00－0000－0000
　　　　弁護士　　　　　　　　　㊞</td></tr>
<tr><td>被告</td><td>住所

氏名</td></tr>
<tr><td colspan="2">備　考
（貼用印紙）</td><td></td></tr>
<tr><td colspan="2">添付書類</td><td></td></tr>
</table>

請 求 の 趣 旨

請 求 の 原 因

訴状は，第1審の裁判所への訴えの提起に必要とされる書面であり，この書面を裁判所に提出することによってその裁判所への訴えの提起となる。その書面には，所定の事項として，当事者および法定代理人と請求の趣旨（その裁判で求める結論）と請求の原因（請求の趣旨で表示された請求を特定するのに必要な事実）の記載（133条，民訴規53条）を要し，その作成者である原告またはその訴訟代理人が記名押印することが必要とされている。なお，特定の事件については，添付書類の提出が義務付けられている（民訴規55条参照）。さらに，訴訟物の価額（訴額）に応じて所定の印紙を貼り（民訴費4条・8条），かつ，被告に送達するために，被告の数だけの副本を添えること（民訴規58条）が必要とされている。前の図2葉は，簡易裁判所において貸金返還請求の訴えを提起する場合の訴状である。本人訴訟が多い簡易裁判所では，民事訴訟で使う訴状の書式として8種類を紹介している（http://www.courts.go.jp/saiban/tetuzuki/shosiki/index-minzisosyou.html）。これに対して，代理人（弁護士）が作成する訴状に定められた書式はないが，前図2のような型式が典型的である。

2　請求の原因

請求の原因という用語は，民事訴訟法上，次の3つの異なった意味で用いられる。

第1に，請求の趣旨と相まって訴訟物を特定するに足りる事項（請求を特定する請求の原因）を意味する。

第2に，原告の訴訟上の請求の内容となる権利または法律関係を理由づけるための事実主張のうち，主張責任・立証責任分配の法則に従って，原告がまず主張・立証しなければならないもの（請求を理由づける請求の原因，通常は権利の発生原因等，権利根拠規定の要件事実に該当する主要事実）を意味する。

第3に，いわゆる原因判決（245条）との関係で，請求権についてその数額の点を切り離して考えた場合のその成立・存続に関する一切の事項を指すこともある。訴訟上の請求の内容となっている権利または法律関係（訴訟物）は，訴状の必要的記載事項である請求の趣旨および原因（133条2項）によって特定されなければならない。このように訴状の必要的記載事項としての請求の原因とは上記の第1の意味での請求の原因であると考える見解（識別説）のほかに，古くは上記の第2の意味での請求の原因が訴状の必要的記載事項となると

する見解(理由記載説)があった。しかし,現行の民事訴訟法は,当事者の主張や証拠は訴訟の進行状況に応じ適切な時期に提出しなければならないという建前(適時提出主義)を採用しているので(156条),「請求の原因」とは,請求を特定し識別するために必要な事実をいう(民訴規53条)。さらに,紛争の実際においては,錯綜とした事実関係の存在が前提となることから,民事訴訟規則では,当事者双方が早期に主張立証関係を明らかにし,期日において充実した審理を行うことができるようにするために,このような事実のほかに,弁護士が作成する訴状(前図の請求の原因)には請求を理由づける事実(主要事実)を具体的に記載するとともに,立証を要する事由(原告側において,争点となって立証を要することになると予想する事由)ごとに,当該事実に関連する事実で重要なもの(重要な間接事実)および証拠(証拠方法)を記載しなければならないとしている(民訴規53条1項)。

3　請求の趣旨

原告は,訴えを提起して原告・被告間の紛争について裁判所の審判を求めているのであるが,請求の趣旨とは,その審判要求の結論部分である。たとえば,「被告は原告に対し金100万円を支払え,との判決を求める」(給付の訴えの場合),「原告が別紙物件目録記載の土地の所有権を有することを確認する,との判決を求める」(確認の訴えの場合),「原告と被告とを離婚する,との判決を求める」(形成の訴えの場合)などである。請求の趣旨は,請求の原因と相まって審判の対象たる請求を特定し,裁判所の審判の範囲を画定する役割を果たす。民事訴訟においては,訴訟開始のイニシアチブは原告がとり,訴訟上の請求をなすのは原告であって,審判の対象となる請求を特定し,何について,どのような判決を求めるかを明らかにする責任は原告にある。そのため請求の趣旨は訴状の必要的記載事項となっているのである(133条2項)。したがって,請求の趣旨は明確かつ具体的に示されなければならない(前図の請求の趣旨)。また,請求の趣旨によってなされる申立ては確定的でなければならず,条件付きや期限付きであってはならないのが原則である。

4　訴状の審査

訴状が裁判所へ提出されると,その事件は事務分配手続にしたがって配付さ

れるが，配付を受けた裁判官または合議体の裁判長は，訴状を点検しなければならない。これが訴状の審査である（137条）。ここで点検されるのは，訴状に必要な記載（133条2項）および印紙の貼用を欠いていないかどうかであり，訴訟要件の具備や請求の当否についてではない。訴状に不備のある場合，裁判長は，相当の期間を定めて，訴状の補正を命じ（補正命令，なお民訴規56条参照），これに原告が応じないときは，訴状の却下を命ずる（却下命令，137条2項）。この却下命令に対しては，原告は，即時抗告をすることができる（137条3項）。なお，裁判長による訴状の補正命令および却下命令は，訴状の送達時までにすべきであり，口頭弁論の開始後はできないとするのが通説である。

Practice

次の問の正誤を答えなさい。

問 請求の趣旨および原因として「原告は被告に対し金100万円の支払請求権を有している。よって，その支払を求める。」との記載がされた訴状が裁判所に提出された場合において，裁判所または裁判長がするべき裁判として適切なものは，次のうちどれか。

1. 裁判所は，証拠調べを経て請求の当否について判決をする。　（　　　）
2. 裁判所は，直ちに，訴えを却下する旨の判決をする。　（　　　）
3. 裁判長は，原告に補正をすべき旨の命令をする。　（　　　）
4. 裁判長は，直ちに，訴状を却下する旨の命令をする。　（　　　）
5. 裁判長は，被告の意見を聴いた後，訴えを却下する旨の決定をする。
　　　　　　　　　　　　　　　　　　　　　　　　　　　（　　　）

No. 12　重複訴訟の禁止

〈**CASE 12**〉　ＸＹ間には，ＹがＸを相手方として提起した売買契約上の代金（300万円）支払請求訴訟（第１訴訟）とＸがＹを相手方として提起した継続的取引契約上の代金（500万円）支払請求訴訟（第２訴訟）が継続している。第１訴訟においてはＹが全部勝訴したので，Ｘは控訴中であったが，第２訴訟では，Ｘの請求を一部認容（300万円）する判決が下された。Ｙは，控訴を提起し，第２訴訟の控訴審において，第１訴訟で訴求している売買代金債権を自働債権とする相殺の抗弁を提出した。この場合の相殺の抗弁は，重複訴訟の禁止にあたるか。また，２つの訴訟審理が併合（弁論の併合）されていた場合はどうか。

《**参照判例**》　最判平成３年12月17日民集45巻９号1435頁，金商906号３頁
《**判例評釈**》　田中敦・判タ臨増821号214頁，山本克己「別訴において訴訟物となっている債権を自働債権とする相殺の抗弁」ジュリスト臨増平成３年重要判解121頁，畑瑞穂「別訴で一部を請求中の債権の残部による相殺の抗弁と二重起訴の禁止」ジュリスト平成４年重要判例解説152頁，高田昌宏「別訴において訴訟物となっている債権を自働債権とする相殺の抗弁」法教142号98頁，松本博之「相殺の抗弁と重複起訴」別冊ジュリスト169号92頁
《**参考文献**》　梅本吉彦「相殺の抗弁と二重起訴の禁止」新実務民訴講座１巻381頁，三木浩一「別訴において訴訟物となっている債権を自働債権とする相殺の抗弁の許否」法学研究66巻３号131頁，河野正憲・判例評論367号206頁

〔Point〕
① 相殺の抗弁
② 抗弁先行型と抗弁後行型
③ 二重起訴禁止規定と相殺の抗弁

1　定　義

裁判所に既に訴訟係属している事件について，当事者は重ねて訴えを提起することはできない（142条）。これを二重起訴（重複起訴）の禁止という。係属中の事件と同一の事件について重ねて訴訟が行われると，応訴する被告には大

きな負担となるし，重複した審理は訴訟経済の要請に反し，また同一の事件について矛盾した判決がなされるおそれ（既判力の抵触）があることから，これを防止するものである。

後訴が二重起訴となるのは，係属中の事件と同一の事件について訴えが提起された場合である。事件の同一性は，当事者の同一性と事件の対象の同一性が基準となる。

2 要 件
(1) 当事者の同一性

当事者が同一であれば前訴と後訴とで原告と被告の立場が入れ替わった場合でも，それぞれの訴訟物が主要な争点を共通にする限り，同一性がある。また，一方の訴えの当事者が他方の訴えの判決効を受ける関係にある場合（115条1項2号）にもこの同一性は認められる。訴訟担当者と担当される本人（30条・115条），当事者とその者のために請求の目的物を所持する者（115条1項4号）などである。債権者が債権者代位権（民423条）に基づき，第三者に対して訴えを提起しているときに債務者が同一の権利について第三債務者に訴えを提起した場合について，二重起訴禁止にあたるとするのが判例・通説であるが（大判昭和14年5月16日民集18巻557頁），債権者代位訴訟が係属している間に債務者が債権者の代位権そのものを争って独立当事者参加（47条）した場合には，二重起訴禁止にはあたらないとする判例もある（最判昭和48年4月24日民集27巻3号596頁）。併合して審理することにより，二重起訴禁止の目的は達せられるとともに審判の必要が認められるからである。

《出題例・現司試平成5／②》

甲は，乙を被告として，乙に対する300万円の請負代金の支払を求める訴えを提起し，乙は，右請負代金債権の成立を争うとともに，甲に対する100万円の売買代金債権を自動債権として，甲の右請負代金債権と相殺する旨の訴訟上の相殺の抗弁を提出した。
(1) 右訴訟において，裁判所が，甲の乙に対する請負代金債権の成立を認めるとともに，乙の相殺の抗弁を容認して，乙に対して200万円の支払を命ずる判決をし，これが確定した場合，この判決は，どのような効力を生ずるか。
(2) 乙が右訴訟において相殺の抗弁を提出した後，判決がされるまでの間に，甲を被告として右売買代金の支払を求める別訴を提起した場合，裁判所は，この別訴をどのように取り扱うべきか。

(2) 事件の対象の同一性

訴訟物たる権利関係が同一である場合が事件の同一性にあたることには異論がない。二重起訴禁止の趣旨からみて，訴訟物たる権利関係が同一であれば給付・確認等の請求の趣旨まで同一であることは要しないと解するのが通説である。さらには，訴訟物たる権利関係が同一であれば，審判の重複と矛盾は避けられないこととなることから，別訴の提起を許すべきではなく，原告の請求の趣旨を変更すること，もしくは被告からの反訴提起により，別個の手続によることなく必要な審判の申立てをすべきこととなる。

訴訟物たる権利関係を事件の対象の同一性の判断基準とすると，攻撃防御方法として主張された権利については，別訴で請求したとしても二重起訴禁止にあたらないことになる。しかし，相殺の抗弁が理由中で判断された場合には自働債権の存否に既判力が生じることになるから（114条2項），これを別訴で請求するときには審判が重複するおそれがある。そこで，このような場合にも二重起訴禁止にあたると解する説が有力である。

3　効　果

訴えが二重起訴禁止にあたるか否かは，被告の抗弁事項ではなく裁判所の職権調査事項であり，訴訟障害事由となるから，これにあたる場合には裁判所は，訴えを不適法として却下することになる。もっとも，二重起訴禁止に該当するような場合であっても審判の必要性が認められるような場合には，却下することなく併合審理の方向にもっていくべきであるする有力説もある。

Practice

次の問の正誤を答えなさい。

問　二重起訴の禁止に関する次の記述中，判例の趣旨に反するものはどれか。
1.　甲が乙に代位して提起した訴訟が係属中であっても，乙が甲の代位権を争って独立当事者参加をすることは，妨げられない。　　　　（　　　　）
2.　同一債権の数量的一部を請求する前訴が係属中に後訴で残部を請求することは，前訴で一部請求であることを明示した場合を除き，許されない。
　　　　　　　　　　　　　　　　　　　　　　　　（　　　　）
3.　手形債権支払請求訴訟の提起後，被告がその原因たる売買代金債務の不存在

確認訴訟を提起することは，妨げられない。　　　　　（　　　）

4. 甲が乙に対して土地の所有権移転の登記手続請求訴訟を提起し，その訴訟においてその土地の所有権の確認をあわせて請求することは，許されない。
　　　　　　　　　　　　　　　　　　　　　　　　　（　　　）

5. 甲が乙に対して土地の所有権の確認訴訟を提起した場合に，乙がその土地は自己の所有であると主張して甲に対して所有権確認の反訴を提起することは，妨げられない。　　　　　　　　　　　　　　　　　　　　（　　　）

第2章 訴訟手続

| No. 13 | 訴えの変更 |

〈CASE 13〉 Yは，Xの所有地上にある甲家屋（訴外Aが建築・所有）を賃借していたが，その後，Aから賃借していた甲家屋を取り壊し，係争家屋（乙家屋）を建築して生活していた。以前にAから甲家屋を譲り受けていたXは，Yに対し家賃の支払いを再三にわたって請求したが，係争中の乙家屋はYに所有権があり，しかも甲家屋はすでに滅失しているので家賃を支払う必要はないとしていた。そこで，Xは，Yに対し賃料不払いによる賃貸借契約の解除にもとづく家屋（甲家屋）の明渡しと延滞賃料および賃料相当額の損害賠償を求めて訴えを提起した。この第1審の審理中においても，Yは乙家屋は自分の所有であり，Xが主張する甲家屋はすでに滅失しているのでXの主張は理由がないと主張した。そこで，XはYに対して，家屋の敷地たる土地（丙土地）の所有権にもとづく家屋の収去土地明渡しを求める請求を追加した。このような場合の訴えの変更は認められるか。また，その場合の要件を指摘しなさい。

《参照判例》 最判昭和41年1月21日民集20巻1号94頁，判タ188号113頁
《判例評釈》 新堂幸司「訴えの交換的変更による新訴に異議なく応訴した被告は旧訴の取下げに暗黙の同意をしたことになる」法協83巻11＝12号141頁
〔Point〕
① 訴えの変更の態様
② 訴えの交換的変更の訴訟構造
③ 訴えの交換的変更と被告の対応

1 定　義

　訴訟係属中に，原告が同一被告との関係で求めている判決の類型を変更しまたは請求（訴訟物）の同一性や範囲を変更することをいう。
　訴訟物の同一性については新旧両理論によってその判断基準が異なるから，旧理論によれば訴えの変更となる場合でも，新理論によれば攻撃方法の変更にすぎず，訴えの変更にはならないと解することになる場合があり，特に給付請

求にはその例が多い。また，請求の数量的変更については，それが拡張される場合は訴えの変更になるとし，減縮する場合は訴えの一部の取下げであって訴えの変更にならない，とするのが判例・通説である。

2 要　件

訴えの変更が許されるためには，次のすべての要件を満たしていなければならない。

① 請求の基礎に変更がないこと。請求の基礎という概念については，いろいろな説明がなされているが，いずれの見解によってもその適用の結果には差異が生じないといえよう。請求の基礎に変更がないとはいえない場合でも，被告の同意または被告が新請求について異議なく弁論をすればこの瑕疵は治癒される。
② 新請求の審理のため著しく訴訟手続を遅滞させないこと。
③ 事実審の口頭弁論終結前であること（以上，143条1項）。
④ 新請求が他の専属管轄に属しないこと。
⑤ 交換的変更の場合で，訴えの取下げについて被告の同意を要する段階（261条2項本文）での変更申立てであればこの同意（または同意したものとみなされる場合を含む。261条5項）があること。新請求について被告が異議なく応訴すれば黙示の同意があったものとして取り扱われる。

訴えの変更により請求の趣旨に変更を生ずるときには書面性が要求されている（143条2項）が，請求原因の変更にとどまるときには書面性は要求されていない。この書面の副本は被告に送達される（143条3項。なお，民訴規40条）。

訴え変更の要件を欠くときには，申立てまたは職権で訴えの変更を許さない旨の決定をする（143条4項）。この決定に対しては独立して不服を申し立てる

《出題例・現司試昭56/ ②》
　甲は乙に対して訴えを提起し，貸金100万円のうち40万円の弁済を受けたので残り60万円の支払を求めると主張した。乙は，甲の右の主張を全部認めた上，右40万円の他，更に60万円の弁済をしたので，甲の請求には応じられない，と答弁した。其後，甲は，40万円の弁済を受けたというのは間違いであったとして，次のことをすることが出来るか。
1　請求を100万円全額に拡張すること。
2　請求棄却の判決確定後，40万円の支払を求める訴えを提起すること。

ことはできないが，原告は本案の控訴審において争うことができる（283条）。訴えの変更を許すときには，そのまま審理を続行し新請求についても判断する。訴えの変更前に収集された訴訟資料はそのまま新請求の資料として利用できる。

3 種類・態様

訴えの変更の態様は，訴えの追加的変更と交換的変更に区別され，さらに追加的変更は，従来の請求との関係によって，単純併合・選択的併合・予備的併合に分けられる（*No. 10*参照）。判例は，交換的変更は追加的変更と従来の訴えの取下げまたは請求の放棄（取下げか放棄かは原告の意思による）との結合形態であるとして，独自の変更類型ではないとする。

(1) 訴えの交換的変更

訴訟係属中に同一当事者間において，原告が従来申し立てていた請求を撤回して新しい別個の請求に変更することをいい，訴え（請求）の変更（143条）の一種である。しかし，この交換的変更について，判例は，追加的変更と旧訴の取下げまたは旧請求の放棄との結合形態にすぎないとして，独自の訴え変更の類型とすることを認めていない。

交換的変更をするには，
① 請求の基礎に変更がないこと，
② 新請求の審理のため著しく訴訟手続を遅滞させないこと，
③ 事実審の弁論終結前であること（以上，143条）など訴え変更の一般的要件を備えているほか，
④ 新請求が他の裁判所の専属管轄に属しないこと，
⑤ 旧請求の撤回について訴え取下げの要件(261条)を満たすことを要する。

したがって，旧請求の撤回（取下げ）について被告の同意を要する場合であるのに，その同意を拒絶されたときには，旧請求撤回（取下げ）の効力が生じないので，交換的変更の申立てであっても，追加的変更の場合と同様に，新旧の両請求について審判されることになる。交換的変更申立ての方式は，請求の趣旨を変更するときには書面でしなければならない（143条2項）が，請求原因の変更にとどまるときには書面性が要求されていない。なお，変更前の訴訟資料は新請求の判断資料として当然に利用できる。

(2) 訴えの追加的変更

訴訟係属中に同一当事者間において，原告が従来の請求を維持しながら別個の請求を追加することをいい，訴え（請求）の変更（143条）の一種である。

追加的変更をするには，
① 請求の基礎に変更がないこと，
② 著しく訴訟手続を遅滞させないこと，
③ 事実審の弁論終結前であること（以上，143条1項）など訴え変更の一般的要件を備えているほか，
④ 追加請求が他の裁判所の専属管轄に属しないものであることを要する。

この追加的変更により訴え（請求）の客観的併合を生ずる。その方式については，請求の趣旨を変更するときには書面でしなければならない（143条2項）が，請求原因の変更にとどまるときには書面性は要求されていない。

4 手続と裁判所の処置

訴えの変更をする場合は，その趣旨の書面を裁判所に提出しなければならない（143条2項）。訴え変更（新請求）の書面は，訴状に相当するもので，被告に送達され，その送達時に新請求について訴訟係属が生じる。

訴えの変更の有無またはその許否は，職権調査事項である。したがって，訴えの変更に関して当事者間に争いがある場合には，裁判所は，中間判決（245条）または終局判決の理由中で，その判断を示さなければならない。

訴えの変更を許さない場合には，申立てによりまたは職権で，変更を許さない旨の決定をする。この決定に対する不服は，その終局判決に対する上訴の方法による。また，訴えの変更を適法とする場合には，被告がそれを争う場合に変更を許す旨の決定をする（143条4項）。この決定に対しては，不服を申し立てることができないと解されている。

Practice

次の問の正誤を答えなさい。

問　訴えの変更に関する次の記述中，正しいものはどれか。

1. 原告はいかなる訴訟においても，訴えを変更するか別訴を提起するかの自由を有する。　　　　　　　　　　　　　　　（　　　）

2. 売買契約の無効を主張して提起した所有権移転登記の抹消を求める訴訟において，その主張を詐欺による取消しに変更することは，訴えの変更とはならない。 (　　　　)
3. 訴えの変更が著しく訴訟手続を遅滞させる場合であっても，相手方が同意し，または異議を述べなければ，訴えの変更は許される。 (　　　　)
4. 控訴審における訴えの変更は，相手方の同意がある場合に限り，することができる。 (　　　　)
5. 訴えの変更があった場合，変更された訴えについての，時効中断の効力は，最初に訴えを提起したときに生ずる。 (　　　　)

No. 14　中間確認の訴え

〈CASE 14〉　土地甲の所有者であるXは，甲地上の一部に建物丙を建築所有しているYに対し，不法占有を理由として，所有権に基づく明渡しの訴えを提起したところ敗訴した。そこでXは，控訴審において，第1審に対する不服とともに甲土地の隣接地乙地の所有者でもあるYに対し，甲地と乙地の境界を求めるための中間確認の訴えを提起した。この訴えは適法か。

《参照判例》　最判昭和57年12月2日判時1065号139頁，判タ486号71頁
《判例評釈》　坂原正夫「土地明渡訴訟における境界確定を求める中間確認の訴えの適否」判タ505号228頁，塩崎勤「土地明渡訴訟における境界の確定を求める中間確認の訴えの適否」季刊実務民事法3号210頁，林伸太郎「土地明渡訴訟における境界の確定を求める中間確認の訴えの適否」法学47巻4号164頁
《参考文献》　小室直人「境界確定訴訟の再検討」中村古稀記念論集144頁
〔Point〕
①　境界確定訴訟の性質
②　中間確認の訴えと境界確定訴訟
③　「先決関係となる法律関係」の意義

1　定　義

　中間確認の訴えとは，訴訟の係属中に，請求の当否の判断の前提問題となっている法律関係（先決関係）の存否について，その訴訟手続内で確認判決を求める訴えをいう（145条）。先決関係に立つ事項については，終局判決の理由中で判断されても既判力を生じないので，審判の対象（訴訟物）として追加することにより，これについても既判力が生じることを認めたものであり，別訴による不経済や裁判の不統一を回避することに利点がある。
　この訴えは，原告および被告の双方が提起することができ，原告が提起する場合は，訴えの追加的変更，被告が提起する場合は，反訴の性質を有する。
　具体的には，所有権侵害を理由とする損害賠償請求訴訟における所有権の存

否確認の訴えや，利息請求訴訟における元本債権の存否確認の訴えなどである。

2 要　件

確認の対象は法律関係に限られる。法律関係は現在のものであることを必要とし，過去の法律関係の存否確認は認められない。

中間確認の訴えは，当事者間に本訴が係属し，事実審の口頭弁論が終結する直前まで許されるので，本訴が控訴審に係属中でも可能である。

確認請求が本訴と同種の手続で審判されること（136条），他の裁判所の専属管轄に属さないこと（145条1項ただし書）も要件である。

3 手　続

中間確認の訴えは，本訴と併合して行うのが原則であり，本訴と共に一個の全部判決がされるのが原則である。その審判については，訴えの追加的変更のあった場合に準じる。

なお，本訴の取下げがあった場合，中間確認の訴えは相手方の同意なしに取下げることができる。

Step up

境界確定訴訟の法的性質をめぐる学説は，次のように分かれている。

❶　確認訴訟説　　隣接する土地所有者間に理念として存在する境界を確認する訴訟であるとする見解，土地所有権の客観的限界を確認する訴訟であるとする見解，係争地域に対する土地所有権の確認を求める訴訟であるとする見解などで，境界確定訴訟は確認訴訟であるとする。

❷　形成訴訟説　　境界確定訴訟においては，係争土地の境界を定める基準となる法規または形成要件を欠き，法律的主張としての請求がないので，境界確定訴訟の性質は形式的には非訟事件であるが，民事訴訟として取り扱う以上は，裁判所が当事者の主張に拘束されることなく，土地の事実上の境界線を画することになる形成訴訟であるとする（通説）。

❸　複合訴訟説　　境界確定訴訟は，裁判所が境界線を非訟的に確定すると同時に相隣者の土地所有権の範囲を確定する特殊な性質を有する訴訟であり，境界線の非訟的形成請求を先決関係とし，所有権の範囲確認請求を順位的に併

合する複合訴訟であるとする。

Practice

次の問の正誤を答えなさい。

問 以下の記述のうち，判例に照らして正しいものを1つ選びなさい。

1. 原告は，第1回口頭弁論期日において，貸金返還請求から建物の明渡請求に訴えを変更したところ，被告がそれに異議を述べなかった場合，このような訴えの変更は適法である。　　　　　　　　　　　　　（　　　　）

2. 原告の貸金返還請求の訴えに対して，この請求と関係ない建物明渡請求の反訴を被告が提起した場合，裁判所は，反訴について弁論を分離して審理を続けなければならない。　　　　　　　　　　　　　　　（　　　　）

3. 所有権にもとづく土地の明渡訴訟において，原告が提起した境界の確定を求める中間確認の訴えは適法である。　　　　　　　　（　　　　）

4. 主債務者に対する債務履行請求訴訟と保証人に対する保証債務履行請求訴訟の弁論が併合された場合に，主債務者の訴訟でされた証拠調べの結果は保証人の訴訟における証拠資料とはならない。　　　　　（　　　　）

5. 原告が土地の明渡請求をするとともに，土地の売買契約が無効とされる場合を慮って売買代金の返還請求を予備的にしたところ，予備的請求の請求原因を被告が自白した場合には，弁論を分離することができる。（　　　　）

No. 15　反　訴

〈CASE 15〉　Xは，所有する一戸建住宅をYに賃貸した。賃貸借契約締結後，8年経過したある日，XがYを訪ねたところ，住宅の様相が一変していた。驚いたXは，Yに事情を尋ねたところ，長い間に傷みが目立つようになったので，Xの利益にもなるはずと増改築を繰り返したということである。

Xは，原型を止めないほどになっていることから，このまま賃貸借契約を継続すると厄介なことが起こると思い，契約更新時の6カ月前に賃貸借契約の解除を申し入れた。その1年後になってもYは，引っ越しをすることもなく住み続け，Xの再三にわたる家屋明渡の要請にも耳を貸すことがなく，却って，この建物は私が建てたものだから文句を言われる筋合いはないというばかりであった。

困り果てたXは，Yが住むA市の裁判所に，家屋明渡請求の訴えを提起した。これに対して，Yは，家屋の修繕を目的とした増改築等についてはXも知っていたはずなのに，訴訟まで起こされ，近隣の住民からも訝しがられるなどして精神的苦痛を味わわされたとして損害賠償を求める反訴を提起した。

このような反訴は認められるか。

《参照判例》　最判昭和41年11月10日民集20巻9号173頁，判タ200号92頁，判時467号41頁

《判例評釈》　守井静雄「併合要件を欠く反訴の取扱」別冊ジュリスト36号102頁，福永有利「併合要件を欠く反訴に対する裁判」ジュリスト増刊昭和41年重要判解87頁，新堂幸司「併合要件を欠く反訴は，終局判決をもって却下すべきである」法協84巻10号146頁

《参考文献》　川嶋四郎「給付訴訟の反訴が提起されている場合の債務不存在確認訴訟の『訴えの利益』法学セミナー608号128頁

〔Point〕
　① 反訴の要件
　② 併合要件を欠く反訴の取扱い
　③ 本訴と反訴の典型例

No.15 反　訴

1　定　義

　反訴とは，原告の提起した本訴の係属中に，その訴訟手続を利用して，被告が原告を相手方として提起する訴えをいう（146条）。原告には，請求の併合や訴えの変更が認められていることに対応して，被告にも提起された訴訟手続を利用することを可能にするのが公平であり，関連した請求を同一手続で審判することにより，審判の重複や判断の不統一を避けることができるという考慮にもとづいて認められている。

　反訴には，請求の併合と同様に，単純反訴と本訴の却下または請求棄却を解除条件として審判を申し立てる予備的反訴がある。また，反訴に対する再反訴も可能である。

2　要　件

反訴を提起するには，次の要件が必要である。

① 　反訴請求が本訴請求またはこれに対する防御方法と関連するものであること（146条1項本文），
② 　本訴が係属しており，事実審の口頭弁論終結前であること（146条1項本文），
③ 　反訴請求が，専属管轄の規定に反しないこと（146条1項ただし書），
④ 　反訴請求が本訴請求と同種の訴訟手続で審判される請求であること（訴えの客観的併合の要件（136条）），
⑤ 　反訴が禁止される場合でないこと（351条・367条2項・369条）
⑥ 　反訴の請求により，著しく訴訟手続を遅滞させないこと，

以上の要件を欠く反訴は，不適法として終局判決により却下すべきであるとする見解（最判昭和41年11月10日民集20巻9号1733頁）と，独立の訴えとしての要件を充足する場合には，反訴を本訴と分離して審理すべきであるとする見解がある。反訴の提起後に本訴が却下または取下げの場合も反訴は影響は受けず，その場合における反訴の取下げについては反訴被告の同意は必要ない（261条2項ただし書）。弁護士等に訴訟委任していた場合に，反訴を提起するには特別授権が必要である（55条2項1号）。

　また，控訴審において反訴を提起する場合には，反訴被告（本訴原告）の同意または応訴が必要とされるが，異議を述べないで反訴請求について答弁した

第2章 訴訟手続

場合には同意したものとみなされる（300条1項2項）。この場合，人事訴訟事件の反訴（人訴）については適用がない。

3　手　続

反訴の手続は，本訴に準じて（146条2項，ただし271条），反訴であることを明示して行われる。また，反訴の審判は，本訴と併合して行われる。

Practice

次の問の正誤を答えなさい。

問1　反訴に関する次の記述中，誤っているものはどれか。
1. 反訴は，原告の請求が認容されることを条件として予備的に提起することができる。　　　　　　　　　　　　　　　　　　　　　　（　　　）
2. 被告から反訴が提起されたときは，原告の訴訟代理人は，特別の委任がなくても，これに応訴することができる。　　　　　　　　　　（　　　）
3. 本訴の審理の終結間際に反訴が提起されたときは，裁判所は，訴訟を遅延させることを理由に，それを却下することができる。　　　　　（　　　）
4. 簡易裁判所に事件が係属している場合において，被告が反訴をもって地方裁判所の管轄に属する訴えを提起したときは，裁判所は，職権で本訴及び反訴を共に管轄地方裁判所に移送する決定をしなければならない。　（　　　）
5. 控訴審においては，反訴は，相手方の同意がなければ，提起することができない。　　　　　　　　　　　　　　　　　　　　　　　（　　　）

問2　反訴に関する次の記述中，誤っているものはどれか。
1. 反訴の目的たる請求は，本訴の目的たる請求またはこれに対する被告の防禦方法と関連するものでなければならない。　　　　　　　　　（　　　）
2. 反訴が提起された後に，原告が本訴を取り下げると，反訴の訴訟係属も消滅する。　　　　　　　　　　　　　　　　　　　　　　　　（　　　）
3. 控訴審で反訴を提起するには，相手方の同意が必要である。（　　　）
4. 反訴に対し，更に反訴を提起することもできる。　　　　　（　　　）
5. 本訴請求と反訴請求とは同一の訴訟手続で審理されるが，裁判所は，口頭弁論の分離や一部判決をすることもできる。　　　　　　　　　（　　　）

No. 16 計画審理

1 定　義

　複雑な事件，専門的な知見を要する事件のように審理の遅れが目立つ事件を対象に，一般方針として，事件審理の充実かつ適正化・迅速化の実現のため，裁判所が当事者双方との協議の結果を踏まえて，審理の終期を見通した訴訟手続を計画的に実施することを義務づけることとしたものである（147条の2）。審理の遅れを想定して，とくに審理計画を定める場合とその方法，審理計画において必ず定めるべき事項，特定の事項に関する攻撃防御方法の提出期間などについて，手続進行計画上必要な事項を定めることができることを定めている（147条の3）。

2　位置づけ——具体的な場合

　計画審理は，争点および証拠の整理手続と連動して，現代型訴訟の迅速解決実現に寄与するものであり，典型的な事件としては，公害訴訟のような大規模な事件，争点が複雑で整理しにくい医療事故事件，争点の多い建築関係事件をモデルケースとしながら，今後は，事件の内容に応じて計画審理が積極的に採用されることになろう。

　計画審理の採用にあたっては，つぎの諸点に留意しなければならない。

(1)　裁判所および当事者は，訴訟手続を計画的に進行させることに努めなければならない。

(2)　裁判所は，争点が多岐にわたる複雑な事件について，その適性かつ迅速な審理を実現するために必要があると認められる場合には，当事者双方と協議をし，その結果を踏まえて審理の計画を定めなければならない。この審理計画には，①争点および証拠の整理を行うべき期間，②証人および当事者本人尋問を行うべき期間，③口頭弁論の終結および判決の言渡しの予定時期を定めなければならない。

(3)　審理計画の実効性を確保するために，攻撃防御方法の提出時期およびその却下について，①審理計画を定めた場合には，攻撃防御方法を提出すべき時期を定めることができ，②定められた期間の経過後に攻撃防御方法が提出され

第2章 訴訟手続

た場合には，そのことにより審理計画に従った訴訟手続の進行に著しい支障を生ずるおそれがあることなど一定の要件のもとに却下できる，とする規定を設けている。

Step up

●第一審平均審理期間（月）

つぎに掲げるデータは，過去10年間における民事事件第1審の年度別平均審理期間である。旧民事訴訟法のもとでは，五月雨(さみだれ)式審理が続いたこともあって審理期間が長期にわたる傾向があったが，現行民事訴訟法では，その点を徹底的に排除する工夫が凝らされたことから，訴訟全般にわたって，審理期間は短縮され世界的にもトップレベルに達している。

今後は，計画審理の制度を活用することにより，ますます複雑で専門的な紛争においても迅速な審理が実現されることになるものと思われる。

	平成11	平成12	平成13	平成14	平成15	平成16	平成17	平成18	平成19
地裁通常訴訟	9.2	8.8	8.5	8.3	8.2	8.3	8.4	7.8	6.8
医事関係訴訟	34.5	35.6	32.6	30.9	27.7	27.3	26.9	25.1	23.6
知財関係訴訟	23.1	21.6	18.3	16.8	15.6	13.8	14.1	12.1	13.8
労働関係訴訟	14.5	13.6	13.5	12.0	11.8	11.0	11.9	12.5	12.4
簡裁通常訴訟	2.2	2.1	2.0	2.0	2.0	2.0	2.1	2.1	2.2
簡裁少額訴訟	1.6	1.6	1.6	1.6	1.6	1.6	1.6	1.6	1.6

（最高裁判所：裁判所データブック2008）

No. 17　口頭弁論およびその準備

〈**CASE 16**〉　A所有の不動産について，X（会社）が二番抵当権者，Yが三番抵当権者であったが，XとYの抵当権の順位の変更が登記された。Xは，この変更登記に異を唱え，Yを相手方として，その抹消登記手続を求めて訴えを提起した。この訴訟で，Yは抗弁として，XとYによる抵当権の順位変更の合意を主張し，証拠として「抵当権順位変更契約証書」を提出した。これに対して，Xは，「抵当権順位変更契約証書」のX作成名義の部分を否認したため，Yは，X代表者「B」の署名について筆跡鑑定の申出をした。筆跡が重要な争点になっている場合に，裁判所は，この筆跡鑑定の申出を採用することなく判断することは許されるか。

《**参照判例**》　最判平成8年2月22日，判夕903号108頁，判時1559号46頁
《**判例評釈**》　加藤新太郎「立証を促す釈明についての釈明義務」NBL614号56頁，同「裁判所の釈明義務」別冊ジュリスト169号126頁，菅原郁夫「控訴審が重要な書証の成立について第一審の判断を覆す場合における裁判所の釈明義務」ジュリスト臨増平成8年重要判解121頁，杉山正己・判夕臨増平成8年主要判解250頁
《**参考文献**》　松本博之・注釈民事訴訟(3)152頁

〔**Point**〕
　①　口頭弁論と準備書面
　②　準備書面の記載事項
　③　準備書面の記載内容と釈明の必要性

1　審理の方式

口頭弁論の手続には，審理の方式に関する種々の建前が定立され，手続の具体的な経過に反映されている。

(1)　公開主義

訴訟の審理および裁判を一般公衆が傍聴できることを保障する建前である（憲82条）。民事訴訟では，公開の口頭弁論に基づいて判決を受けるものとすることが，裁判を受ける権利（憲32条）の重要な要素とされている。もっとも，

公序良俗に反するおそれのある場合には，口頭弁論を公開しないことも許されている（民訴91条・92条）。具体的場合としては，人事訴訟，特許権侵害訴訟などである。

(2) **双方審尋主義**

双方審尋主義は，当事者双方が訴訟審理の場において，それぞれの主張をする機会が平等に与えられる建前をいい，当事者対等の原則あるいは武器対等の原則とも称し，公平な裁判実現のための基本原則である。具体的には，必要的口頭弁論において，つねに同一期日に呼出しがあり，当事者双方はそれぞれの立場で主張しあうことが保障されている（対審，憲82条）。これに対し，督促手続では，一方審尋主義を採用している（386条1項）。

(3) **口頭審理主義**

口頭審理主義は，書面審理主義に対し，弁論および証拠調べを口頭で行うものとする建前で直接審理主義や弁論主義とともに，民事訴訟をより迅速により適正に処理する手段とされている。必要的口頭弁論にあっては，この口頭主義を原則としている。口頭主義の欠点とされる不確実性や保存・再確認の困難性を補充する観点から，書面の作成または利用を義務づける書面主義を例外的に採用している（215条）。

(4) **直接審理主義**

直接審理主義とは，当事者の弁論および証拠の取調べを受訴裁判所が自ら行うものとする建前をいう。すなわち，判決裁判所が当事者の陳述および証拠を直接認識する審理方式である。

(5) **集中審理主義**

裁判所が受理した事件について，集中的に審理し判決まで終えた後に次の事件の審理に着手するものとする建前で，訴訟関係の整理と簡明化を条件（訴訟の能率化）して採用されている。

この集中審理主義の手続理念は，適時提出主義，争点および証拠の整理手続ならびに集中証拠調べが有機的に結合するシステムが導入されたことにより，証拠結合主義との関係を維持できるものとなっている。

2 準備書面
(1) 定　義
　口頭弁論の前に，弁論の内容を相手方に予告する書面で，攻撃防御方法および相手方の攻撃防御方法に対する応答内容を記載したものである。とくに，被告（被上訴人）の本案の申立を記載した準備書面を答弁書という（158条・319条，民訴規80条・201条）。

(2) 準備書面の交換
　準備書面は，期日前に裁判所に提出され，相手方に送達される。口頭弁論は，この準備書面の交換によって準備しなければならない（161条1項）。

(3) 準備書面の提出・不提出の効果
　準備書面の提出により，最初の期日に欠席した場合に，その記載内容を陳述したものとして取り扱われる（158条・170条5項）。あらかじめ提出された準備書面に記載された事実でなければ，相手方が在廷しないときは，その口頭弁論において主張することができない（161条3項）。また，準備書面で予告されていない証拠の申請がなされても，その期日に証拠調べをすることは許されない。

3 口頭弁論の実施
(1) 口頭弁論
　受訴裁判所が定めた期日に，当事者双方が対立した形でその審理のために，口頭で本案の申立および攻撃防御方法の提出その他の陳述をすることである（87条）。広義には，当事者双方の上記訴訟行為と結合してなされる裁判所の訴訟指揮，証拠調べおよび判決の言渡し，書記官の調書作成等の行為を含めた，審理の方式ないし手続を意味する。裁判のために口頭弁論手続によることが法律上要請される場合が必要的口頭弁論であり，裁判所の裁量で口頭弁論を開く場合が任意的口頭弁論である。判決手続は前者であって口頭弁論に顕出されたものだけが訴訟資料になる。決定手続（民事保全手続等）は後者である。口頭弁論は，裁判長の訴訟指揮により，公平・円滑に能率的に進められる。当事者双方が出席して開かれるのが原則であるが，当事者の一方が適法な呼出しを受けて出席の機会を与えられたにもかかわらず欠席した場合には，自ら権利を放棄したものとして，出席者のみで弁論をすることができる。当事者は，事前に準備書面等の書面の提出をしていても，定められた口頭弁論期日に出席して口

頭でその記載事実等を主張する必要がある。ただし，地方裁判所では最初になすべき期日に限り（158条），簡易裁判所ではいつでも（277条），欠席した一方当事者が提出した訴状・準備書面等についてはこれを陳述したものと擬制して，手続を進行させることができる。書証等については，当事者が口頭弁論期日に出頭して原本を提出しなければならない。

(2) 口頭弁論の期日

期日とは，裁判所，当事者その他の訴訟関係人が会合して，訴訟に関する行為をするために定められた時間をいい，その目的が口頭弁論であるときが口頭弁論期日である。裁判長が期日の指定（139条）をし，主宰する（148条）。口頭弁論は，法廷での事件の呼上げによって開始される（民訴規62条）。裁判所が争点および証拠の整理のために必要があるとしたときに開かれるのが準備的口頭弁論期日（164条）である。それは口頭弁論期日に変わりはないが，その終了後に新たな攻撃防御方法を提出する当事者は，相手方が求めるときは，その終了前に提出できなかった理由を説明する義務がある（167条）。

(3) 口頭弁論の態様

(a) 必要的口頭弁論

裁判をするにあたり口頭弁論で審理することを要し，口頭弁論に現れたものだけが裁判の資料として斟酌されなければならない場合の口頭弁論をいう。訴えまたは上訴による訴訟手続は判決をもって完結すべきものであり（243条），その審理は必要的口頭弁論による（87条1項本文）。すなわち，判決手続は必要的口頭弁論であるが，特別の定めがある場合には口頭弁論を開かずに判決ができる。たとえば，担保不提供の場合の訴え却下判決（78条）および不適法で瑕疵の補正が不可能な場合の訴え却下判決（140条）または控訴却下判決（290条）等である。ただし，これらの例外的場合であっても，判決の言渡しは必要的口頭弁論であり，言渡期日において所定の方式により言い渡さなければならない（憲82条1項）。

(b) 任意的口頭弁論

裁判所の裁量で開かれる口頭弁論をいう。決定で完結すべき事件については裁判所が口頭弁論を開くか否かを決め（87条1項ただし書），口頭弁論を開かない場合には当事者を審尋することができる（87条2項）。なお，任意的口頭弁論の場合にはいったん口頭弁論を開いた後でも書面審理に切り替えることがで

きる（大決昭和11年6月12日民集15巻12号1039頁）。任意的口頭弁論は，書面審理の補充として利用されるものであるから，書面陳述の併用が許され，手続中に裁判官の交替があっても弁論更新は必要がない。また，双方欠席の場合でも民訴法263条の規定の適用はない。

(4) **弁論の併合・分離**

弁論の併合とは，官署としての同一裁判所に係属している数個の訴訟を，審理の重複を回避し，判決の統一をはかるために，同一の手続に併合して審判することとする訴訟指揮上の措置をいう（152条1項）。弁論の併合によって，訴えの客観的併合ないし主観的併合を生ずる。数個の訴訟は，同種の訴訟手続で審判されるものでなければならないが，例外として法律が特に併合を許容している場合がある（人訴17条，行訴16条・19条・20条・38条）。併合される訴訟は，主観的または客観的に何らかの関連性がなければならない。類似必要的共同訴訟の場合には，法律が弁論の併合を義務づけている（会社837条）。

弁論の分離とは，1個の訴訟手続で請求が2個以上存する併合訴訟において，そのまま審理することが審理を複雑にし，遅延させると認められるとき，訴訟の段階いかんを問わず口頭弁論を分離し，そのうちの特定の請求を別個の訴訟として審判する訴訟指揮上の措置をいう（152条）。主観的・客観的併合要件（38条・136条，人訴17条）を欠いているときは，必ず弁論を分離しなければならない。請求が予備的に併合されたとき，必要的共同訴訟や離婚請求の本訴と反訴のように，分離が併合の性質上許されない場合がある。弁論が分離されると，分離された請求は別個独立の訴訟手続で審理し判決されることになる。

(5) **弁論の終結・再開**

弁論の終結は，その審級（たとえば第1審）における口頭弁論を終了させる旨の裁判所の訴訟指揮上の裁判（決定）をいい，裁判長が口頭弁論期日において言い渡す方法によって当事者に告知する（148条）。この措置によりその審級での審理を終えることになるから，本案判決をするための資料は，弁論が再開（153条）されない限り，それまでの口頭弁論に提出された訴訟資料に限られることになる。したがって，この弁論終結の措置は審理の結果，訴え（または上訴）が不適法であること，または適法であれば原告の請求（または上訴人の不服の主張）の当否について，判断をすることが可能な状態に達したとき，つまり判決をするのに熟したと裁判所が判断したときに，職権でなされるものであ

る（243条）。「訴訟が裁判をするのに熟したとき」の一般的基準については，審理の対象となるべき事実の範囲の問題と審理の対象とされた事実に関して収集すべき判断材料の範囲の問題を総合して定める必要がある。

　弁論の再開とは，終局判決前に，弁論終結の宣言を取り消し，弁論を再開続行する措置をいう（153条）。弁論の再開は，いったんは終局判決ができる状態にまで審理が尽くされたとして弁論が終結されたが，なお主張立証が十分でないと判断される場合に，裁判所の訴訟指揮の裁判により命じられる。この措置は裁判所の専権事項で，当事者に申立権はない。したがって，当事者からの再開申立ては裁判所の職権発動を促すものにすぎない。弁論の再開により訴訟手続は口頭弁論終結前の状態に戻るから，当事者は原則として新たな攻撃防御方法を提出できるようになる。

(6) 口頭弁論の一体性

　口頭弁論は，当事者間に事実の争いがあるときは争点の整理がされ，証拠調べが必要な範囲でなされた結果，訴訟が裁判をするに熟したときに終結されるのが原則（243条1項。例外は，244条）である。この口頭弁論が，一期日で終了しないときは，次回期日の指定がされて続行されるが，従前の弁論は繰り返す必要はなく，次の弁論が積み重ねられる。この口頭弁論の終結までに実施された全体が一体のものとして判決の基礎となるが，これを口頭弁論の一体性という。どの口頭弁論期日でも，法的な裁判資料としては同一の価値があるが，当事者は，口頭弁論の終結までの適時に攻撃防御方法を提出しなければならない（156条）。

Practice

　次の各問の正誤を答えなさい。

問1　売買代金請求訴訟において，被告は，売買契約が錯誤により無効である，かりにそうでないとしても時効で消滅している，そうでないとしても弁済で消滅した，そうでないとすれば反対債権で相殺する，と主張した。以下の記述のうち，裁判所の審理のあり方として，適当なものを1つ選びなさい。

1.　被告主張どおりの順序，すなわち錯誤無効から審理する。　　（　　　）
2.　実体法の論理構造どおり，まず，契約が有効に成立したかどうか，すなわち錯誤無効から審理する。　　　　　　　　　　　　　　　（　　　）

3. 審理の簡単そうな時効消滅から審理する。　　　　（　　　）
4. 反対債権の存在が明らかである場合には，相殺から審理する。（　　　）
5. 被告に最も有利な弁済から審理する。　　　　　　（　　　）

問2 以下のうち，訴訟の一部につき判決をなすに熟しても一部判決が許されないとされている場合を1つ選びなさい。

1. 裁判所が弁論の併合を命じた同一当事者間の数個の請求のうち，いずれかの請求を棄却する場合　　　　　　　　　　　　　　　（　　　）
2. 明渡請求の対象となっている土地の特定の一部について請求を認容する場合
　　　　　　　　　　　　　　　　　　　　　　　　（　　　）
3. 請求が予備的に併合されている訴訟において，主位的請求を棄却する場合
　　　　　　　　　　　　　　　　　　　　　　　　（　　　）
4. 同一事故の複数の被害者が共同して提起した損害賠償請求訴訟で，一部の当事者に関する請求を棄却する場合　　　　　　　　　　（　　　）
5. 本訴と，本訴と関連性はないが原告の同意を得て提起された反訴のうち，いずれか一方を棄却する場合　　　　　　　　　　　　　（　　　）

第2章 訴訟手続

No. 18　争点および証拠の整理手続

〈CASE 17〉　Xは，Yに対して，土地付家屋（一戸建て）を売却した際の未払代金の支払いを求めて訴えを提起した。これに対し，Yは，Xの主張を認めながらも，売買の目的物である家屋の引渡前の修繕についてのXの保証および敷地面積の不足を理由に，本訴請求の失当を主張するとともに，反訴で敷地についての不足面積の時価評価額相当分の代金（Xの求める未払代金額）の支払いを求めた。この第1審において，Xの請求が認容され，Yの反訴請求は棄却されたため，Yは控訴した。控訴審では，Yが，新たに土地付家屋買受の意思表示について錯誤にもとづく無効を主張したのに対し，Xは口頭弁論期日に出頭せず，答弁書その他の準備書面も提出しないまま，弁論は終結した。このような場合，裁判所の処置として，どのようなことが考えられるか。

《参照判例》　最判昭和43年3月28日民集22巻3号707頁，判タ221号127頁，判時515号57頁
《判例評釈》　霜島甲一「擬制自白の成否」別冊ジュリスト36号124頁，賀集唱「錯誤または詐欺による取消の主張について擬制自白の成立が認められなかった事例」民商59巻5号139頁
〔Point〕
① Yの控訴審における新たな主張の意義
② 口頭弁論における当事者の不出頭の取扱い
③ Xの控訴審における態度についての評価
④ 擬制自白の成立しない場合

1　口頭弁論の準備

適正で迅速な民事裁判を実現するために，早期に争点を明確にし，その上で，その争点に焦点を当てた効率的な証拠の整理（とくに証人尋問）などができる手続として用意されたものである。したがって，準備書面手続（161条），当事者が主張立証に必要な情報を相手方当事者から直接入手することを目的とした

当事者照会手続（163条）と連携しながら，争点および証拠の整理の必要がある事件については，原則として，準備的口頭弁論（164条〜167条），弁論準備手続（168条〜174条），書面による準備手続（175条〜178条）という3種類の手続を選択して，争点および証拠の整理を行い，争点を明確にしなければならない。

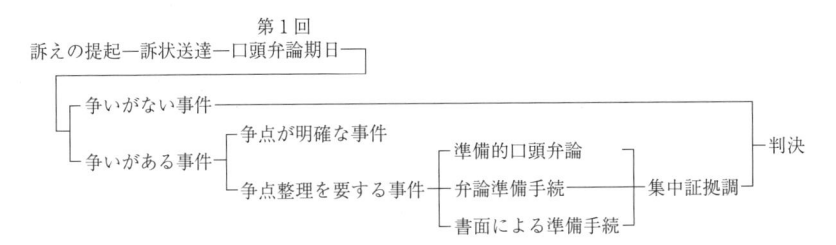

```
                      第1回
訴えの提起―訴状送達―口頭弁論期日
             ├─争いがない事件──────────────────────────┐
             │                ┌─争点が明確な事件─────────────┐         │
             └─争いがある事件─┤                ┌─準備的口頭弁論─┐      │
                              └─争点整理を要する事件─├─弁論準備手続─┤─集中証拠調─┤─判決
                                                      └─書面による準備手続─┘
```

2　口頭弁論の準備の態様

口頭弁論の準備は，口頭弁論のうち，争点および証拠の整理を目的とした口頭弁論をいう。争点を早期に明確にし，これに焦点を当てた効率的かつ集中的な証人尋問等の証拠調べを行う（182条参照）ため，準備的口頭弁論（164条〜167条），弁論準備手続（168条〜174条）および書面による準備手続（175条〜178条）の3種類の争点および証拠の整理手続を定め，事件の内容・性質や当事者の居住地等に応じてこれら手続を選択できることとした。

(1)　準備的口頭弁論

準備的口頭弁論は，受訴裁判所が，争点等の整理のため必要があり，かつ，この手続が相当と認める場合に，準備的口頭弁論を開始する旨の決定により開始される。しかし，その本質は口頭弁論であるから，原則として公開の法廷で行い，争点等の整理のため必要がある限り口頭弁論に関する一般の法規がすべて適用される。また，裁判所は，釈明権の行使（149条），釈明処分（151条）等を行って，当事者の主張が十分にかみ合うように整理し，争いがある点についての証拠の申出（証拠調べ）をさせるなどの整理が完了した段階で，準備的口頭弁論を終了する旨の決定をし，これにより終了する。ただし，その際に，必要があり，かつ，可能である場合には，その後の証拠調べによって証明すべき事実を当事者との間で確認し，相当と認めるときは，当事者の一方または双方に準備的口頭弁論における争点等の整理の結果を要約した書面を提出させることができる（165条）。そのほか，準備的口頭弁論においては，和解の試み（89

条), 口頭による訴えの取下げ (261条) をすることができる。準備的口頭弁論終了後にその整理結果に反する攻撃防御方法を提出することは, 原則として時機に後れた攻撃防御方法の提出 (157条) にあたるので, 却下されることがある。この意味で, その終了後に攻撃防御方法を提出した当事者は, 相手方の求めがあるときは, その終了前にこれを提出することができなかった理由を説明しなければならない (167条)。

(2) **弁論準備手続**

弁論準備手続とは, 一般公開を要しない期日に法廷外の準備室などで, 争点および証拠の整理を行う審理方式をいい, 争点等の整理手続の一種である。弁論準備手続は, 争点等の整理の必要性とこの手続によることの相当性とが認められるときに, 裁判所が当事者の意見を聴いて, 事件を弁論準備手続に付する旨の決定をすることにより開始される (168条)。手続の主宰者は, 原則として, 受訴裁判所である (168条。受命裁判官について171条1項)。弁論準備手続期日は, 現状ではラウンドテーブル法廷のほか, 法廷外の準備室や和解室などで開かれ, 当事者双方に立会いの機会が与えられている。弁論準備手続と, 一般公開は要求されていないが, 特定の者の傍聴を許すことができるほか, 手続を行うのに支障がないかぎり, 当事者から申出のあった者について, その者の傍聴を許さなければならない (169条2項)。弁論準備手続については, 口頭弁論の規定が準用されており (170条5項, 民訴規88条), さらにこの手続でも, 証拠申出に関する裁判など一定の裁判や文書の証拠調べをすることもできる (170条2項。ただし, 受命裁判官の場合を除く)。なお, 当事者の一方が出頭すれば, 一定の要件のもとに電話会議システム利用の方法によりこの手続を行うこともできる (170条3項)。裁判所は, 弁論準備手続終結に当たってその後の口頭弁論期日での証拠調べによって証明すべき事実 (争点) を当事者双方に確認しなければならない (170条5項・165条1項。要約書面の提出については, 165条2項)。弁論への上程等については, 当事者は口頭弁論において弁論準備手続の結果を陳述しなければならない (173条, 民訴規89条)。当事者は, 口頭弁論で新たな攻撃防御方法を提出したときには, 相手方の要求により, 弁論準備手続終結までに提出できなかった理由を説明しなければならない (174条・167条)。

(3) **書面による準備手続**

当事者双方が, 裁判所に出頭することなく書面の提出・交換などにより争点

等を整理する手続をいう。当事者が裁判所から遠隔地に居住しているとき，裁判所への出頭を要求すると時間等の関係で期日の調整が困難となり，訴訟遅延を招く危険がある。そこで，かかる弊害を回避し早期の争点整理を可能にするための制度として導入された。

この手続は，高等裁判所以外では裁判長が行い，必要に応じて電話会議システムなどを利用することができ（176条），結果の要約書面の提出（176条），証明すべき事実の確認（177条），攻撃防御方法の制限（178条）など，準備的口頭弁論と同様の規定がおかれている。

Practice

次の問の正誤を答えなさい。

問 当事者が弁論に欠席した場合（出頭しても弁論せずに退席した場合を含む）に関する以下の記述のうち，正しいものを1つ選びなさい。

1. 最初の期日において一方当事者が欠席した場合の陳述擬制（民事訴訟法158条）は，第1審についてのみ適用され，控訴審では準用（または適用）されない。（　　　　　）

2. 続行期日で一方当事者が欠席した場合，裁判所は，相当と認めるときは，職権で終局判決をすることができる。（　　　　　）

3. 当事者双方が期日に欠席しても判決言渡しはできるが，証拠調べをすることはできない。（　　　　　）

4. 口頭弁論期日で当事者双方が欠席し，1カ月内に期日指定の申立てをしないときは，第1審では訴えの取下げと，また控訴審では控訴の取下げとみなされる。（　　　　　）

5. 準備的口頭弁論は争点整理を目的とするから，争点整理完了までは期日において当事者双方が欠席しても裁判所は準備的口頭弁論を終了することはできず，必ず職権で新たな準備的口頭弁論期日を指定しなければならない。（　　　　　）

争点および証拠の整理手続の比較

	準備的口頭弁論	弁論準備手続	書面による準備手続
手続を行う場所	法廷	ラウンドテーブル法廷，準備室，和解室，裁判官室など	
傍聴	自由にできる（公開が原則）	裁判所の許可を得た者はできる。また，当事者が申し出た者	
手続の主宰者	受訴裁判所	受訴裁判所または受命裁判官	裁判長または受命裁判官
手続として可能な行為	争点および証拠の整理に必要なあらゆる行為	準備書面の提出，証拠の申出に関する裁判，口頭弁論の期日外においてすることができる裁判，文書の証拠調べなどの限定的な行為	争点および証拠の整理に関する事項，口頭弁論の準備のために必要な事項についての協議
電話会議の方法の手続実施	できる	できない	できる

第3章

裁判と訴訟の終了

第3章　裁判と訴訟の終了

No. 19　処分権主義・弁論主義

1　処分権主義

「処分権主義」とは，訴訟の開始やその審判範囲の特定，ならびに訴訟の終了について，当事者に決定権を委ねる原則をいう。広義の弁論主義ともいう。民事訴訟の審判対象は，私人間の紛争であることから，私法上の原則である私的自治の原則（国家の介入をできる限り回避し，個々人の自由意思を尊重する考え方）を反映させたものである。

〈CASE 18〉　Xは，土地登記簿上の所有名義人Yに，Y名義の本件土地につき，土地所有権確認・移転登記手続を求めた。Xらの主張した請求原因は次のとおりである。本件土地はAの所有であったが，Xの父Bがこれを買い受け，所有権を取得した。その後，Bが死亡し，Bの子であるXが単独相続した。

これに対しYは，本件土地がもとAの所有であったことは認めたが，Yの父BがAからこれを買い受けたものではなく，Yの父CがAから直接買い受け，YはCを相続したのであり，Xの主張はなりたたないと主張した。

裁判所は，証拠調べの結果にもとづき，Xの父Bが本件土地をAから買い受けた後，Cに贈与し，Cの死亡により，Yが相続したものであるとの判断を下すことができるか。

《参考判例》　最判昭和55年2月7日民集34巻2号123頁
《判例評釈》　坂原正夫・民事訴訟法判例百選〈第3版〉114頁，小林秀之・ジュリスト743号143頁，上村明広・民事訴訟法判例百選〈第2版〉162頁，藤原弘道・民事訴訟法判例百選(1)〈新法対応補正版〉192頁，福永有利・民商法雑誌85巻3号499頁

〔Point〕
① 所有権確認訴訟における主要事実
② 当事者が主張していない事実を認定することの可否
③ 訴訟関係を明瞭にするための裁判所の行為

裁判所が裁判するにあたっては，その前提として，事件に関する「訴訟資

料」を集めなくてはならない。訴訟資料とは事件に関する「事実」と「証拠」である。判決の基礎をなす事実の確定に必要な訴訟資料の収集を，当事者の権限と責任においてする建前を「弁論主義」という。このように，弁論主義は，請求の当否に関わる事実のレベルの問題であるのに対して，処分権主義は，何についての審判を求めるのかという請求レベルの問題である点で，両者は次元を異にする。

　処分権主義は「訴えなければ裁判なし（不告不理の原則）」との法諺によって表現されるように，訴訟は当事者の申立て（訴えの提起）により開始され（133条），裁判所はその申立ての範囲内で，当事者が求めた内容の裁判を行うことができるにすぎない（246条）ことを意味する。上訴の手続も再審の手続も同様のことがあてはまる。

　① 原告が申し立てた訴訟物と異なる訴訟物について判決することはできない。例えば，原告が売買契約につき民法541条による解除したことを主張し，被告に対し，右解除にもとづく本条の原状回復義務の履行を求めた場合に，解除が認められなかったときは，たとい合意解除の事実が認められても，原告がこれを否認し，合意解除にもとづく不当利得の返還請求をしなかった以上，前

《出題例・現司試平成18/②》
　株式会社Xは，Yとの間で中古の機械を代金300万円で売り渡す旨の契約（以下「本件売買契約」という。）を締結し，当該機械をYに引き渡したが，Yが代金の支払をしないと主張して，Yに対し，本件売買契約に基づき代金300万円の支払を求める訴えを提起した。
　この事例に関する次の各場合について答えよ。
1　Yは，第1回口頭弁論期日において，
　(1)「Xとの間で本件売買契約を締結したことは認めるが，契約締結後に当該機械の性能では購入の目的を達成することができないことが判明したから，本件売買契約は錯誤により無効である。」と主張した。ところが，第2回口頭弁論期日において，Yは，
　(2)「Xと本件売買契約を締結したのはYではなく，Yが代表取締役をしている株式会社Zである。」と主張した。
　　Yの(1)及び(2)の各主張の訴訟上の意味を明らかにした上で，(2)の主張の訴訟法上の問題点について論ぜよ。
2　Yが，第1回口頭弁論期日において，「Xと本件売買契約を締結したのはYではなく，Yが代表取締役をしている株式会社Zである。」と主張したため，Xは，Yに対する訴えを取り下げた。その上で，Xは，改めてZを被告として同様の訴えを提起したところ，Yは，Zの代表取締役として，「Xと本件売買契約を締結したのはYであり，Zではない。」と主張した。
　　裁判所は，Zの主張をどのように取り扱うべきか。

渡代金の返還を命じることはできない（最判昭和32年12月24日民集11巻14号2322頁）。また，約束手形の共同振出を原因として手形金の請求をしている場合に，手形保証を理由として請求を認容したときは，当事者の申し立てない事項について判決したことになる（最判昭和35年4月12日民集14巻5号825頁）。さらに，民法770条1項4号の離婚原因（強度の精神病）を主張して離婚の訴えを提起したとしても，反対の事情のない限り，同条項5号の離婚原因（その他婚姻を継続し難い重大な事由）も主張されているものと解することは許されない（最判昭和36年4月25日民集15巻4号891頁）。

　②　裁判所は，原告が申し立てていない種類の権利保護形式の判決をすることは許されない。例えば，給付の訴えに対して確認判決をしたり，確認の訴えに対して給付判決したりすることは許されない。ただし，給付請求が否定される場合，請求棄却の確認判決になる。

　③　原告が求める権利保護の範囲を超えて裁判してはいけない。ただし，訴訟物は判決主文で認容できる限度を定めているのであり，審理の対象には何らの制限を加えるものではない。例えば不法行為を原因とする100万円の一部請求訴訟において120万円の損害額を認容することはできるが，120万円の支払いを命ずることは許されない。

　(2)　訴訟手続の終了について，当事者の意思が反映される。当事者は，訴えの取下げ（上訴の取下げも同様），請求の放棄・認諾，および訴訟上の和解により，訴訟の終結を導くことができる（*No. 24* 参照）。

2　弁論主義

(1)　弁論主義の態様

　弁論主義は，通常，3つのテーゼに要約される。

　①　裁判所は，当事者の主張しない事実にもとづいて裁判してはいけない。判決の前提とされる事実（訴訟資料）の範囲は当事者の訴訟活動によって決定されるため，訴訟においては，実体法の定める法律要件に該当する事実の有無が審理を通じて確定され，その確定された事実にもとづいて権利関係の存否が判決により宣言される。そのため，この判決の基礎とされる法律要件に該当する事実は，当事者が口頭弁論において陳述されたものに限られる。これを「主張責任」という。権利の発生・変更・消滅という効果をもたらすために必要な

法律要件に該当する事実のことを「主要事実」（または「直接事実」）といい，主要事実を推認するのに役立つ「間接事実」（徴表）や証拠の信用性に関する「補助事実」と区別される。主張責任の原則は主要事実についてのみ適用される。

例えば，金銭消費貸借にもとづく返還請求訴訟を考えてみよう。被告が，原告の請求を争わずに「請求の認諾」をする場合や原告の主張を争わずに「沈黙」してしまう場合（擬制自白が認められる場合）をのぞき，原告は原則として，この請求権を発生させるために，被告との貸金返還約束があったことと，金銭の授受があったことの2つの主要事実を明らかにしなければならない（民法587条参照）。主要事実に該当する事実について，直接証拠をもって明らかにできれば問題ないが，できない場合，主要事実を推認する間接事実を積み上げていかなければならない。被告が金銭の授受を否認する場合，金銭の授受を目撃した第三者がいれば直接証拠になる。しかし，このような証拠がない場合には，例えば，被告が金銭を受け取ったとされた日以降，被告の金回りがよくなったとか，被告が他の第三者に貸金を返還しているとの事実があれば，これが間接事実になり，主要事実の推認に役立つ。原告としては，これらの間接事実を証明するために，第3者を証人として申し出て，その取調べを求めたりすることになるが，このような間接事実を証明する証拠を間接証拠という。

原告の返還請求に対して被告が全く争わなければ，請求の認諾である。しかし，被告が，お金は借りたが既に返還したという場合（これを「抗弁」という），この弁済という事実が主要事実になる。

〈CASE 18〉は，いわゆる所有権訴訟であり，Xは，自己が所有権を取得するにいたった来歴事実，すなわちXの前主が誰であったかということと，前主からの所有権取得原因を主張・立証しなければならない。この2つが主要事実であり，裁判所は，この来歴事実の認定を当事者の主張から導かなければならない。Xは，A→B→Xの移転を主張し，Yは，A→C→Yを主張した。しか

《出題例・現司試昭55/②》
貸金返還請求訴訟における被告の次の陳述の訴訟法上の問題点について説明せよ。
1 「金銭を受け取ったことはあるが，贈与を受けたものである。」との陳述。
2 「金銭を受け取ったことはあるが，弁済した。」との陳述。
3 原告が書証として提出した借用証書について，「署名したことを認める。」との陳述。

し，裁判所は，当事者の主張しないA→B→C→Yの事実経過を認定したため，弁論主義違反が問われることになる。

② 裁判所は当事者の争いのない事実については，そのまま判決の資料にしなければならない。これが第2のテーゼ「自白の拘束力」である。**CASE** においては，元所有者がAであることについて自白が成立している。

③ 裁判所は，当事者間に争いのある事実について証拠によって認定する際には，当事者の申し立てた証拠にもとづかなければならない。第3のテーゼ「職権証拠調べの禁止」である（*No. 21* 参照）。真実発見について裁判所に役割があると考えられている人事訴訟では，職権探知主義が採用され（人訴20条），原則として弁論主義は適用されない。

(2) 弁論主義の根拠

なぜ弁論主義が民事訴訟において認められるかについては議論がある。

民事紛争は実体私法における私的自治の延長線上にあり，その解決については当事者の意思を尊重する自主的解決が望ましいとの民事訴訟の本質に弁論主義が根ざしている，という考えがある。これを「本質説」という。これに対して弁論主義は，真実発見のための便宜的手法として，当事者に訴訟資料の収集を認めたにすぎないとする「手段説」が対峙する。そのほか，弁論主義の根拠を一元的に捉えることなく，多元的にとらえる見解も唱えられている。

3 釈 明 権

請求の定立および訴訟資料の収集については，当事者の判断に委ねられている。しかし，当事者の法律知識の不足などさまざまな理由から，事案に即した適切な活動が期待できないこともありうる。このような場合に，裁判所ないし裁判官が傍観することが求められているわけではなく，訴訟指揮権の一内容として釈明権が与えられている。

(1) 釈 明 権

釈明とは，当事者の申立てや陳述など訴訟関係に不明瞭な場合があるときに，これを明瞭にするために，事実上および法律上の事項に関して，当事者に対して問いを発し，または立証を促すことをいう（149条1項）。これを裁判所の権能として「釈明権」ともいうが，それでは裁判所は，当事者が躓くのを腕組みをして見ていてもよいということになる。そこでこの釈明は，裁判所の権能で

あるとともに，（釈明）義務でもあると理解されている。したがって裁判所がしかるべき釈明権を行使しなかった場合には，法令違反として上告または上告受理申立理由（312条3項，318条1項）になる。しかし，この釈明権と釈明義務の範囲が一致するのか否かについて定説はない。どのような場合に上告理由になるかについても，時代の流れとともに判例の変遷がある。

裁判所が証拠調べをして得た結果と，両当事者の主張が異なっていた〈CASE 18〉では，釈明がなされてしかるべきであった。

(2) 求問権

当事者も訴訟関係を明瞭にするため，裁判長に，相手方当事者に対する発問を求めることができる（同条3項）。これを当事者の「求問権」という。求問権は一方当事者が他方当事者に直接質問するものではなく，裁判長を通して行う制度であり，直接的な質問を望むのであれば「当事者照会」（163条）の制度を利用することになる。

Practice

次の各問に答えなさい。

問1 以下の記述のうち，処分権主義に抵触するものを1つ選びなさい。

1. 1,000万円の貸金返還請求権のうち100万円についてのみ支払いを求める訴えを提起する。　　　　　　　　　　　　　　　　（　　　　）
2. 300万円の残債務の支払いと引換えに抵当権設定登記の抹消登記を請求する訴訟が提起されたときに，裁判所は，200万円の残債務の支払いと引換えに抵当権設定登記の抹消登記を命ずる判決を下す。　　　　　　（　　　　）
3. 200万円の損害賠償請求訴訟において，裁判所が，被告の過失相殺の主張を認めて，被告に140万円の支払いを命ずる判決を下す。　　（　　　　）
4. 100万円の貸金返還債務のうち30万円を超えて債務が残存していないことの確認を求める債務不存在確認訴訟において，裁判所が，40万円を超えて債務は存在しない，との判決を下す。　　　　　　　　　　　（　　　　）
5. 借地契約の終了にもとづき建物収去土地明渡しを請求する訴訟において，被告が建物買取請求権を行使したので，裁判所は，被告に建物退去土地明渡しを命ずる判決を下す。　　　　　　　　　　　　　　（　　　　）

問2 以下の記述のうち，弁論主義との関係で裁判所の処理が誤っているものを1つ選びなさい。

第3章　裁判と訴訟の終了

1. 売買代金請求訴訟において，被告が弁済を主張し，原告がこれを争っていたところ，裁判所は，証人の証言から，被告が原告に渡した金銭は別口の請負代金債務の弁済のためであったと認定して，原告の請求を認容した。
（　　　　）

2. 建物所有権確認訴訟において，原告が建物の改修費を支出している事実をいずれの当事者も主張していなかった場合に，裁判所は，証拠資料からこの事実を認定して原告の請求を認容した。　　　　　　　　　　　　（　　　　）

3. 3カ月分の賃料の支払請求訴訟において，原告である賃貸人は，口頭弁論期日において訴え提起後に1カ月分は弁済された旨を陳述したが，被告はすべて期日に欠席であったためにその事実を陳述しなかったところ，裁判所は，その1カ月分の弁済の事実を認定して原告の請求を2カ月分についてのみ認容する判決をした。　　　　　　　　　　　　　　　　　　　　　　　（　　　　）

4. 土地所有権確認訴訟において，原告は，「当該土地はBがAから購入し，B死亡により相続で原告が承継した」と主張した。被告は，「当該土地はCがAから購入し，C死亡により相続で被告が承継した」と主張した。裁判所は，「当該土地は，BがAから購入し，死因贈与によりBからCに移転し，そしてC死亡により相続で被告が承継した」と認定して，原告の請求を棄却した。
（　　　　）

5. 原告A地区子ども会がB社を被告として提起した動産引渡請求訴訟において，当事者間では本案についてのみ争われたところ，裁判所は，原告には当事者能力がないと認定して訴えを却下した。　　　　　　　　　　　　　（　　　　）

No. 20　証　拠

1　証明を必要としない事実（不要証事実）

　民事訴訟では，法を適用することによって訴訟上の請求の当否を判断するが，その前提として，法律要件に該当する事実の存否を確定しなければならない。事実の存否について当事者間に争いがある場合には，裁判の基礎となる事実は証拠にもとづかなければならない。しかし，当事者間に争いのない「自白された事実」や「顕著な事実」については証明を要することなく，裁判の基礎にすることができる（不要証事実，179条）。前者は弁論主義の採用される訴訟事件においてのみ適用されるのに対して（人訴20条参照），後者はすべての訴訟事件において適用される。

　「顕著な事実」とは，裁判官が明確に知得しうる事実であり，証拠によらない認定が合理的判断として疑義を持たれない程度に客観的に明らかな事実をいう。これには，歴史上有名な事実や天災など，一般人が信じて疑わない程度に知れ渡っている「公知の事実」と裁判所が「職務上知りえた事実」がある。当事者は，顕著な事実とされた事実が真実に反するとの主張立証をすることは許される。

不要証事実 { 自白された事実　　　　　　　　　{ 公知の事実
　　　　　　 顕著な事実　　　　　　　　　　　 職務上知りえた事実

〈CASE 19〉　Xは，手形の振出人Yに対して約束手形金3万円と遅延利息の支払いを求め，当初次のように主張した。Xは，Yの懇請により，現金5万円を貸与し，その見返りとしてY振出の額面5万円の約束手形の交付を受けた。これに対してYは，本件約束手形の振出しは認めたが，YはXと闇共同事業である砂糖売買を行い，Yが，Xと同額の出資額5万円の出資を明らかにするために，Xに小切手を振り出し，後に約束手形に振り替えたものであるが，以下の理由により，支払義務はないと主張した。まず，砂糖の売買代金が売主から返還されていないので，Yには手形の支払い義

務はない。砂糖の売買は闇取引であり、Xは、不法原因給付にあたり、返還請求できない。仮に支払義務があったとしても、既に支払済みである、と。Xは、後日、前記5万円の小切手は、XY間の砂糖売買事業とは別の資金原因にもとづいて振り出されたと主張を訂正した。

　裁判所は、Yが振り出した5万円の小切手が砂糖売買の共同事業の出資金として振り出されたとのXの当初の主張の撤回を認めることができるか。

《**参考判例**》　最判昭和25年7月11日民集4巻7号316頁
《**判例評釈**》　大内義三・法学研究56巻12号80頁
〔Point〕
　①　**民事訴訟における自白の拘束力**
　②　**主要事実の自白と間接事実の自白の対比**
　③　**自白撤回の要件**

2　裁判上の自白

(1)　裁判上の自白の意義

　「裁判上の自白」とは、相手方の主張する自己に不利益な事実を認めて争わない旨の、口頭弁論（準備的口頭弁論を含む）においてなされる陳述をいう。弁論準備手続きにおける自白は、口頭弁論において上程することにより訴訟資料とされ（173条）、自白の効力を生ずる。

　自白の成立した事実について、裁判所はその証拠調べを必要とせず、そのまま裁判の基礎としなければならない（審判排除効・証拠不要効）。また、自白した当事者は、原則として、事後、自白の内容に反する主張が禁止される（不可撤回性）。

　当事者が相手方の主張する前に自己に不利益な事実を主張することを「先行自白」といい、相手方の援用により効力が生ずる。また、自白は、例えば、貸金返還請求において、被告が借りた金は弁済したと主張する場合にも、消費貸借契約の成立について自白が成立する。これを「制限付自白」という。

　これに対して、例えば、被告が金は受け取ったが借りたのではなく貰った、または別債権の弁済として受け取ったという場合、これは否認の一態様である「理由付否認」であり、金銭の受取部分について自白が成立する。

(2) 自白の成立要件

裁判上の自白は，相手方の主張する自己に不利益な事実について成立するが，この自己に不利益な事実とは相手方が立証責任を負う事実であり，その対象となる事実については，自白が弁論主義の発現であることから主要事実（実体法の定める要件に直接該当する事実）を意味するとするのが判例・通説である。したがって，自ら証明責任を負う事実を否定する陳述は，主張の一貫性を欠くためそれ自体失当であり，主張がなかったと考えることになる。また，間接事実や補助事実，および自己に不利な具体的な権利関係や法律効果の存否を認める陳述（権利自白）について自白は成立しない（☞ Step up）。

(3) 自白の撤回

自白された事実は，裁判所のみならず自白した当事者自らも拘束される。しかし，自白の撤回を一切認めないということになると，かえって不合理である。そこで，訴訟代理人の行った自白について，本人はただちに撤回することができるが（57条），その他の撤回については一定の要件のもとに許される。

撤回が認められる場合としては，①刑事上罰すべき他人の行為の介在により自白するにいたった場合，②自白が錯誤ないし真実に反してなされた場合（☞ Step up），さらに③自白の撤回について相手方の同意ある場合または異議を述べない場合（最判昭和34年9月17日民集13巻11号1372頁）である。①は再審事由（338条1項5号）でもあり，自白が真実に反してなされたか否かを問わず，当然に無効であると解されている。この場合，可罰行為について有罪判決を必要としない（最判昭和33年3月7日民集12巻3号469頁）。

(4) 擬制自白

相手方の主張する自分に不利益な事実について，それを明確に争わない場合には，自白したものとして扱われる（159条）。これを「擬制自白」という。第1回口頭弁論期日に被告が答弁書および準備書面を提出しないまま欠席した場合，裁判所は，被告が原告の主張する事実をすべて自白したものとみなして，口頭弁論を終結し，判決書の原本にもとづくことなく「調書判決」により請求認容判決を下すことができる。ただし，被告が，公示送達による呼出しを受けたものである場合，被告の自白は擬制されない（159条3項）。この場合，欠席者が，実際上，相手方の主張事実を知っていることは考えられないからである。

第3章　裁判と訴訟の終了

〈CASE 20〉　被告Yは，X銀行に対して額面1,700万円の約束手形を取り立てて，普通預金に入金することを依頼した。Xは，Yの便宜を図るために事務センターに照会したところ，「処理済み」との回答を得て，右手形が決済されたものと誤解し，1,700万円をYに払い戻した。ところが，右情報は誤りであり，同日午後2時右手形は不渡りになったことが判明した。そこでXは，同日午後4時，Yに対して右事実を告げて払戻金の返還請求をしたが，Yは，右金銭は訴外Aから取立てを依頼されたものであり，もはや自分の手元にはないとしてこれを拒絶した。そうこうするうちにAが倒産してしまったのでXは，Yに対して，不当利得を根拠に払戻金の返還を請求した。この場合，Yは，現存利益が存在しないということを理由に，払戻金の返還を免れることができるか。

《参考判例》　最判平成3年11月19日民集45巻8号1209頁
《判例評釈》　本田純一・平成3年度重判解77頁，富越和厚・ジュリスト995号104頁
〔Point〕
① 争いのある事実についての証明責任
② 不当利得返還請求訴訟における現存利益の不存在の主張と立証責任
③ 本件におけるYの善意・悪意の問題

3　自由心証主義

裁判所は判決を下すにあたって裁判所で行われた「弁論の全趣旨および証拠調べの結果を斟酌し」，自由な判断にもとづき具体的な事実認定を行う（247条）。弁論の全趣旨とは，証拠調べの結果以外，口頭弁論のみならず陳述の態度や攻撃防御方法の提出時期など，審理過程に現れた一切をいう。

(1) 証明度

裁判所が事実の存在または不存在を認定する際の基準を「証明度」というが，証明の基準は具体的事件からはなれ，抽象的に定められる。民事訴訟では，高度の蓋然性が求められ，裁判官は裁判に際して，80ないし90パーセントの確信を持つことができればよい。訴訟上の因果関係の立証に関して最高裁は，「一点の疑義も許されない自然科学的証明ではなく，経験則に照らして全証拠を総

合検討し，特定の事実が特定の結果発生を招来した関係を是認しうる高度の蓋然性を証明することであり，その判定は，通常人が疑を差し挟まない程度に真実性の確信を持ちうるものであることを必要とし，かつ，それで足りる」（最判昭和50年10月24日民集29巻9号1417頁）とした。これに対して，裁判所の事実認定の証明度は「優越的蓋然性」をもって足りるとする考えもある。

(2) 立証負担の軽減

現実の訴訟においては，証拠が散逸していたり，ことの性質上，その立証がきわめて困難なことがしばしばある。そこでこれを解消する手段として，理論的な提唱や立法による解決がはかられている。

① ドイツで，判例上確立された「表見証明」といわれるものがある。これは，主として不法行為における責任や因果関係の証明について，生活経験上，それ自体として一定の故意または過失との因果関係を示すような加害行為（これを「定型的事象経過」という）があれば，十分であるとする考えである。例えば，港内に停泊中の船舶に別の船舶が衝突した場合，経験則上，加害船舶側の注意義務違反により被害船舶側に衝突したと考えるのが通常であろう。被害船舶側が加害船舶側の過失を立証する必要はない。加害船舶側が責任を免れたければ，左記の経験則を覆すような具体的な主張・立証をしなければならない。

② また，不法行為訴訟においては，原告である被害者は，被告の故意過失，加害行為，損害の発生，および因果関係を明らかにしなければならず，この立証の困難性に突き当たることがしばしばある。そこで損害が発生したことは認められるが，損害の性質上その額を立証することが極めて困難であるとき裁判所は，口頭弁論の全趣旨および証拠調べの結果にもとづき，「相当な損害額を認定」することができるとした（248条）。本条は，性質上その額を立証することが極めて困難な類型の損害である慰謝料について，諸般の具体的事情を考慮して裁判所が妥当と考える金額を示せばよいとするものであり，損害額の認定における証明度の軽減を意味する。

4　証明責任

訴訟において法令適用の前提として必要な事実の存否が確定されないとき（真偽不明の状態），裁判所は，当事者のいずれかに不利益な法律判断をしなければならない。これを当事者が受けなければならない危険もしくは負担という

意味で,「証明（または立証）責任」という。いずれの当事者が，このような不利益を受けなければいけないかのルールを,「証明責任の分配」とよんでいる。

(1) 証明責任の分配基準（法律要件分類説）

当事者は，実体法規に定められた要件を基準に，自己に有利な法律効果の発生を定める法規の要件事実について証明責任を負う，とする考え方が通用している。この見解によれば，実体法規定はつぎの3つに分類される。

まず，①権利関係の発生を定める「権利根拠規定」がある。これには，例えば，民法555条（売買）・586条（交換）などがある。つぎに，②権利根拠規定に基づく効果の発生を当初から抑止する規範であり，これを「権利障害規定」とよぶ。例えば，民法94条（虚偽表示）・95条（錯誤）などがこれにあたる。そして，③発生した権利関係から消滅することを法律効果とする規定を「権利消滅規定」という。例えば，権利または法律関係の「消滅」を定める民法111条・126条・203条・547条・548条や，権利や義務の免除（「免れる」）を定める民法455条・492条・494条，法律効果の消滅を定める（「効力を失う」）民法552条・599条，法律関係の「終了」を規定する民法653条などがこれにあたる。

〈**CASE 20**〉は不当利得返還請求（民703条）訴訟であり，Xは，Yが利益を受けたこと（Xに損失を及ぼしたこと）およびYの受益について法律上の原因がないこと（権利根拠）を主張・立証しなければならない。その反面，Yは，利得した利益が存在しないこと（権利消滅）を主張・立証することにより，返還請求を免れることができる。

(2) 証明責任分配原則の修正

おおよそ以上のようなルールが訴訟上確立しているが，これを貫くと，場合によっては当事者間の公平を害し，不当な結論を導くことにもなる。そのため，法律は，一定の場合に，一般の証明責任の分配基準とは異なる基準を設定したり，また，ある一定の事実から別の事実や権利を推定する規定を設けたりしている。

① 実体法の一般規定にもとづく法律要件の分類を，特別法において，立法者が変更する場合を「証明責任の転換」という。例えば，自動車事故による損害賠償請求の一般規定は民法709条であり，これにもとづけば，損害を請求する原告が，被告の過失，加害行為，損害の発生，および加害行為と損害との間の因果関係を主張・立証しなければならないが，自賠法3条ただし書では，損害賠償請求の不存在を主張する被告が自己の無過失を立証しない限り，事故に

より生じた損害賠償の責任を負うと定める。

② つぎに，「法律上の推定」とよばれる，挙証者の立証負担を軽減する法技術がある。ある実体法規の要件として定められている事実Ａについて，他の法規（推定規定）において，別の事実Ｂが存在すればＡの存在を推定する，と定める場合である。例えば，占有の一定期間の継続事実Ａは取得時効の効果をもたらすが（民162条），民法186条2項は「前後両時点において占有をした証拠があるときは，占有は，その間継続したもの」（Ａ事実）と推定し，証明責任の軽減をはかっている。これを「法律上の事実推定」というが，他にも，民法619条（賃貸借の更新）・629条（雇用の更新）・772条（嫡出の推定）などの規定がこれに該当する。

③ そのほか，「占有者が占有物について行使する権利は，これを適法に有するものと推定する」（民188条）と定めるような，「法律上の権利推定」とよばれる規定もある。そのほか，民法229条（境界標等の共有の推定）や250条（共有持分の割合の推定）などもこれにあたる。

推定規定が適用されるとしても，相手方は，推定を覆す立証活動を行うことができる。「推定する」とあり，「みなす」と規定されていないのはこのためである。これは証明責任が相手方に転換されたことを意味する。

5 証明の意義

(1) 証明と疎明

「証明」とは，裁判官がある事実の存否について確信を抱いた状態をいう。経験則に照らして全証拠を総合的に検討し，通常人が合理的な疑いを容れない程度の心証をいい（最判昭和50年10月24日民集29巻9号1417頁），裁判官が一応確からしいとの心証を得た状態，またはそのような心証を得させるための当事者の立証活動をいう「疎明」と区別される。疎明は，原則として，疎明で足りる旨の条文が定めている場合に限られ（例えば，35条1項・44条1項・91条2項・198条），即時に取り調べることができる証拠によってしなければならない（188条）。

(2) 厳格な証明と自由な証明

「厳格な証明」とは，証拠調手続の規律に従った証明をいい，それ以外の証明を「自由な証明」とよんでいる。本案の問題に関する証明は厳格な証明にも

とづかなければならないが，職権調査事項や決定手続で審理される事項は，自由な証拠によると解されている。

(3) 本証，反証，間接反証

「本証」(Hauptbeweis) とは，証明責任を負う当事者の立証活動をいい，「反証」(Gegenbeweis) とはその不存在の事実を立証するための立証責任を負担しない相手方の活動いう。本証では，裁判官に確信を抱かせなければならないが，反証は相手方当事者が主張した事実の真実性について裁判官に疑いを抱かせるための行為であり，裁判官の心証を動揺させる真偽不明の状態をもたらせばよい。すなわち本証では裁判官に80％以上の心証を抱かせなければならないが，反証では本証による裁判官の心証度をそれ以下に下げればよいわけである。

これに対して，ある主要事実について証明責任を負う者がこれを推認させるのに十分な間接事実を一応証明した場合に，相手方が上記間接事実とは別個の，しかも両立しうる間接事実を立証することにより主要事実の推認を妨げる立証活動（主要事実の存在を真偽不明に追い込んで間接事実からの推認を動揺させる機能）を「間接反証」(indirekter Gegenbeweis) とよんでいる。例えば，認知請求訴訟において，B女の子Aが，父はC男であると主張し，その立証として，BがAを懐胎した当時，BとCとの間に性的交渉があったこと，AとCの血液型が一致することを明らかにしたとしよう。これに対して，Cが，BはAの懐胎当時，Cのほか複数の男性と性的交渉があり，それらの者の1人DがAと同一の血液型であることを明らかにした場合である。この場合，Cは，AはCの子ではないということを立証したわけではないが，裁判所は，AはCの子であると確信することもできず，Aらの請求を棄却せざるをえない（かつてこのような事例は多かったが，今日，DNA鑑定の発達により皆無と思われる）。

かつて間接反証の有用性を唱える見解も多かったが，今日では反証をもって説明しえるとして，不要論が有力である。

Step up

❶　自白の対象である自己に不利益な事実が何を意味するのかについては争いがある。敗訴可能説は，自己責任の原則から，自白される事実が裁判の基礎とされることにより訴訟に全部または一部敗訴する可能性がある事実を含むと解するが，何が有利で何が不利かが明らかではないといううらみがある。判例は，

相手方が立証責任を負う事実に限ると解している（立証責任説）。自らが証明責任を負う事実を否定する陳述は，主張の一貫性を欠くものとしてそれ自体主張の不存在であると考えるのである。

❷　間接事実の自白の成立を否定するのが通説であるが，間接事実は主要事実に劣らず重要性があり，自白の拘束力を認めても，自白当事者は別の間接事実の主張立証により，主要事実の推認を妨げることができるとして，間接事実の自白を認める見解もある。しかし判例は，当事者が主要事実を争っている場合に，これを推認させる間接事実の自白の拘束力を認めれば，主要事実についての裁判官の自由心証を妨げる結果になるとして，裁判上の自白の対象は，主要事実に制限するとの立場に立つ（最判昭和41年9月22日民集20巻7号1392頁）。最近では，自白は，弁論主義だけではなく，自己責任や禁反言などとの関係で考えられている。間接事実の自白は，主要事実と異なり，必ずしも裁判所を拘束するものでないが，自由心証主義と衝突する場合に限り，裁判所に対する拘束力を修正し，当事者に対する拘束力を認める折衷説も主張されている。

❸　「汝事実を与えよ，我権利を与えん」との諺を引用し，権利自白は裁判所の判断を拘束しないとするのが通説である。しかし，民事訴訟では，処分権主義が支配し中間確認の訴えについて請求の放棄・認諾が認められること，また制限付自白や権利消滅抗弁は，権利の自白を前提にしていることを鑑みれば，権利自白を消極的に解する根拠はない。判例は，権利自白に積極的ではないが，当事者が法律的用語をもって陳述しても，それが単なる法律上の陳述であるのみならず，同時に具体的な事実関係の表現として事実上の陳述たる意義をも含むと解せられるときは，その範囲において自白が成立する（最判昭和37年2月13日判時292号18頁）と，権利自白を配慮する姿勢を示している。

❹　自白が錯誤ないし真実に反してなされたが，相手方の同意が得られない場合，自白の撤回は許されるか。ドイツ民事訴訟法290条は「撤回する当事者が，自白が真実に合致せずかつそれが錯誤にいでたることを証明するときに限り，裁判上の自白の効力に影響する。この場合，自白はその効力を失う」と定める。しかし，日本民事訴訟法は明文を欠く。通説・判例は，ドイツ法を参考にしながら，「当事者の自白した事実が真実に合致しないことの証明がある以上その自白は錯誤に出たものと認めることができる」（最判昭和25年7月11日民集4巻7号316頁）との立場に立つ。すなわちこれは，自白が錯誤にもとづくこ

との立証を，事実上，放棄していることになる。しかし，自白をした当事者に，反真実の証明を求めることは，証明責任の転換を来たすことになり，自白者に必要以上の負担を課すことになるから，自白者が，自白が錯誤によりなされたことを証明すれば撤回が可能であるとする説もある。しかし，自白した内容が錯誤にもとづいて行われたことを証明する方がより困難である場合もあろう。

❺　手形金請求では，裏書によって被裏書人が手形上の権利者と推定され（手77条1項1号・16条1項），自己が真実の権利者であることを証明しなくても，手形上の権利を行使することができる。しかし，〈**CASE 20**〉におけるXとYは，直接の当事者であることから，Yは原因関係の欠缺または瑕疵を理由に，Xへの支払いを拒むことができる。

❻　訴訟上の効果発生を目的とする訴訟上の契約が当事者間で結ばれることがある。これを「証拠契約」いうが，狭義には証拠方法の提出に関する合意（証拠制限契約）をいい，広義には判決の基礎となる事実の確定方法に関する当事者の合意（自白契約，証明責任の変更する合意，仲裁鑑定契約）をいう。証拠契約は，弁論主義から肯定され，裁判官の自由心証を害さない限り有効である。したがって，例えば，証拠制限契約に違反する証拠方法の申出は，証拠力に欠ける。

Practice

次の問に答えなさい。

問　以下の記述のうち，正しいものを選びなさい。争いのある場合には，判例に照らして回答すること。

1. 裁判外での自白は，裁判所を拘束することはできないが，自白者を拘束する。
（　　　）
2. 弁論準備手続において自白は何時でも撤回できる。　　　（　　　）
3. 相手方当事者の脅迫により自白した場合には，自白者は自白を撤回できるが，第三者の脅迫による場合には撤回できない。　　　（　　　）
4. 擬制自白が生じている状態をくつがえすことに対しても，手続上の制約がある。　　　（　　　）
5. 相手方の主張する以前に自己に不利益な陳述をすれば，当然に，自白の効力が発生する。　　　（　　　）

No.21　証拠調べ

1　証拠調べ

「証拠方法」（取調べの対象）から，「証拠資料」を引き出す手続を「証拠調べ」という。証明を要する事実については，証拠を用いて明らかにしなければならない。処分権主義および弁論主義を原則とする民事訴訟では，原則として，当事者間に争いのある事実を証拠によって認定する際には，必ず当事者の申し出た証拠によらなければならない（職権証拠調べの禁止）。

> 〈CASE 21〉　XはYに対して，XはYの子供であると主張して，認知を求める訴えを提起した。第12回口頭弁論期日において，Yは求めた鑑定結果を陳述した。しかし，鑑定結果は，Yが証言した内容と大きくかけ離れていた。そのためYは，第13回口頭弁論期日において右鑑定結果を援用しない旨の陳述をした。裁判所は，右の鑑定結果を証拠として事実認定することができるか。
>
> 《参考判例》　最判昭和58年5月26日判時1088号74頁
> 〔Point〕
> 　① 証拠調べの撤回の許否
> 　② 証拠契約の締結の許否

(1) 証拠の申出時期と方法

証拠調べは口頭弁論の終結にいたるまで，当事者は「証明すべき事実」を特定し（180条1項・2項），「証拠方法」を表示し（219条，民訴規106条・127条・134条・150条），かつ証明すべき事実と証拠方法との関係を明示して（民訴規99条），申し立てなければならない。ただし当事者が，費用の予納をしない場合には，裁判所は証拠調べを行わないことができる（民訴費12条2項）。

当事者は，証拠調べに入る前，自由に証拠調べを取り消すことができるが，取調べ終了後は申出を撤回することはできない（☞ Step up）。

(2) 職権証拠調べ禁止の例外

職権証拠調べ禁止の原則の例外として，裁判所は職権で，①管轄に関する事

153

項の証拠調べ（14条），②官庁もしくは公署，外国の官庁もしくは公署または学校，商工会議所，取引所その他の団体に対する必要な調査嘱託（186条），③当事者尋問（207条1項前文），④官庁もしくは公署，外国の官庁もしくは公署または相当の設備を有する法人に鑑定を嘱託すること（218条1項前文），⑥検証の際の鑑定（233条），⑦訴訟係属中の証拠保全（237条），および⑧公文書の成立の真否の照会（228条3項）を行うことができる。

(3) 証拠の採否の決定

　裁判所は，証拠申出が適式であっても，証拠調べが必要でないと認めるときは，取り調べる必要はない（181条1項）。しかし，証明責任を負担する当事者が要証事実について申し出た唯一の証拠方法については，特段の事情がない限り取り調べなければならない（最判昭和53年3月23日判時885号118頁）（☞ Step up）。

　証拠採否の決定は訴訟指揮上の裁判であり，唯一の証拠でない限り裁判官の裁量に委ねられる。したがって裁判所は，いつでも証拠の採否の決定を取消し，変更することができるが（120条），当事者は，証拠の採否に関する裁判に対して不服申立てすることはできない（最判昭和12年3月10日民集54巻3号1073頁）。証拠調べは通常，証人尋問，当事者尋問，鑑定（以上，「人証」という），書証，検証（以上，「物証」という）の5つの証拠方法から証拠資料が取得される。

(4) 証拠調べの実施

　証拠調べ期日は，口頭弁論期日（書証に関する限り弁論準備手続期日を含む）と法律上明確に分離されていない。したがって，訴訟手続の進行中，必要に応じて証拠調べをすることができる。これを「証拠結合主義」という。証拠調べ期日には，当事者を呼び出さなければならないが（94条参照），証拠調べは，当事者が期日に出頭しない場合においてもすることができる（183条）。裁判所は，適法に提出されたすべての証拠につき当事者の援用の有無にかかわらず，当事者双方のため共通して，その価値判断をしなければならない（証拠共通の原則。最判昭和28年5月14日民集7巻5号565頁）。しかし，裁判所外での証拠調べを行なった場合には，その結果を当事者が口頭弁論において援用しなければならない（直接主義の要請。最判昭和35年2月9日民集14巻1号84頁）。すなわち，当事者が援用しない証拠調べの結果は訴訟資料にならない。

2 証拠の意義
(1) 証拠方法，証拠資料，証拠原因
「証拠方法」とは，取調べの対象となる有形物をいい，「証拠資料」とは，証拠方法の取調べから感得される証言，鑑定意見，供述，文書の内容，検証結果などの資料をいう。「証拠原因」とは，証拠資料の中で裁判官の心証形成の基礎となった資料をいう。

(2) 証拠能力，証拠力（証明力・証拠価値）

「証拠能力」とは，証拠資料を事実認定のために利用できる資格をいう。これに対して，証拠資料が心証形成に与える影響力（事実認定に役立つ程度）を「証拠力（証明力・証拠価値）」いう。民事訴訟法には，証拠能力を制限する規定はない。

		証拠方法	証拠調べ	証拠資料
人証		証人	証人尋問	証言内容
		当事者本人	当事者尋問	供述内容
		鑑定人	鑑定	鑑定意見
物証		文書	書証	記載内容
		検証物	検証	検証結果

① 人が自ら見聞した事実ではなく，第三者が見聞した事実について第三者の認識を陳述する証言を「伝聞証拠」というが，当該事実を争う当事者は，それを直接見聞した第三者に対する反対尋問を行うことはできないという不利益が生ずるため，証拠能力として消極的な見解（証拠力否定説）が多い。しかし判例は，民訴法202条1項が証人尋問につき一種の交互尋問制をとっていることを理由に，いわゆる伝聞証言の証拠能力が当然制限されると解すべきではなく，当該証言の採否は，裁判官の自由な心証による判断に任されている（最判昭和27年12月5日民集6巻11号1117頁）と考えている。

② 違法に収集された証拠調べを当事者が申し出た場合に，裁判所はその証拠能力を認めて，取調べをすることができるか，という問題がある。訴訟の公正さの担保と違法行為の否定から，証拠力を否定する見解もある。判例は，一般的に証拠能力を肯定するものが多い（執筆者の同意なしに提出された日記につ

《出題例・現司試昭41/②》
貸金返還請求の訴訟で，左記の場合にどんな判決をすべきか。
1 証拠調べの結果，貸金債権の成立がはっきりしない場合。
2 被告主張の弁済の事実について，被告が証拠を提出しない場合。

いて大判昭和18年7月2日民集22巻574頁，無断録音テープについて東京高判昭和52年7月15日判時867号60頁，盛岡地判昭和59年8月10日判タ532号253頁）。しかし，最近の裁判例の中には，夫が妻の不倫相手を被告として提起した損害賠償請求訴訟において，夫が陳述書の原稿ないし手元控えとして作成したノートが，妻によって持ち出され，被告から書証として証拠申出がされた場合，書証として提出することに強い反社会性があり，信義誠実の原則（2条）に反するとして，証拠申出が却下されたものがある（東京地判平成10年5月29日判タ1004号260頁）。

〈CASE 22〉 加害者A（当時8歳）とB（8歳）の両名が，いずれも手製の弓を携えて，被上告人X（当時6歳）他3名の児童らと屋外において「戦争ごっこ」または「インディアンごっこ」という遊戯をしていた。右6名は二派に分かれて，A，Bの両名が所携の弓矢をもって，その余の者を追いかけることとし，X他1名はAに追われてごみ箱のかげに身を寄せていたところ，Aがそのほぼ4メートル手前からXに向かって弓に矢をつがえて放ち，そのうちの1本の矢が誤ってXの左目に当たり，これによってXの左眼は失明するに至り，損害賠償請求の訴えを提起した。事故の1年9ヵ月後に，BとCの両児童が，証人として加害者を特定する証言をした。

児童を証人として呼出し，証言内容を証拠資料として用いることができるか。

《参考判例》 最判昭和43年2月9日判時510号38頁
《判例評釈》 賀集唱・続民事訴訟法判例百選162頁，内田武吉・ジュリスト百選〈第2版〉206頁

〔Point〕
① 証人となる資格（証拠能力）の制限
② 児童の証言を証拠として採用することの可否

3 証人尋問（人証1）

証人尋問とは，自己が過去に知得した事実を裁判所で報告することを命じられた第三者に対する，当事者および裁判所による口頭での質疑応答をいう。す

なわち,「証人」とは,訴訟外において感得(経験)した事実を供述する第三者を意味する。

(1) 証人能力

民事訴訟法には,証人の年齢・知能・精神異常などを理由として証人能力を制限する規定はなく,何人も証人になる資格がある。当事者が訴訟能力を欠く場合には,法定代理人が当事者尋問の対象になる(211条本文)。証人は,証人として質問を理解し,これに応答することのできる能力(事理弁識能力または証言能力)が求められることは当然である。

(2) 証人義務

証人になる義務は公法上の義務であり(190条),何人も証人になることを拒むことはできない。公務員または公務員であった者を証人として職務上の秘密について尋問する場合には,裁判所は,所定機関の承認を得なければならない(191条1項)。なお一定の事由がある場合には,証人に,証言拒絶権が認められている(196条・197条)。

証人が正当な理由なく出頭しないときは,裁判所は,決定で,これによって生じた訴訟費用の負担を命じ,かつ,民事罰として,10万円以下の過料に処すことができる(192条1項)。さらに証人が正当な理由なく出頭しないときは,10万円以下の罰金または拘留に処すことができる(193条1項)。また,裁判所は,正当な理由なく出頭しない証人の勾引を命ずることもできる(194条)。

(3) 尋問手続き

証人尋問は,当事者の申出にもとづき行われる。申出人は,証人尋問の申出とともに,尋問事項書2通(裁判所用,証人用)を提出しなければならない(民訴規107条1項)。相手方へは,尋問事項書を直送する(民訴規107条3項)。証人が16歳未満の者である場合や,知能が低いなどの理由で宣誓の趣旨を理解することができない者を証人として尋問する場合を除いて,証人には宣誓をさせなければならない(201条1項・2項)。また,証言拒絶権者が拒絶権を行使しない場合に尋問する場合や,証人がこれらの者と著しい利害関係のある事項について尋問を受けるときは,宣誓を拒むことができる(201条3項・4項)。同一審級において同一証人を尋問する場合においても,尋問事項を異にするときは,再び宣誓をしなければならない(最判昭和29年2月11日8巻2号429頁)。

証人尋問は,口頭で行いその尋問を申し出た当事者(主尋問),相手方(反対

尋問），申出人（再主尋問），裁判長（補充尋問）の順番で行われる（「交互尋問の原則」，民訴規113条1項，民訴202条1項）。ただし裁判長は，適当と認めるときは，当事者の意見を聞いて，尋問の順序を変更することができる（202条2項）。質問はできる限り個別的かつ具体的に行わなければならず，①証人を侮辱しまたは困惑させる質問のほか，正当な理由がない場合には，②誘導質問（刑訴規199条の3第3項参照），③重複質問，④争点に関係ない質問，⑤意見の陳述を求める質問，⑥証人が直接経験しなかった事実の陳述を求める質問は許されない（民訴規115条2項）。また，証人は，書類にもとづいて（メモなどを見ながら）陳述することは原則として許されない（203条本文）。遠隔地に居住する証人の尋問をする場合には，テレビ会議の方法によることが許される（204条）。

4　当事者尋問（人証2）
(1)　当事者尋問の意義

「当事者尋問」とは，当事者本人を証拠方法として，過去において経験した事実を報告させる証拠調べである。「本人尋問」ともいう。当事者の供述内容は証拠資料になるが，自白は成立しない。

当事者は事件の直接の関係者であり，事実関係を一番よく知っている反面，もっとも利害関係の強い関係者である。したがって，当事者の供述には，自己の利益に絡んで客観性に欠けるとの指摘から，証人尋問を行う際には，当事者尋問は証人尋問の後に行うという建前をとっている（207条2項本文）。これを「当事者尋問の補充性」という（なお，旧法における当事者尋問の補充性は，証人尋問によって心証を得られないときにはじめて補充的に当事者尋問を行うという意味であった）。ところが，事件の全体像を解明するには，裁判所が，事実関係に熟知する当事者からまず供述を得たほうが，争点の整理などには有益であることもある。そこで民訴法207条2項ただし書では，裁判所が「適当と認めるときは，当事者の意見を聴いて，まず当事者本人の尋問をすることができる」とした。

(2)　証人尋問および鑑定との相違

証人尋問，鑑定，および当事者尋問は，いずれも人を証拠方法とする点で共通するため「人証」とよばれるが，つぎの点で異なる扱いをする。

まず，当事者の宣誓については任意的なものとし（207条1項），当事者が出頭を拒みまたは宣誓もしくは陳述を拒絶しても，証人尋問や鑑定のような過料や罰金，勾引（鑑定にはない）の制裁はなく，尋問事項に関する相手方の主張を真実と認めることができるにすぎない（208条）。ただし，虚偽の陳述をした場合には，過料に処することができる（209条）。

また，証人尋問は申出にもとづき行われるのに対して，当事者尋問は申立てまたは職権で行われ，さらに隔離尋問や書面尋問は，当事者尋問では採用されていない。

	証人尋問			当事者尋問	鑑定	
手続の開始	申立て（180条）			申立てまたは職権（207条）	申立て	
尋問の対象	第三者			当事者・法定代理人	鑑定人	
宣誓	必要（201条1項）			任意（207条1項）	必要（216条）	
証人および当事者本人の尋問を行う場合の順序	証人が先（207条2項本文，なお，ただし書参照）			当事者は後（207条2項本文，なお，ただし書参照）	—	
不出頭に対する扱い	過料（192・200条）	罰金もしくは拘留または併科（193・200条）	勾引（194条）	相手方の主張を真実とみなすことができる（208条）。	過料（216条・192条）	罰金もしくは拘留または併科（216条・193条）
宣誓拒絶の扱い						
証言拒絶の扱い						
隔離尋問	採用			不採用	—	
尋問に代わる書面	採用（205条）			不採用	採用（215条1項）	
虚偽の陳述に対する制裁	偽証罪（刑法169条）			過料（209条1項）	偽証罪（刑法169条）	

5　鑑定（人証3）

鑑定とは，裁判所の判断能力を補充するために，特別の学識経験者（鑑定人）に，その学識経験にもとづく経験法則その他の専門的知識や意見を報告させる証拠方法をいう。

(1)　鑑定人

鑑定人とは，鑑定に必要な特別の専門知識を有する者であり，そのような知識を備える者は，鑑定の義務を負う（212条1項）。ただし，①証言拒絶権者（196条）と同位置の地位にある者，②宣誓拒絶権者（201条4項）と同位置の地

位にある者，および③宣誓義務のない者（201条2項）は，鑑定人になることができない（212条2項）。鑑定人は，証人と同じように，出頭，宣誓，意見の陳述義務を負い，正当な理由がないときには，過料（216条・192条）や罰金もしくは拘留，またはそれらの併科（216条・193条）がなされるが，鑑定人には代替性があるため，勾引されることはない（216条・194条参照）。

なお，特別の学識経験により知ることができた事実を陳述する者を「鑑定証人」とよび，鑑定証人については，証人尋問に関する規定による（217条）。たとえば，交通事故に居合わせて被害者を診察した医師は，自己が経験した事実を報告するが，その際，特別の専門知識が求められる。鑑定人には代替性があるが，鑑定証人にはこれがないので，証人として扱われる。

(2) 鑑定手続

鑑定は，裁判所の知識や判断能力を補充するためのものであるから，職権により開始できるとする説もあるが，当事者の申出によるというのが通説である。従来，鑑定では，証人尋問の手続が準用されていたため（交互尋問），鑑定人が鑑定事項について十分に意見を述べることができなかったのみならず，鑑定人に対して敵対的質問がされることもあるという指摘があった。そこで新法では，交互尋問制によらない，つぎのような鑑定手続に改められた。

裁判所は，証拠調べの必要性を認めると，鑑定人を指定して（213条）呼び出し，人定質問ののち，鑑定人に宣誓をさせる（216条・201条）。その後，裁判長は，書面または口頭により鑑定意見を報告させ（215条1項・215条の2第1項），まず裁判長が質問し，鑑定の申出をした当事者，相手方当事者の順番で行う（215条の2第2項）。裁判長は，適当と認めるときは，当事者の意見を聴いて，順序を変更することができる（同第3項）。

鑑定人の意見は，裁判の行方を左右する重要なものであり，鑑定人に対して忌避の申立てをすることができる（214条）。なお，鑑定人が遠隔の地に居住しているときその他相当と認めるとき，同人の通常の職務を慮り，テレビ会議システムによる鑑定人の陳述を認めている（215条の3）。

(3) 私 鑑 定

当事者の一方または双方が任意に専門的知識経験を有する第三者への依頼による，専門的経験則の内容やこれを具体的な事実問題に適用して得られた事実判断の報告を「私鑑定」という。鑑定人は裁判所が選任するのに対して，私鑑

定は当事者が任意の専門家に直接鑑定を依頼するため，忌避権や尋問権が保障されない。かかる点において，両者には根本的な相違がある。

　私鑑定の証拠調手続については，私鑑定を当事者の事実の陳述として扱い，私鑑定人は，その行った事実判断について，鑑定証人として尋問を受けさせるとの見解もあるが，私鑑定を書証として扱い，私鑑定に対する疑問は，私鑑定人に対する証人尋問として扱う見解が有力である。

〈CASE 23〉　薬害訴訟において，ある薬剤の投与・服用とある疾患との因果関係について争われた。被告製薬会社は，原告患者らの主張する薬剤の服用およびそれと疾患との因果関係を争うため，原告主張の病状発生当時ないしはその後原告らの診療にあたった医療機関が作成した診療録の提出を求める文書提出命令の申立てをした。

　裁判所は，医師法24条が医師に対して診療録の作成を義務付けている趣旨の中には，診療に直接関連のない第三者が民事訴訟の立証活動に診療録を利用することは含まれないとした。また，製薬企業と患者との間の薬品公害に関する紛争は少なくとも現段階では全く偶発的であり，このような場面では証拠確保の利益は間接的利益にとどまるとして，申立てを却下した。医師には，文書の提出義務があるか。

《参考判例》　福岡高決昭和52年7月13日高民集30巻3号175頁
《判例評釈》　遠藤功・昭和52年度重判解144頁，春日偉知郎・ジュリスト百選〈第2版〉210頁，住吉博・判例タイムズ367号199頁
〔Point〕
①　文書提出義務の対象と診療録
②　文書所持者が文書提出を拒絶できる場合

6　書証（物証1）

　書証とは，文書を閲覧して，それに記載された意味内容を証拠資料として収集するための方法をいう。文書以外にも，図面，写真，録音テープ，ビデオテープその他情報を表すために作成されたものについても，書証に関する規定が準用される（231条）。

書証の申出は，①当事者による提出（219条前段），②文書提出命令（219条後段），または③文書の送付嘱託（226条）の申立てをすることによる。

(1) **文書の種類**

「文書」とは，人の思想内容が文字その他のこれに代わる可読的符号により記載されているものをいう。

① 文書は，公務員がその権限につき職務の執行として作成したか否かにより「公文書」と「私文書」に区分される。公文書は，その方式および趣旨により公務員が職務上作成したものと認めるべきとき，真正に成立したものと推定される（228条2項）のに対して，私文書は，本人またはその代理人の署名または押印があるとき，真正に成立したものと推定される（同条4項）。

② 処分証書と報告証書の区分がある。「処分証書」とは，判決書，遺言書，契約書，手形など，意思表示その他の法律行為を記載した文書をいい，「文書の形式的証拠力」（挙証者の主張する特定人の意思表明として作成されたこと）があれば，その「実質的証拠力」（真正に成立した文書が，その内容により係争事実の真否について，裁判官の心証形成に与える効果）が肯定され，その内容である意思表示の効力が認められる。「報告証書」とは，領収書，商業帳簿，調書，戸籍簿，日記，診断書など，作成者の経験した事実認識を記載した文書をいう。

③ 原本・正本・謄本・抄本の区分。「原本」はまさにオリジナルである。これに対して，「正本」および「謄本」は原本のすべての写しであるが，正本は原本に代わる効力を認められるのに対して，謄本は公証権限のある官吏が内容と一致する旨の付記することによってのみ，効力が認められる（認証謄本）。「抄本」は原本の一部の写しである。

(2) **当事者による提出**

文書を提出して書証の申出をするときは，当該申出をする時までに，その写し2通（当該文書を送付すべき相手方の数が2以上であるときは，その数に1を加えた通数）を提出するとともに，文書の記載から明らかな場合を除き，文書の標目，作成者および立証趣旨を明らかにした証拠説明書2通（当該書面を送付すべき相手方の数が2以上であるときは，その数に1を加えた通数）を提出しなければならない（規137条）。

(3) **文書提出命令**

文書提出命令とは，相手方または第三者の所持する文書を裁判所に提出させ，

証拠方法として利用する手続である。当事者は，文書の所持者にその提出を命ずることを申し立ててしなければならない（219条後段・223条）。

① 証人義務が国民の一般的義務であるように，文書の所持者は原則として文書の提出義務を負う。かつて民事訴訟法は，文書提出義務の対象となる文書を限定列挙してきたが（220条1-3号参照。「引用文書」，「引渡し請求権又は閲覧請求権ある文書」，および「利益文書・法律関係文書」），平成13年の改正により，公務文書にも一般義務化を規定したことから，現在では，文書の所持者は私文書・公文書を問わず提出義務があり，例外的に提出を免れることがあるにすぎない。文書提出義務の除外文書となるものは，つぎの5つである。

まず，①証言拒絶権の対象となる事項が記載された文書（220条4号イ），②公務秘密文書で，その提出により公共の利益を害するおそれのあるもの，または公務の遂行に著しい支障を生ずるおそれのあるもの（同号ロ），③一定の職業にある者が職務上知りえた事実で黙秘しなければならない事項や技術や職業の秘密に関する事項が記載された文書で黙秘が免除されていないもの（同号ハ），④専ら文書の所持者の利用に供するための文書，いわゆる「自己使用文書（国または地方公共団体が所持する文書にあっては，公務員が組織的に用いるものを除く。）」（同号ニ），および⑤刑事訴訟記録・少年保護事件記録（同号ホ）が除外文書にあたる。

② 文書提出命令の申立ては，文書を特定し（221条1項），220条所定の文書の提出義務の原因（221条1項5号）を明らかにしなければならない。提出義務が免除される文書（220条4号）にあたるか否かについては，関係者から意見を聴いて（223条3項・4項・5項），その提出義務の判断について必要があれば，文書の所持者にまず提出させたうえで決定することができる（いわゆる「イン・カメラ〔秘密審理〕手続」）（同条6項）。

文書提出命令の決定に対しては，即時抗告をすることができる（同条7項）。しかし，証拠調べの必要性を欠くとした文書提出命令申立却下の決定については，独立の不服申立ては許されない（最判平成12年3月10日民集54巻3号1073頁）。証拠調べの必要性の有無の判断は，訴訟指揮に関する裁判であり，裁判所の裁量に委ねられていると解されているからである。

文書提出命令の申立てについての決定に対して抗告の利益を有する者は，文書の提出を命じられた所持者および申立てを却下された申立人に限られ，その

```
文書提出命令の申立 → 証拠調べの必要性の有無 → 無(却下決定)：不服申立不可
                  有↓
                  文書提出義務の有無 → 無(却下決定)：即時抗告可(223条7項)
                  有↓即時抗告可(223条7項)
                       文 書 提 出 命 令
```

他の者は抗告の利益を有しない（最判平成12年12月14日民集54巻9号2743頁）。

③　当事者が文書提出命令に従わないとき（当事者の不提出），また，相手方の使用を妨げる目的で文書を滅失等させたとき（使用妨害），裁判所は，当該文書の記載に関する相手方の主張を真実と認めることができる（224条1項・2項）。

(4) 文書送付嘱託

書証の申出は，219条の規定にかかわらず，文書の所持者にその文書の送付を嘱託することを申し立ててすることができる（226条本文）。公的機関は文書送付嘱託に応じる公法上の協力義務があるが（もっとも，不動産登記簿や戸籍簿謄抄本のように，当事者が法令により文書の正本または謄本の交付を求めることができる場合には，この限りでない。同条ただし書），私人にはその義務はない。しかし，裁判所の嘱託に対する積極的な協力が期待できること，また，文書提出義務のない者に対しても行うことができるという長所がある。嘱託を申し立てた当事者は，送付された文書を改めて書証として提出する。なお，手形・小切手訴訟には適用されない。

(5) 陳述書

当事者等が認識した事件の全貌等を記載した書面を「陳述書」という。陳述書が提出されることにより，争点整理や証拠の開示の機能が認められ，また主尋問を補完するものとして，頻繁に利用されている。一般に，陳述書は書証として扱われる。

7　検証（物証2）

検証とは，裁判官が自らの五感作用によって，直接に，事物の性状・現象を検査し，その結果を証拠資料にする証拠調べをいう（232条）。文書であっても，記載内容でなく，その存在，紙質，筆跡等を調べるときは，検証である。

証人と同様，検証物の提示および検証受忍義務は一般的義務であり拒むこと

はできない（220条準用せず）。検証手続は，文書提出命令の規定が準用される（232条1項）。

8　調査嘱託

　裁判所は，申立てまたは職権により，事実または経験則に関して，一定の地域における特定の日時の天候等，手元にある資料にもとづいて容易に調査することができる事項について，必要な調査を官庁もしくは公署，外国の官庁もしくは公署または学校，商工会議所，取引所その他の団体に嘱託することができる（186条）。

　裁判所が口頭弁論により顕出して当事者に意見の機会を与えれば，当事者の援用を必要としない（最判昭和45年3月26日民集24巻3号165頁）。

9　証拠保全

　裁判所は，あらかじめ証拠調べをしておかなければその証拠を使用することが困難となる事情（改竄や廃棄のおそれ）があると認めるときに，申立てにもとづき，証拠調べをすることができる（234条）。証拠保全手続きは，訴えの提起前または提起の後，原則として，当事者が書面により申し立てることによる（234条，規則153条1項）。また，ひき逃げ事故など，加害者を特定できない段階においても保全の必要性がある場合があり，相手方を指定することができないときも，証拠保全の申立てをすることができる（236条）。例外として，裁判所は，必要があると認めるときは，訴訟の係属中，職権で，証拠保全の決定をすることができる（237条）。証拠保全の決定に対しては，不服を申し立てることはできない（238条）。

　訴え提起前における証拠保全の申立ては，尋問を受けるべき者もしくは文書を所持する者の居所または検証物の所在地を管轄する裁判所に行い（235条2項），訴え提起後における証拠保全の申立ては，その証拠を使用する審級の裁判所において行う（同条1項）。

Step up

　❶　〈CASE 23〉は，鑑定の結果が受訴裁判所の心証形成の資料に供された後の鑑定の申出の撤回である。このような場合，判例は，鑑定の申出の撤回は

許されないとした（最判昭和58年5月26日判タ504号90頁）。また，証人尋問の申出の撤回についても同様の判断をしている（最判昭和32年6月25日民集11巻6号1143頁）。多数説もこれを支持するが，その理由の主なものは，証拠調べによって裁判所の心証が形成されているから，その後の撤回は自由心証主義にそぐわないというものである。証拠調べ終了後でも，証拠の申出の撤回は，裁判上の自白の撤回と同じように，相手方の同意がある場合に認められるとする見解もある。民事訴訟では，弁論主義の支配することを考えれば，後説に従うべきである。訴訟資料の収集は，裁判所ではなく当事者の判断に委ねられるからである。しかし，〈CASE 23〉は，人事訴訟事件であり（人訴2条2号），裁判所は，当事者が主張しない事実をしん酌し，かつ，職権で証拠調べをすることができる（同20条）。職権探知主義が採用される手続では，証拠申出の撤回を認めること自体，大きな意味を持つとはいえない。

❷ 「唯一の証拠方法」について，多くの裁判例は，唯一の証拠方法ではない限り，証拠調べをしなくても違法ではないと判示する。しかし，唯一の証拠方法である場合でも，現行民事訴訟法が「当事者が申し出た証拠で必要でないと認めるものは，取調べることを要しない」と定めていることから，申し出た証拠が実質的にみて，取り調べないことにより，双方審尋主義の理念に反するかどうかで判断しているといえよう。

唯一の証拠方法で，証拠調べをしないことが違法といえないとした裁判例として，①当事者が費用の予納命令に従わないとき（最判昭和28年4月30日民集7巻4号457頁），②証拠の申出採用後，尋問事項記載の書面が提出されない場合（最判昭和36年11月10日民集15巻10号2474頁），③唯一の証拠方法である当事者本人について申出書を提出せず，本人が期日に出頭しない場合（最判昭和35年4月26日民集14巻6号1064頁），④唯一の証拠方法である当事者本人が適法な呼出を受けながら理由を届け出ることなく期日に出頭しない場合（最判昭和29年11月5日民集8巻11号2007号），⑤呼出状が転居先不明で不送達であるとき（最判昭和30年9月9日民集9巻10号1242頁），⑥証人尋問期日の指定をしても，実施が期待できない場合（最判昭和35年4月26日民集14巻6号1064），⑦理由なく当事者が期日を懈怠した場合（最判昭和39年4月3日民集18巻4号513頁），⑧証拠の申出が不適式であったり時機に後れたものである場合（最判昭和39年4月3日民集18巻4号513頁）などがある。

❸ 〈CASE 22〉は，最判昭和43年2月9日判時510号38頁をモデルとしている。同判決は，9歳および8歳の「児童といえどもある程度事理を弁別し，それを表現する能力を備えているものであるかぎり，証人となることができる」とした。民事訴訟法は，証人適格の制限規定を置かずに，証人として申請された者を証人として尋問できるかどうかを，もっぱら証言能力の問題に委ね，裁判所がケースごとに自由心証にもとづき判断するものとした。児童の証言の信憑性を判断するうえでは，「証言当時における記憶の程度，他人の暗示による影響の有無，記憶違い・意味の取り違え・認識力不足等による虚言混入の有無」（大阪地判昭和41年3月23日判時447号48頁）という3つの角度からの検討がなされるものと思われる。

❹ 「違法収集証拠」の証拠能力について証拠力を否定する見解もあるが，一般的にはこれを肯定しつつ，何らかの制限をおく見解が趨勢である。信義則を基本的枠組みとして，挙証者が裁判所と相手方との関係で信義則違反にならないかを検討する見解や，証拠収集行為が憲法上保護されている一般的人格権の侵害にあたるか否かを基準にする考えなどがある。抽象的レヴェルにおける議論には見解の相違がみられるものの，事案処理の具体的レヴェルでは判断結果に違いはみられない。

❺ 銀行の貸出稟議書（銀行において支店長等の決裁限度を超える規模，内容の融資案件について，本部の決裁を求めるために作成された文書。融資内容，収益の見込み，融資相手に対する評価，審査担当者の意見などが含まれている）が自己使用文書に該当するか否かについては争いがある。

立法者は，自己使用文書（220条4号ニ）の例として稟議書を挙げ，かつ自己使用文書は法律関係文書（220条3号）に当たらないとしていた。判例は，自己使用文書に該当するとはいえないとの事情があるか否かによって，判断を異にしている。最判平成12年12月14日民集54巻9号2709頁は，株主代表訴訟において稟議書が自己使用文書に該当するとすると判断した。これに対して，最判平成13年12月7日民集55巻7号1411頁は，破綻した法人に対する文書提出命令が問われた案件において，自己使用文書性を否定した。概して判例は，金融機関が営業活動を継続する可能性があるか否かにより，法人の意思形成過程を保護すべきか否かを判断基準にしているようである。

Practice

次の各問に答えなさい。

問1 証人尋問に関する以下の記述のうち，誤っているものを1つ選びなさい。
1. 証人能力は，年齢によっては制限されない。（　　）
2. 証人の宣誓義務は，証言内容の真実性を担保するためのものである。（　　）
3. 公務員が職務上の秘密について証人尋問をされる場合には，監督官庁の承認を得る必要がある。（　　）
4. 証人尋問に代えて，証言の内容を記載した書面を提出させることは，口頭主義の原則に反するので，地方裁判所では認められていない。（　　）
5. 裁判所外で証人尋問を実施することも認められている。（　　）

問2 以下の記述のうち，正しいものを1つ選びなさい。
1. 鑑定人は，誤った証言をしないように，あらかじめ準備した書面に基づいて証言しなければならない。（　　）
2. 公開の制限されている弁論準備手続の期日においても，争点整理の必要上，証拠調べが認められる場合はある。（　　）
3. 証拠保全に基づく証拠調べも，証拠調べである以上，相手方に立会いの機会を保障する必要があり，相手方を指定しえない段階での証拠保全申立ては認められない。（　　）
4. 当事者は訴訟の結果に大きな利害関係を有し，当事者尋問における陳述の信憑性は必ずしも高くないため，当事者尋問は，他の証拠調べから心証が形成できない場合にしか認められない。（　　）
5. 公務員の職務上の秘密に関する文書について文書提出命令の申立てがあった場合，当該監督官庁の判断権を尊重するため，裁判所は当該監督官庁の承認を得なければ文書提出命令を出せない。（　　）

問3 文書提出命令に関する以下の記述のうち，判例に照らして誤っているものを1つ選びなさい。
1. 銀行の貸出稟議書については，外部に開示することが予定されておらず，開示されると銀行の自由な意思形成が阻害されるおそれがあるため，特段の事情がない限り，文書提出命令は認められない。（　　）
2. ある文書について，証拠調べの必要性を欠くことを理由として文書提出命令の申立てを却下する決定に対しては，申立人は即時抗告をすることができる。

3. 信用金庫の会員代表訴訟において，会員から貸出稟議書について文書提出命令が申し立てられた場合であっても，当該会員を信用金庫と同一視することはできないから，文書提出命令の申立ては却下されるべきである。（　　　）
4. 貸出稟議書の作成者である信用組合が清算中で，当該組合から営業を譲り受けた者が当該貸出稟議書を所持している場合には，文書提出命令が認められることがある。（　　　）
5. 外部の者に見せることをまったく予定せずに作成された文書であって，当該文書を開示することによって所持者に看過しがたい不利益が生ずるおそれがなければ，文書提出命令の対象となりうる。（　　　）

問4　金銭消費貸借契約の成否の証明に関する以下の記述のうち，正しいものを1つ選びなさい。
1. 金銭消費貸借契約の成立を当事者尋問の結果だけで認定することは許されない。（　　　）
2. 金銭授受の現場に立ち会ったとされる第三者の陳述を記載した書面（陳述書）によって，金銭の授受があったことを認定することは，当事者の反対尋問を侵害するので許されない。（　　　）
3. 書証として提出された借用書上の印影が借主の実印と一致する場合は，借主の意思に基づいて押印されたものと推定してよい。（　　　）
4. 訴訟当事者間に金銭消費貸借契約の成立に争いがない場合であっても，裁判所は，金銭授受の事実に疑問を抱いたならば，証拠調べをしてその真偽を判断しなければならない。（　　　）

No. 22　裁判の種類

　裁判所は，訴訟が裁判をするのに熟したと判断したとき，口頭弁論を終結して，当該審級での手続を終了させる「終局判決」を下す（243条1項）。しかし，民事訴訟では，処分権主義が支配していることから，後に述べるように，当事者は，裁判所の裁判によらずに，自らの行為によって手続を締めくくることができる。後者は，不服申立て手続がない。したがって，審級の手続を終了させることのみならず，訴訟を締めくくることを意味する。

1　裁判の種類
(1)　判決，決定，命令
　裁判所や裁判官が，裁判機関として行う判断を裁判とよぶ。決定および命令には，その性質に反しない限り判決に関する規定が準用される（122条，民訴規50条3項）。

　判決，決定および命令には，つぎのような差異がある。「判決」および「決定」の裁判主体が裁判所であるのに対して，「命令」は裁判官である。したがって，裁判所が命令を下すことは原則としてない。法の中には，弁論の制限・分離・併合決定（152条）や差押命令（民執143条）のように裁判所が命令を下すと規定するものもあるが，性質は決定である。判事補は単独で判決を下すことはできないが，決定および命令については単独で下すことができる。

　判決の裁判対象は，請求や訴えの適法性など重要事項であるのに対して，決定および命令は，訴訟手続上の派生的または付随的事項である。

　審理方式として，判決は，原則として，裁判所において口頭弁論が開かれなければならないのに対して（必要的口頭弁論，87条1項本文），決定および命令は，必ずしも口頭弁論を開く必要はなく（任意的口頭弁論），裁判所の判断に委ねられている（同項ただし書）。口頭弁論を開かない場合には，裁判所は，当事者を審尋することができる（87条2項）。「審尋」とは，口頭弁論を開かずに，当事者その他の関係人に，個別的に書面または口頭で陳述の機会を与えることである。

　裁判の際，判決の場合には，原則として，「判決書」の作成と「言渡し」が

義務付けられるのに対して（252条・250条），決定および命令は，調書に記載し，相当の方法で告知することにより効力が生ずる（民訴規67条1項6号，民訴119条）。

判決に対する不服申立て方法は控訴・上告であるが，決定および命令は抗告による。

	判　　決	決定	命　　令
裁判主体	裁　判　所		裁判官（裁判長，受命裁判官，受託裁判官）
裁判の対象	請求や訴えの適法性など重要事項		訴訟手続上の派生的または付随的事項
審理方式	必要的口頭弁論(87条1項本文) 例外：担保不提供(78条)，不適法な訴え(140条)，変更の判決(256条2項)，不適法な控訴(290条)，理由のない上告受理申立て(319条)，不適法な手形訴訟(355条)	任意的口頭弁論(87条1項ただし書) 審尋（87条2項）	
裁判書	判決書の作成(253条) 例外：調書判決(254条)		調書の記載(規67条1項6号)
裁判官の署名捺印	署名押印（規157条1項）		記名押印（規50条1項）
告知方式	判決言渡し(252条，規155条)		相当の方法(119条)
裁判の発効	言渡し(250条～252条)		告知(119条)
裁判の送達	判決書の送達(255条)		―
裁判事項	重要事項（訴訟の終局的または中間的判断）		訴訟指揮上の措置，付随的事項
上訴方法	控訴・上告・上告受理の申立て・附帯控訴・附帯上告		抗告・再抗告・即時抗告・許可抗告
判事補	単独では判決不可能		単独でも裁判可能

(2) **終局判決と中間判決**

訴えまたは上訴によって係属する事件の全部または一部をその審級について完結させる判決を「終局判決」というのに対して（243条1項・2項），訴訟中に当事者間で争いとなった事項をあらかじめ解決することによって，審理を整

理して終局判決の準備のためにする判決を「中間判決」とよぶ（245条）。

　中間判決の対象は，①独立の法律効果を発生させる攻撃防御方法（独立の攻撃防御方法。例えば，所有権確認訴訟における所有権の取得原因である売買，贈与，相続，取得時効など），②訴訟手続上の先決事項に関する当事者間の争いのうち，口頭弁論にもとづき判断するもの（中間の争い。例えば，訴訟要件の存否），③当事者間で請求の原因と数額について争いがある場合の，数額を切り離した原因（原因判決。例えば，数額を除いた実体法上の請求権の存否）である。

　中間判決は言い渡すことにより，裁判所は拘束され（自己拘束力），これを前提に終局判決を下さなければならない。しかし，中間確認判決（145条）とは異なり既判力が生じるわけではない。中間判決は終局判決の準備のためのものにすぎず，中間判決に対する独立の上訴は許されない。終局判決に対する上訴によって，上級審の判断を仰ぐことができるにすぎない（283条）。

(3) 全部判決と一部判決

　同一訴訟手続により審判される事件の全部を同時に完結させる判決は全部判決であり，同一訴訟手続により審判される事件の一部を他と切り離し先に下す判決を一部判決という（243条2項・3項）。一部判決には，①例えば，200万円の貸金債権中の100万円など，1個の請求の中の一部について当事者間に争いがない場合に下す一部判決，②併合された複数の請求の一部を判決する場合（共同訴訟人の一部に対する判決も同様），③反訴が提起された場合の本訴または反訴について判決する場合がある。

　一部判決部分と残部部分が内容上密接不可分の関係があるとき，例えば，貸金返還請求を主位的請求とし，消費貸借契約不成立の場合の不当利得返還請求を予備的請求とする併合訴訟では，裁判所は，主たる請求を排斥する裁判をするときは予備的請求をも判断しなければならず，各別に判決することは許されない（最判昭和38年3月8日民集17巻2号304頁）。

　なお，一部判決も終局判決の一種であり，これに対しては独立して上訴することができる。

(4) 本案判決と訴訟判決

　原告が訴えを提起して求めた訴訟上の請求について判断した判決を「本案判決」といい，本案判決に踏み込まずに訴訟要件の不備を指摘する裁判を「訴訟判決」とよぶ。すなわち，裁判所は，実体権を判断するのは，訴訟要件が整っ

ている場合でなければならない。訴訟判決は，訴訟要件が欠ける場合の判決であり，訴え却下の判決である。

(5) **給付判決，確認判決，形成判決**
　訴えの類型に応じて判決は，給付判決，確認判決，形成判決に区別される。給付訴訟の目的は，原告の被告に対する請求権の実現にある。したがって，原告の請求を認容する判決を「給付判決」といい，これには執行力が付随的効力として生じる。「形成判決」は，私人間の権利または法律関係の発生，変更，消滅を目的とするものであり，認容判決は形成判決とよばれ，形成権が生じる。給付訴訟および形成訴訟を棄却する判決は，原告の請求権の不存在を確認する確認判決になる。確認訴訟は，私人間の権利または法律関係の確認を求めるものであり，確認の訴えに対する判決を一律に確認判決とよぶ。

(6) **追 加 判 決**
　裁判所が終局判決によって完結すべき事件の一部の判断を忘れた場合には，その部分を補充する終局判決をしなければならない。これを「追加判決」または「補充判決」という。裁判の脱漏がある場合，当事者は，判決の補充を求めることができるが，これを上告理由とすることはできない（最判昭和37年6月9日訟月9巻8号1025頁）。

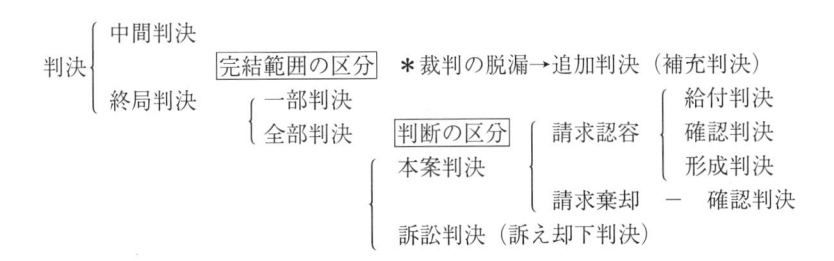

```
          ┌ 中間判決
判決 ┤
          └ 終局判決 ┌ 完結範囲の区分  ＊裁判の脱漏→追加判決（補充判決）
                       │ ┌ 一部判決
                       │ └ 全部判決  判断の区分 ┌ 請求認容 ┌ 給付判決
                       │                           │            ├ 確認判決
                       │                           │            └ 形成判決
                       │                           └ 請求棄却 ― 確認判決
                       └ 訴訟判決（訴え却下判決）
```

2 判　　　決
(1) **判決の言渡し，判決書**
　(a)　裁判所は，原則として，訴訟が裁判をするのに熟したと判断したときは口頭弁論を終結し，終結の日から2カ月以内に，公開の法廷において，裁判長が「判決書」の原本にもとづき主文を朗読して，判決を言渡さなければならない（243条1項・252条・251条）。判決は，「言渡し」によりその効力を生ずる

(250条)。

　判決書には，訴状における請求の趣旨に対応する①「主文」(253条1項1号)のほか，②「事実」(同項2号)，③「理由」(同項3号)，④「口頭弁論の終結日」(同項4号)，⑤「当事者および法定代理人」(同項5号)，そして⑥「裁判所」を記載し(同項6号)，裁判官がこれに署名押印する(民訴規157条1項)。

　主文には例えば，「本件訴えを却下する」，「原告の請求を棄却する」，「被告は原告に対して金〇〇円を支払え」，「別紙目録記載の土地について原告が所有権を有することを確認する」，「原告と被告とを離婚する」など，結論部分のみを簡潔に記載する。「事実および理由」については，第1に「請求の趣旨」，第2に「事件の類型と中心的争点を説明する部分」，第3に「争点に対する判断」から構成される(最高裁事務総局編・民事判決書の新しい様式について)。

　(b)　以上のように，判決は，判決書の作成を原則とするが，つぎの場合には，いわゆる「調書判決」による言渡しが認められる。

　①　被告が口頭弁論において原告の主張した事実を争わず，その他何らの防御の方法も提出しない場合，すなわち自白または擬制自白が認められる場合である(254条1項1号)。これには，(i)口頭弁論期日に当事者が出席したものの擬制自白が認められた場合，(ii)被告が口頭弁論期日に出頭せず，提出した準備書面等に記載した事項の陳述が擬制されたが，当該書面によれば自白または擬制自白が認められる場合，(iii)口頭弁論期日に出頭せず，準備書面も提出がなく，請求原因事実を自白したものとみなされるときの，3つがある。また②被告が公示送達による呼出しを受けたとき自白は擬制されないが，被告が公示送達による呼出しを受けたにもかかわらず口頭弁論に出頭せず，被告の提出した準備書面が擬制陳述されないときには，その事件は実質的に争いのない事件として，やはり判決書の原本にもとづかないで判決を下すことができる(同項2号)。

　さらに③少額訴訟判決の言渡しは，相当でないと認める場合を除き，口頭弁論の終結後直ちに言い渡されるが，この場合，判決書の原本にもとづかないで調書判決ですることができる(374条2項)。

(2) 判決の羈束力

　判決は，裁判所における言渡しにより成立し，これにより判決をくだした裁判所は，のちに判決内容の誤りに気づいても，自らは判決を変更・撤回することはできない。これを「判決の自縛性」ないし「自己拘束力」という。当事者

は，もはや上訴審において判決を争うしかないが，常に，上訴や再審において争わなければならないとすれば，当事者や上級審裁判所の負担を増加させるだけである。そこで民事訴訟法は，一定の場合には，上訴手続や再審手続によらずに，判決裁判所が自ら判決を修正する余地を認めている（判決の自縛性の緩和）。

(3) 判決の更正（自己拘束力の緩和1）

判決の更正とは，判決に計算違い，誤記その他これらに類する明白な誤りがあるときに裁判所が行う裁判を意味し，これを「更正決定」と呼ぶ（257条）。更正手続は，当事者の申立てまたは職権により行われ，裁判所は，いつでも更正決定をすることができ，判決確定後においても同様である（257条1項）。更正決定に対しては，即時抗告をすることができるが，判決に対し適法な控訴があったときはその必要はなく認められない（257条2項）。

	判決の更正決定	変更判決
事由（要件）	計算違い，誤記その他これらに類する明白な誤り	法令違反（事実認定を含まない。256条1項ただし書・2項）
手続の開始	申立てまたは職権	職権
期間	随時	言渡後1週間以内
裁判の形式	決定	判決
上訴	即時抗告	上訴

(4) 判決の変更（自己拘束力の緩和2）

裁判所は，判決に法令の違反があることを発見したときは，その言渡後1週間以内に限り，「変更判決」をすることができる（256条1項本文）。判決に法令の違反があることが変更判決の要件であり，審理のために口頭弁論を経ないで，判決として言い渡される。変更判決の言渡期日の呼出しにおいては，送達すべき場所に呼出状を発したときに，送達があったものとみなされる（256条3項）。

(5) 非判決と無効判決

判決といえるためには，判決の基本的標識を備えなくてはならない。そのため，言渡しのない判決や裁判官以外の者により作成されたものなど判決の要件を整えていないものは，判決とはいえない。これを「非判決」とよぶ。したがって，非判決に対する救済としての上訴の必要性もないが，判例は，手続の

瑕疵ある判決に準じて上訴を認めている（大阪高判昭和33年12月9日下民集9巻12号2412頁）。

これに対して，判決として存在するが重大な瑕疵のため判決としての本来的効力が生じないものを「無効判決」とよぶ。これには，①訴訟係属が消滅したにもかかわらず裁判所がこれを看過した場合，②裁判権に服しない者への判決，③実在しない者への判決，④当事者適格を欠く者への判決（大判昭和14年8月10日民集18巻804頁），⑤対象となる権利関係を欠く判決（大判大正11年6月22日民集1343参照），⑥判決主文が不明確の場合（最判昭和32年7月30日民集11巻7号1424頁参照），⑦強行法規または公序良俗に反する判決などがある。無効判決も判決として存在する以上，無効判決にもとづく強制執行が利用される可能性があるから，不利益を受ける者に対しては，上訴や再審などによる取消しが認められなければならない。

3　訴訟費用の裁判

訴訟費用には，裁判所に支払う手数料から，証人に支払う日当や交通費，さらには弁護士報酬などさまざまなものがある。裁判費用（手数料とそれ以外の費用）については，申立人すなわち原告または上訴人が一次的に支払うが，最終的には，裁判所が職権で，61条以下の規定に従い，訴訟費用に関する裁判により決定する。その際，敗訴者の負担が原則である（61条）。

わが国の民事訴訟は，当事者本人訴訟を原則とし弁護士強制主義を採用していないことから，訴訟代理人たる弁護士費用は当事者の負担となる。ただし，不法行為にもとづく損害賠償請求訴訟おいては，弁護士費用は加害行為と相当因果関係のある範囲で償還が命じられる（最判昭和44年2月27日民集23巻2号441頁）。

Practice

次の各問に答えなさい。

問1　以下の記述のうち，正しいものはいくつあるか。

1. 中間確認の訴えに対する最終的判断は中間判決によってする。
　　　　　　　　　　　　　　　　　　　　　　　　　（　　　）
2. 中間判決と対立する概念は訴訟判決である。　　　　（　　　）

3. 中間判決が確定すると既判力が生ずる。　　　　　　　（　　　）
4. 中間判決に対しては独立して控訴ができるが，上告や上告受理申立てはできない。　　　　　　　　　　　　　　　　　　　　　　　　　　（　　　）

問2　以下のうち，訴訟の一部につき判決をなすに熟しても一部判決が許されないとされている場合を1つ選びなさい。
1. 裁判所が弁論の併合を命じた同一当事者間の数個の請求のうち，いずれかの請求を棄却する場合　　　　　　　　　　　　　　　　　　　（　　　）
2. 明渡請求の対象となっている土地の特定の一部について請求を認容する場合
　　　　　　　　　　　　　　　　　　　　　　　　　　　（　　　）
3. 請求が予備的に併合されている訴訟において，主位的請求を棄却する場合
　　　　　　　　　　　　　　　　　　　　　　　　　　　（　　　）
4. 同一事故の複数の被害者が共同して提起した損害賠償請求訴訟で，一部の当事者に関する請求を棄却する場合　　　　　　　　　　　　　（　　　）
5. 本訴と，本訴と関連性はないが原告の同意を得て提起された反訴のうち，いずれか一方を棄却する場合　　　　　　　　　　　　　　　　　（　　　）

問3　以下の記述のうち，正しいものはいくつあるか。
1. 裁判所による判決が言渡され，確定した状態を終局判決とよぶ。
　　　　　　　　　　　　　　　　　　　　　　　　　　　（　　　）
2. 判決理由中の判断には原則として既判力は生じないが，中間判決には既判力は生ずる。　　　　　　　　　　　　　　　　　　　　　　　　（　　　）
3. 一部判決に対する不服申し立ては，残部判決とあわせてのみ行なうことができる。　　　　　　　　　　　　　　　　　　　　　　　　　　　（　　　）
4. 判決の更正決定により，裁判所は，判決に法令の違反があることを発見したときは，その言渡し後，1週間以内に限って行なうことができる。
　　　　　　　　　　　　　　　　　　　　　　　　　　　（　　　）
5. 判決に計算違い，誤記その他これらに類する明白な誤りがあったとき裁判所は，変更判決をくだすことができる。　　　　　　　　　　（　　　）
6. 裁判官が作成した判決である以上，言渡しのない判決も判決である。
　　　　　　　　　　　　　　　　　　　　　　　　　　　（　　　）

No. 23　判決の効力

〈CASE 24〉　Xは，Yとの間で，家屋建築の請負契約を締結した。ところが，Xは工事のいずれについても瑕疵があったとして，請負契約について履行不能ないし履行遅滞を理由に解除するとともに，それにより合計1,000万円の損害を生じたと主張し，右の内金として400万円の損害賠償請求訴訟を提起した。これに対し，Yは，Xの主張を争うとともに，仮定抗弁として，未収工事代金200万円を自働債権として対当額で相殺する旨の意思表示をした。

第1審は，Xの履行不能を理由とする契約解除を認め，合せて450万円を損害として認定した。他方，Y主張の相殺の抗弁について，100万円の限度でこれを認め，Yに350万円の支払いを命じる判決をした。

これに対して，Yのみが控訴し，Yは，Xの都合で一方的に工事を中止したため，さらに（上記未収工事代金とは別に）500万円の損害を被った旨新たに主張し，これを自働債権として，Xに対する本件損害賠償債務と対当額で相殺の意思表示をした。控訴審では，Xの損害を原審より多い600万円と認定するとともに，Yの新たな相殺の抗弁について60万円の限度で認めた。

裁判所は，いかなる裁判を下すべきか。

《**参考判例**》　最判平成6年11月22日民集48巻7号1355頁
《**判例評釈**》　青木哲・ジュリスト百選〈第3版〉279頁，梅本吉彦・平成6年度重要判例解説121頁

〔Point〕
① 可分債権の残額請求を前提にした，一部請求訴訟の可否
② 一部請求訴訟の場合の訴訟物の範囲
③ 一部請求訴訟において，被告が相殺の抗弁が認められると判断された場合の相殺部分
④ 上訴審における判決事項の範囲

1　判決の形式的効力

　裁判所は，訴訟が裁判をするのに熟したときは，判決書にもとづき終局判決を下すが，当事者が上訴すれば，上訴審によって取り消される可能性がある。しかし，当事者に，不服申立ての手段が尽きればこの判決は確定し，取り消される余地はない。判決が取り消される可能性がなくなった状態を「判決の形式的確定力」という。

　判決は，つぎの場合に確定する。まず，上告審判決のような上訴の許されない判決が下された場合である。つぎに，上訴期間を徒過した判決である（116条1項）。上訴がなされて上訴期間が経過した後でも，上訴の取下げがなされ，上訴が不適法として却下する判決が確定すれば，上訴期間満了時に確定する。上訴の取下げには，相手方の同意は必要ない。また，当事者が上訴を放棄すればその時点で確定する（284条・313条）。飛躍上告の合意がある場合（281条1項ただし書）には，上告期間が徒過したときに，確定する。

2　判決の本来的効力

　判決が形式的に確定すると，この判決の内容に応じた本来の効力が生じる。これには，既判力，執行力，および形成力がある。

　「既判力」は，確定判決が，当事者および同一事件について，同一訴訟物をもつ後訴裁判所を拘束する効力であり，すべての確定判決に生じる。「執行力」は，強制執行にもとづいて給付請求権を実現できる効力であり，本来的には，給付判決にのみ執行力が認められ，確認判決や形成判決については，訴訟費用の裁判の部分を除くと，執行力がない。「形成力」は形成判決に認められる効力であり，実体法上の法律関係を変動させる対世的効力を有する。

3　既判力の作用と既判力の性質（既判力学説）

(1)　既判力の作用

　既判力の作用（既判力が具体的に適用される場面）としては，つぎの3つの局面がある。まず，①前訴と後訴の訴訟物が同じである場合であり，例えば，1,000万円の支払請求の原告が敗訴したのちに，再び同一請求をするような場合である。ただし，勝訴原告が再び支払請求をする場合には訴えの利益を欠き（原告は民事執行を行えばよいのであり，訴える必要性がない），既判力は問題にな

らない。つぎに，②前訴の訴訟物が後訴の先決問題となる場合である。例えば，1,000万円の支払請求の原告が勝訴した場合，被告が同一債務の不存在確認の訴えや同一金額の不当利得返還請求をする場合や，XがYに対して土地所有権確認の訴えを起こして敗訴確定後，再び，XがYに同じ土地明渡しを請求する場合である。後者の場合，後訴裁判所は，前訴基準時における土地所有権に関する裁判所の判断を前提に裁判しなければならない。さらに，③前訴と後訴の訴訟物が同一とはいえないが，後訴の請求が前訴のそれと矛盾関係にある場合，例えば，XがYを相手に土地所有権確認の訴えで勝訴し，後訴においてYがXを相手に同じ土地の所有権確認の訴えを提起する場合である。

既判力が適用される場合，後訴の裁判所は前訴の裁判所の判断を前提にして判断しなければならず，また，当事者は，前訴における裁判所の判断を争うことはできない（裁判所は基準時前の攻撃防御方法を排斥する）。前者を「既判力の積極的作用」とよび，後者を「既判力の消極的作用」という。

(2) 既判力の本質

確定判決は実体法的に瑕疵ある誤った判決である場合にも，再審により確定判決が取り消されない限り及ぶことになる。このような既判力により権利関係の存否および内容を確定し，後訴裁判所を拘束する通用力をどのように説明すべきか，既判力の本質論として論じられてきた。

確定判決を実体法上の法律要件の一種として扱い，判決にもとづいて権利関係が変更される以上，当事者のみならず後訴裁判所も拘束されるというのが「実体法説」である。しかし，この説では訴訟判決の既判力や所有権のような絶対権が確定判決により創設されても，万人を拘束するわけではなく，拘束されるのは当事者のみであるということを説明することができない。実体法説に代わり唱えられたのが「訴訟法説」である。訴訟法説は，既判力が，確定判決が当事者間の実体法的関係に影響を及ぼすことを否定し，後訴裁判所に対する拘束力であると説明する。訴訟当事者は控訴裁判所が既判力により拘束される結果，既判力に反する主張・抗弁を提出できない（反射的に拘束力を受ける）にすぎない，と。さらに，訴訟法説を敷衍させた考えが「一事不再理説」である。既判力を訴訟上の効力と捉え，確定判決により訴権が消耗し，再審理の禁止作用が生ずるとする。一事不再理説によれば，後訴は同一審判の繰り返しとして当事者の主張を排斥するということに重きをおくのに対して（消極的作

用），訴訟法説によれば，前訴の判断内容と同じ内容の裁判を行うという点（積極的作用）に重きをおき，その反射として前訴の裁判内容に矛盾する当事者の主張は排斥されるにすぎない（消極的作用）。

このように，既判力学説は従来，不当判決を含め既判力と実体法上の法律関係との関係を理論的にどう説明するかというものであったが，今日では，当事者が前訴において主張しなかった事項をなぜ既判力により妨げられるか（失権効）の法的根拠を説明する。かかる見解は「手続保障説」とよばれているが，当事者が，前訴において自己の提起した訴訟物を理由付ける事実の主張や証拠の提出の機会が与えられていたことを，既判力の正当化根拠としている。

4 既判力の基準時（標準時）──既判力の時的限界

(1) 遮断効

民事紛争は，訴訟係属中といえども，時の経過とともに変動する。そのため，訴訟において争われている権利関係が既判力によって確定されるのはいつの時点であるかを確定しておかなければならない。民事訴訟では，当事者は，判決をするのに熟したと判断される事実審の口頭弁論終結時にいたるまで，攻撃防御の方法を尽くすことができるが，口頭弁論終結後に発生した事由については，判決言渡し前といえども，これを主張・立証することはできない。当事者は，口頭弁論終結以前に発生していた事由を裁判所に提出することができるのであり，裁判所は，口頭弁論終結時以前に提出された訴訟資料を自由な心証をもっ

《出題例・現司試平成17/②》

甲は，A土地を所有していると主張して，A土地を占有している乙に対し，所有権に基づきA土地の明渡しを求める訴えを提起し，この訴訟（以下「前訴」という。）の判決は，次のとおり，甲の請求認容又は甲の請求棄却で確定した。その後，次のような訴えが提起された場合（以下，この訴訟を「後訴」という。），後訴において審理判断の対象となる事項は何か，各場合について答えよ。
1　甲の請求を認容した前訴の判決が確定したが，その後も乙がA土地を明け渡さないため，甲は，再度，乙に対し，所有権に基づきA土地の明渡しを求める訴えを提起した。
2　甲の請求を認容した前訴の判決が確定し，その執行がされた後，乙は，自分こそがA土地の所有者であると主張して，甲に対し，所有権に基づきA土地の明渡しを求める訴えを提起した。
3　甲の請求を棄却した前訴の判決が確定した。その後，丙が乙からA土地の占有を譲り受けたため，甲は，丙に対し，所有権に基づきA土地の明渡しを求める訴えを提起した。

て裁判する。当事者は，後訴において，既判力ある判断を争うために，基準時以前に生じた事由にもとづく主張や抗弁を提出することはできない。これを「遮断効」または「失権効」とよぶ。

このように，既判力は，事実審の口頭弁論終結時の訴訟物について生じ（253条1項4号参照），既判力は基準時点の法状態を確定するが，基準時前や判決確定前であっても基準時後の法状態を確定するものではない。したがって，当事者は，基準時以降に生じた事由をもって，強制執行の不許を求めることは許される（「請求異議の訴え」。民執35条2項）。

(2) 形成権の行使

形成権は権利者の一方的な意思表示で法律関係の変動を生じさせるが，基準時以前に形成事由が生じていた場合に，これを行使しなかったときは，もはや当事者は後訴においてこれを主張することは許されない。例えば，詐欺などによる意思表示をした場合の取消権者は，基準時以前に取消権を行使しなければ，後訴における取消権にもとづく無効を主張することはできない（最判昭和55年10月23日民集34巻5号747頁）。解除権も同様である。錯誤など，取消事由より瑕疵の重い事由の主張が，基準時以降遮断される以上，無効事由より瑕疵の軽い形成事由にもとづく形成権の主張は許されるべきではない，との考えからである。

しかし，同じ形成権であっても，相殺権などは取扱いを異にする。被告の原告に対する反対債権が，口頭弁論終結前に相殺適状にあった場合でも，弁論終結後における相殺の意思表示による債務の消滅を理由に，請求異議の訴えを提起することは認められる（最判昭和40年4月2日民集19巻3号539頁）。取消権などは，訴訟上の請求に付着しているのに対して，相殺に供される請求権は，訴訟上の請求とは別個独立の債権であるからである。原告の建物収去土地明渡請求に対する被告の建物買取請求権についても同様に考えられている。「建物買取請求権は，前訴確定判決によって確定された賃貸人の建物収去土地明渡請求権の発生原因に内在する瑕疵に基づく権利とは異なり，これとは別個の制度目的及び原因に基づいて発生する権利」であるから，口頭弁論終結後の異議事由にあたる（最判平成7年12月15日民集49巻10号3051頁）。

(3) 確定判決の変更を求める訴え

口頭弁論終結前に生じた損害につき定期金による賠償を命じた確定判決につ

いては，口頭弁論終結後に，後遺障害の程度，賃金水準その他の損害額の算定の基礎となった事情に著しい変更が生じた場合に，その「確定判決の変更を求める訴え」を提起することができる（117条1項本文）。

確定判決の変更を求める訴えは，確定判決を変更する訴訟法上の形成訴訟の性質と，原告の増額請求という追加的給付訴訟としての性質または被告による減額請求という判決の一部を消滅させる目的を持つ形成訴訟の性質を有する。

確定判決の変更を求める訴えを提起するには，確定判決が口頭弁論終結前に生じた損害についての定期金賠償判決であること，前訴の口頭弁論終結後に損害額算定基礎となった事情に著しい変更が生じたこと，すなわち定期金額を維持することが当事者間の公平からみて不相当と判断される場合（最判昭和37年5月24日民集16巻5号1157頁）であることが必要である。

変更を求めることができる範囲は，その訴えの提起の日以後に支払期限が到来する定期金に係る部分に限られる（117条1項ただし書）。管轄裁判所は，第一審裁判所の管轄に専属する（117条2項）。

5　既判力の客観的範囲（既判力はどの範囲で及ぶのか）

既判力は，判決主文（253条1項1号）に包含したものに限り生ずる（114条1項）。したがって，判決理由中の判断には原則として既判力は生じない。例えば，利息債権だけを請求して勝訴した場合の元本債権の判断や，所有権にもとづく家屋明渡請求訴訟に勝訴した場合の家屋所有権，登記請求訴訟において

《出題例・現司試平成16/②》

Xは，Yに対し，200万円の貸金債権（甲債権）を有するとして，貸金返還請求訴訟を提起したところ，Yは，Xに対する300万円の売掛金債権（乙債権）を自働債権とする訴訟上の相殺を主張した。
　この事例に関する次の1から3までの各場合について，裁判所がどのような判決をすべきかを述べ，その判決が確定したときの既判力について論ぜよ。
1　裁判所は，甲債権及び乙債権のいずれもが存在し，かつ，相殺適状にあることについて心証を得た。
2　Xは，「訴え提起前に乙債権を全額弁済した。」と主張した。裁判所は，甲債権が存在すること及び乙債権が存在したがその全額について弁済の事実があったことについて心証を得た。
3　Xは，「甲債権とは別に，Yに対し，300万円の立替金償還債権（丙債権）を有しており，訴え提起前にこれを自働債権として乙債権と対当額で相殺した。」と主張した。裁判所は，甲債権が存在すること並びに乙債権及び丙債権のいずれもが存在し，かつ，相殺の意思表示の当時，相殺適状にあったことについて心証を得た。

勝訴した場合の所有権には既判力は生じない。これら判決理由中の判断に既判力を望むのであるならば、あらかじめ請求を併合提起しておくか、中間確認の訴え（145条）を提起する必要がある。

判決主文は簡潔であり、判決主文からその内容を把握できない場合には、判決理由中の内容を参照しなければならない。民訴法114条が、「主文に包含するもの」に限り既判力を有する、というのはこのような意味である。例えば、「請求を棄却する」との棄却判決では、どのような請求が棄却されるのかわからない。また、「被告は原告に金1,000万円支払え」との給付判決が下されたとしても、右の金員は、貸金なのか、売買代金なのか、不法行為請求なのか、不当利得返還請求なのかが不明である。さらに、「訴えを却下する」との訴訟判決においても、訴訟要件のどの部分が欠けているのかが、判決主文だけではわからないからである。以上のように判決理由中の内容を参照することがあっても、理由中の判断が既判力を帯びて独り歩きすることはない。

(1) 判決理由中の判断に対する拘束力

すでに述べたように、判決理由中の判断に既判力は及ぶことはない、というのが原則であるが、民事訴訟法が認める例外がある。相殺のために主張した請求の成立または不成立の判断にも既判力が及ぶ（114条2項）。被告から相殺の抗弁が提出されて、その効果について判断されたとき、それは判決理由中に示されるが、相殺をもって対抗した額の範囲で既判力が及ぶこととした。反対債権は不存在であるとして相殺の抗弁が排斥されたときは、反対債権の不存在につき既判力が生ずる。相殺の抗弁が認められ、その限度で請求が棄却された場合には、反対債権の不存在が既判力をもって確定される。

被告の相殺の抗弁が認められて、相殺の成立に既判力が認められないとすると、被告に自働債権が消滅していないと主張することを許すことになるし、また、相殺の不成立が判断された場合にも、被告に改めて反対債権の主張を許すことになるからである。

(2) 一部請求訴訟

数量的に可分な1個の請求権、とりわけ金銭請求の一部を訴求する訴訟を「一部請求」（または「一部訴求」）という。一部請求をすること自体について争いはない。しかし、その残額を請求することができるか否か、被告が相殺の抗弁を提出した場合に、どのような扱いをするかについて、一部請求の訴訟物の

捉え方などをめぐって問題点は多い。とりわけ，損害賠償請求訴訟をめぐっては，どの範囲で損害額が認められるか訴え提起前には不明なことも多く，損害額の一部を試験的に訴訟として起こす場合が少なくない。このような訴訟が提起される背景には，満額を提訴した場合の訴訟費用の負担の問題や，相手方の実際の弁済能力（資力）の問題もある。

① 原告が一部請求を提訴して勝訴の確定判決を得た場合，後訴において残額請求できるであろうか。学説の多数は反対するが，判例は，原告が債権の一部の請求であることを明示して訴えを提起した場合（明示的一部請求），訴訟物は右債権の一部である（最判昭和34年2月20日民集13巻2号209頁）とする。したがって，残部には既判力は及ばず（最判昭和37年8月10日民集16巻8号1720頁），後訴における残部請求の提訴は認められる。一部請求であることは，請求の趣旨に掲げる必要はなく，訴状全体で明らかにすればよい。

② しかし，一部請求の提訴中，別訴として残額請求できるか否かについては，重複手続禁止（142条）の趣旨の観点から消極に解されるべきであろう。原告は，請求の拡張を求めて，訴えの変更をすべきである。また，残部を別訴として提起した場合には，口頭弁論の併合（152条）を命じるべきである。

③ また，一部請求の訴訟物は，訴求された一部であることから，時効中断の効果は残部に及ばない（最判昭和34年2月20日民集13巻2号209頁）。しかし，1個の債権の一部についてのみ判決を求める趣旨が明示されていないときは，請求額を訴訟物である債権の全部として訴求したものと解され，この場合，訴えの提起による時効中断の効力は，右債権の同一性の範囲内で全部に及ぶ（最判昭和45年7月24日民集24巻7号1177頁）。

④ 一部請求訴訟の既判力は訴訟物である一部請求に制限されるとすれば，一部請求訴訟において原告が棄却判決を受けた場合にも，残額について訴えを提起できそうである。しかし，判例は，一部請求敗訴後の残部請求を，信義則上，許していない（最判平成10年6月12日民集52巻4号1147頁）。これを敷衍する

《出題例・現司試平成9／②》
甲は，乙の不法行為により2000万円の損害が発生したと主張し，そのうち500万円の支払を求める訴えを提起した。乙は，甲の主張を争い，請求棄却の判決を求めた。裁判所は，因果関係が認められないとの理由で，甲の請求を棄却した。甲は，この判決確定後に残額1500万円の支払を求める訴えを提起した。この場合における訴訟法上の問題点を論ぜよ。

と，一部請求訴訟において一部認容判決を受けた原告は，残部について訴えを提起できないという結論になる。

⑤　過失相殺がなされる場合に，過失相殺により控除される部分は，受働債権のどの部分からであろうか。裁判所は職権で過失相殺することができるが（民722条），この場合，損害の全額から過失割合による減額をし，請求額の限度で残額の請求を認容すべきというのが，判例の立場である（最判昭和48年4月5日民集27巻3号419頁）。考え方としては，判例のように，債権総額を確定して，そこから相殺額を控除していく見解（外側説），訴訟物である訴求額から控除する内側説，および相殺額の割合に応じて訴求額から控除する按分説がある。外側説の趣旨は，一部請求は相殺額を見込んで請求額を抑えているのであり，債権総額からの控除が原告の意思に合致する，という点にある。類似の問題は，特定の金銭債権の一部が訴訟上請求され，被告から相殺の抗弁がなされた場合にも生ずる。判例は過失相殺と同じ取扱いをしている（最判平成6年11月22日民集48巻7号1355頁。〈**CASE 24**〉参照）。

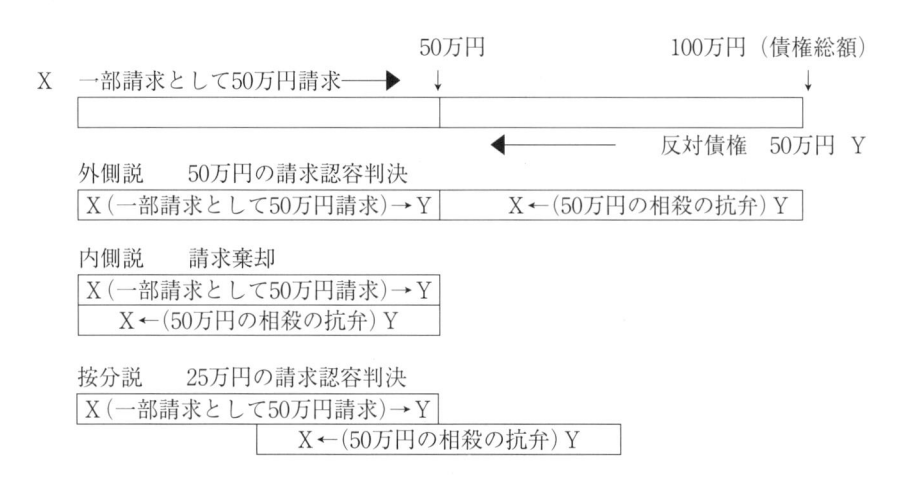

```
                              50万円            100万円（債権総額）
X  一部請求として50万円請求──▶   ↓                    ↓
   ┌─────────────────────────────┬─────────────────────────────┐
   │                             │                             │
   └─────────────────────────────┴─────────────────────────────┘
                                       ◀──── 反対債権　50万円　Y

   外側説　　50万円の請求認容判決
   ┌─────────────────────────────┬─────────────────────────────┐
   │X（一部請求として50万円請求）→Y│X←（50万円の相殺の抗弁）Y    │
   └─────────────────────────────┴─────────────────────────────┘

   内側説　　請求棄却
   ┌─────────────────────────────┐
   │X（一部請求として50万円請求）→Y│
   ├─────────────────────────────┤
   │ X←（50万円の相殺の抗弁）Y   │
   └─────────────────────────────┘

   按分説　　25万円の請求認容判決
   ┌─────────────────────────────┐
   │X（一部請求として50万円請求）→Y│
   │       ┌─────────────────────────────┐
   │       │ X←（50万円の相殺の抗弁）Y   │
   └───────┴─────────────────────────────┘
```

⑥　さらに，一部請求している債権の残部を，後訴において相殺の用に供することができるか，という問題もある。相殺の抗弁は，訴えの提起と異なり，相手方の提訴を契機とするものであり，適法（最判平成10年6月30日民集52巻4号1225頁）と考えるべきである。

(3)　争　点　効

争点効とは，前訴で当事者が主要な争点として争い，その争点について主

張・立証を尽くし，かつ，裁判所がこれを審理して判決理由として下したその争点についての判断に生じる通用力で，同一の争点を主要な先決問題とする後訴の審理において，当事者が，前訴裁判所がしたその争点に対する判断を援用する場合に，相手方に対してその判断に反する主張立証を許さず，後訴裁判所はこれと矛盾する判断が禁止される効力をいう。例えば，XがYに対する所有権にもとづく不動産の引渡請求訴訟において敗訴した場合，所有権の不存在という判断に争点効が生ずるとされる。

判例は，売買契約の詐欺取消しにもとづく所有権移転登記抹消請求を認容判決における建物の所有権の存否（最判昭和44年6月24日判時569号48頁）や損害賠償請求の前提となる権利関係（最判昭和48年10月4日判時724号33頁）について争点効を否定したが，訴訟物の枠を越えて，信義則を理由とした，訴訟ないし主張のむし返しを禁止したもの（最判昭和51年9月30日民集30巻8号799頁）もある。

	争 点 効	既 判 力
対　象	判決理由中の主要な争点で，当事者が主張立証を尽くし，その争点について裁判所が実質的判断を下した事項	判決主文に包含される事項
拘 束 力	主要な争点について当事者が主張・立証をつくし，裁判所が実質的審理をした場合に生ずる	当事者の態度とは関係なく生ずる
取上げ方	当事者の援用をまち，職権で探知する	職権探知事項

《出題例・現司試平成11/②》
　甲は，乙に対し，不法行為に基づく損害賠償の一部請求として1000万円の支払を求める訴えを提起した。審理の結果，乙に不法行為が成立すること及びこれによって甲が被った損害は1500万円であることが認められるとともに，当該不法行為については甲にも過失があり，過失割合は，甲が四割，乙が六割であることも認められた。次の事情がある場合，裁判所は，どのような判決をすべきか。
1　乙は，乙の行為と甲の損害との間に相当因果関係がないとの主張の中で，甲の行為が損害の発生につながったとの事実を主張していたが，過失相殺をすべきであるとの主張はしていなかった。
2　乙は，甲の過失に関するいかなる主張もしていなかった。

6　既判力の主観的範囲（既判力は誰と誰との間に生ずるか）

(1) 当事者（原則）

判決は，本来，当事者間に存在する紛争のうち，訴訟における当該当事者による攻撃防御活動（弁論主義）を経てからの解決であり，その手続に関与した者にのみ判決の効力を及ぼすのが望ましい。したがって，既判力は，当事者にのみ生じるのが原則である（115条1項1号）。しかし，当事者間の相対的な効力だけでは十分でない場合もあり，例外として，以下の当事者と同視すべき者にも判決の効力が及ぶ。

(2) 訴訟担当による場合の権利義務の帰属主体（例外1）

既判力は，第三者の訴訟担当による場合の権利義務の帰属主体に及ぶ（同条1項2号）。例えば，債権者代位訴訟において，債権者Xは，債務者Zに代わり，債務者の第三債務者Yに対する債権を行使するが，既判力は，当事者であるXとYに生ずるだけではなく，判決の利益の帰属主体であるZにも及ぶ（大判昭和15年3月15日民集19巻586頁）。また，株主代表訴訟における判決効は，当該会社に及ぶ（最判平成12年7月7日民集54巻6号1767頁）。

(3) 口頭弁論終結後の承継人（例外2）

口頭弁論終結後の承継人にも既判力は及ぶ（同条1項3号）。承継の対象としては，相続および合併（当事者の権利義務を承継する一般承継）と，特定の権利義務を対象とする特定承継が含まれる。例えば，債権者Xの債務者Yに対する貸金返還請求訴訟においてXの勝訴判決が確定した場合で，口頭弁論終結後にYが死亡したときは，Yの相続人Y_2にX勝訴の既判力が及ぶ。Y_2に既判力が及ぶということは，Y_2が，債務の不存在確認の訴えを提起したとしても，口頭弁論終結時におけるXの貸金返還請求権の存在を前提に，後訴裁判所は裁判しなければならないということである。

既判力が口頭弁論終結後の承継人に及ぶということは，前主である被承継人と相手方との関係において既判力により主張を遮断されるような事項を，承継人もまた主張することができないことを意味する。したがって，承継人の有する固有の抗弁が排斥されるわけではない。例えば，動産の引渡訴訟で敗訴した被告から目的動産を譲り受けた承継人が，自己の即時取得（民192条）を主張することは妨げられない（☞ Step up）。

(4) 請求の目的物の所持者（例外3）

確定判決が及ぶ者のために請求の目的物を所持する者にも既判力が及ぶ（同条1項4号）。例えば，受寄者，管理人，同居人，家族など，特定物の所持について固有の利益をもたず，もっぱら当事者または承継人のためにこれを所持している者をいう。また，売買による移転登記請求訴訟（前訴）係属中，被告から移転登記を受けた者も，単に登記名義人になっているにすぎないときは，請求の目的物の所持人に準じて既判力を受け，後訴たる移転登記請求において，実質的当事者の受けた前訴判決に反する主張をなし得なくなる（大阪高判昭和46年4月8日判時633号73頁）。

(5) その他の例外

その他，法律が一般第三者へ既判力の拡張を認める規定をおいている場合がある（会社838条，人訴24条1項，破産131条1項・2項など）。

(6) 反射的効力

第三者が既判力の及ぶ者に該当するわけではないが，当事者と特殊な一定の法的関係がある場合に判決効類似の効力を及ぼそうとする見解がある。例えば，保証人Zは，債権者Xと主たる債務者Y間の判決の既判力を受けないが，Yが勝訴判決を得てXに弁済する必要がなくなれば，保証債務の付従性（民448条）からZもXに対してその勝訴の結果を援用できるというものである。反射的効力は，実体法上当事者の法的地位の依存関係に効力の根拠をおいていることから，後訴裁判所は，既判力とは異なり，当事者の援用をまって判断すればよい。

《出題例・現司試平成12/②》

Aが死亡し，その相続人であるYは，限定承認をした。その後，被相続人Aの債権者Xは，Aに対して有していた金銭債権1000万円の支払を求める訴えをYを相手方として提起した。

1　この訴訟において，Yが限定承認の事実を主張したところ，これが認められ，相続財産の範囲で1000万円を支払えとの判決がされて確定した。その後，Xが，「Yは，相続直後に相続財産を隠匿しており，限定承認には無効事由がある。」と主張して，確定判決の効力を争うことができるか。
2　この訴訟において，Yは，限定承認の事実を主張しなかったところ1000万円を支払えとの判決（相続財産の範囲で支払えとの限定は付されていない。）がされて確定した。Xは，この確定判決に基づき，Yの固有財産に対して強制執行をし，債権全額の満足を得た。その後，Yは，Xに対して，不法行為による損害賠償を求める訴えを提起し，「Xが，限定承認の事実を知りながら，1000万円の給付判決を得て強制執行をしたのは違法である。」と主張した。確定判決の効力との関係で，Yの主張の当否を論ぜよ。

また、反射的効力の第三者への及び方は一律ではなく、その客観的範囲は判決理由中の判断にも及ぶとする点で既判力と区別される。反射的効力は明文を欠くことから、否定的見解もある。

最判昭和53年3月23日判時886号35頁は、不真正連帯債務者の1人と債権者との間で実体法上有効な相殺があれば、その限度で他の債務者の債務も消滅するが、他の債務者と債権者との間の訴訟においてこの債務消滅を認めて判決の基礎とするには、右相殺が実体法上有効であることを認定・判断することを要し、相殺の当事者たる債務者と債権者との間で相殺の効力を肯定した確定判決があってもその判決の効力は他の債務者に及ばないとした。

	既 判 力	反 射 効
効力の根拠	訴訟上の効力	実体法上の効力
後訴での採用	職権調査事項	当事者の主張を必要
訴訟の参加形態	共同訴訟的補助参加	通常の補助参加
第三者の抗弁	馴合訴訟を理由に無効の主張不可	馴合訴訟を理由に無効の主張可
効力の拡張形態	一律に拡張	依存関係の態様に応じて有利または不利に拡張
客観的範囲	判決主文に発生	理由中の判断にも発生

Step up

❶　将来発生すべき損害についての定期的支払判決について、117条を類推適用して、変更判決を求めることができるであろうか。最判昭和61年7月17日民集40巻5号941頁（従前の土地の所有者である被上告人が仮換地の不法占拠者である上告人に対し、将来の給付の訴えにより、仮換地の明渡しにいたるまでの賃料相当額損害金の支払を求め、これを認容する判決が確定したところ、事実審口頭弁論の終結後に公租公課の増大、土地の価格の昂騰により、その認容額が不相当となったとして、相当賃料額と前訴認容額の差額を追加請求するなどした事案）は、一部請求理論による別訴を認める。

❷　交通事故などによる身体障害の場合に、当事者間における訴訟や和解の解決がなされた後に、後遺症が発生し、損害が増大する場合がある。このよう

な場合，後遺症は，前訴確定判決の既判力の影響を受けるであろうか。後遺症を一部請求訴訟の残部請求として構成する考え方（最判昭和42年7月18日民集21巻6号1559頁参照）もあるが，後遺症は前訴口頭弁論終結後に生じた損害として，既判力の時的限界の問題として考えるべきであろう。前訴の請求は明示的一部請求であったと構成するのは難しいように思われるし，事故からしばらく経過した後の請求は短期消滅時効（民724条）の壁に阻まれることもあるからである。

❸　訴訟上の相殺の抗弁に対し訴訟上の相殺を再抗弁として主張することは許されるであろうか。民訴法114条はこれについて応えていない。判例は，訴訟上の相殺の意思表示は，相殺の意思表示がされたことにより確定的にその効果を生ずるものではなく，当該訴訟において裁判所により相殺の判断がされることを条件として実体法上の相殺の効果が生ずるものであるから，相殺の抗弁に対して更に相殺の再抗弁を主張することが許されるものとすると，仮定の上に仮定が積み重ねられて当事者間の法律関係を不安定にし，いたずらに審理の錯雑を招くことになって相当でないから，被告による訴訟上の相殺の抗弁に対し原告が訴訟上の相殺を再抗弁として主張することは，不適法として許されないとする（最判平成10年4月30日民集52巻3号930頁）。

❹　〈CASE 24〉は一部請求の事例であり，大方のポイントについては，本文の解説から解答を導くことができるであろう（No. 23，5(2)参照）。控訴審における取扱いについてのみ触れておく。控訴審裁判所が認定したXの損害額は600万円であり，Yの抗弁として主張された損害は160万円と認定された。したがって，一部請求と相殺に関する判例理論（外側説）によれば，損害総額600万円から160万円が控除され，Xの440万円の請求認容判決が認められそうであるが，第1審において350万円の認容判決が下り，Yのみが控訴した本件では，Yに対する関係で不利益変更の禁止の原則が働き，350万円を超えるYに不利益な認容判決を下すことはできない。したがって，控訴審は，Yの控訴を棄却（302条）することになる。

❺　引換給付判決　　原告の請求に対して，被告が，同時履行の抗弁を提出した場合に，原告の履行と引換えに被告が給付すべきことを命ずる内容の判決を引換給付判決という。原告が求めた給付内容に制約を加えることになるため，実質的には原告一部敗訴の判決を意味する。具体的には，賃貸借契約の解除に

基づく家屋明渡請求訴訟において，家屋の無条件明け渡しを求めた原告に対し，被告が，賃借家屋の修繕費の支払いを求めて争った場合に，原告が被告に対して一定額の金銭を支払うことを条件に，対象家屋の明渡しを命ずる判決をする場合である。

Practice

次の各問に答えなさい。

問1 判決の確定時期に関する以下の記述のうち，誤っているものを1つ選びなさい。ただし，飛躍上告の合意はされていないものとする。
1. 上告審の終局判決は，言渡しと同時に確定する。（　　　）
2. 第1審の終局判決について，控訴がなされていない場合には，控訴期間が経過した時に確定する。（　　　）
3. 第1審の終局判決について，控訴がされたが，控訴期間経過後に控訴が取り下げられた場合，第1審判決は，取下げの時に確定する。（　　　）
4. 第1審の終局判決について，適法な控訴がされた場合，控訴棄却判決の確定と同時に第1審判決も確定する。（　　　）
5. 第1審の終局判決前に，当事者間に控訴をしない旨の合意が成立した場合，判決は言渡しと同時に確定する。（　　　）

問2 既判力の時的限界に関する以下の記述のうち，判例に照らして誤っているものを1つ選びなさい。
1. 判決の標準時前に相殺適状が生じていたのに相殺権を行使せず敗訴した前訴被告は，請求異議訴訟において相殺権を行使することができる。（　　　）
2. 判決標準時前に解除権を行使できたのにこれを行使せず敗訴した前訴被告は，請求異議訴訟において解除権を行使できない。（　　　）
3. 判決標準時前に取消権を行使できたのにこれを行使せず敗訴した前訴被告は，請求異議訴訟において取消権を行使することができる。（　　　）
4. 建物収去土地明渡請求訴訟において，判決の標準時前に借地借家法13条の建物買取請求権を行使できたのにこれを行使せず敗訴した前訴被告は，請求異議訴訟において建物買取請求権を行使することができる。（　　　）

問3 既判力の基準時（標準時）に関する以下の記述のうち，誤っているものを1つ選びなさい。
1. 期限未到来を理由として給付請求を棄却した判決が確定した場合でも，敗訴原告が基準時後の期限の到来を主張して再訴をなすことは妨げられない。

2. 判例によれば，請求異議訴訟の基準時に相殺適状にあった場合でも，その請求異議訴訟の請求棄却判決確定後の相殺の意思表示により債務名義に表示された請求権が消滅したことを異議事由として，再び請求異議訴訟を提起することは，前訴確定判決の既判力に抵触しない。　　　　　　　　（　　　）
3. 貸金の元本債権だけを請求した前訴において，債権は当初から成立していないとの理由で原告が敗訴した場合，同一の被告に対して前訴基準時までの利息を請求する後訴において，元本債権の当初から成立を主張しても，前訴確定判決の既判力に妨げられる。　　　　　　　　　　　　　　　　　（　　　）
4. 基準時前に生じた損害につき定期金賠償を命じた確定判決につき，定期金算定の基礎となった事情について著しい変更が生じたときは，当該確定判決を変更する訴えを提起できるが，その対象となるのは変更の訴えの提起以降に履行期が到来する債権のみである。　　　　　　　　　　　　　　　（　　　）
5. 判例によれば，手形金支払請求訴訟において，基準時の時点で手形が白地のまま補充されていなかったことを理由とする請求棄却判決の確定後，あらためて後訴で，白地手形補充権が行使され手形債権が発生したことを理由に手形金を請求することは，前訴確定判決の既判力により遮断される。　（　　　）

問4 以下のうち，判例によれば，当該訴訟の判決の既判力が及ばないとされているものを1つ選びなさい。
1. 建物収去土地明渡請求訴訟の口頭弁論終結後，その被告から建物の所有権を取得した者　　　　　　　　　　　　　　　　　　　　　　　（　　　）
2. 通謀による虚偽の登記名義を真正なものに回復するための所有権移転登記抹消請求訴訟において敗訴判決を受けた被告から，基準時後に善意で当該所有権を取得して移転登記を受けた者　　　　　　　　　　　　　　　（　　　）
3. 株主が取締役の会社に対する責任を追及して提起した株主代表訴訟における，当該会社　　　　　　　　　　　　　　　　　　　　　　　　（　　　）
4. 子が「父」と主張する者に対して提起した実親子関係存否確認訴訟における，「父」とされた者の妻　　　　　　　　　　　　　　　　　　（　　　）
5. 所有権存在確認訴訟の原告から，基準時前に当該所有権を譲り受け，基準時後に移転登記を受けた者　　　　　　　　　　　　　　　　　（　　　）

第3章 裁判と訴訟の終了

No.24　裁判によらない訴訟の完結

1　裁判によらない訴訟の完結

　民事訴訟は，裁判により終結するほか（前節参照），私的自治の原則にもとづき処分権主義が適用される結果，当事者の訴訟行為により訴訟を終了させることができる。これには，訴えの取下げ，請求の放棄・認諾，および訴訟上の和解がある。

　裁判所に提訴される事件の半数は，処分権主義にもとづき終結する。この中で最も多いのは訴訟上の和解であり（地裁レベルで約28.8パーセント，簡裁では25パーセント。平成19年度），訴えの取下げが残りをほぼ占める。

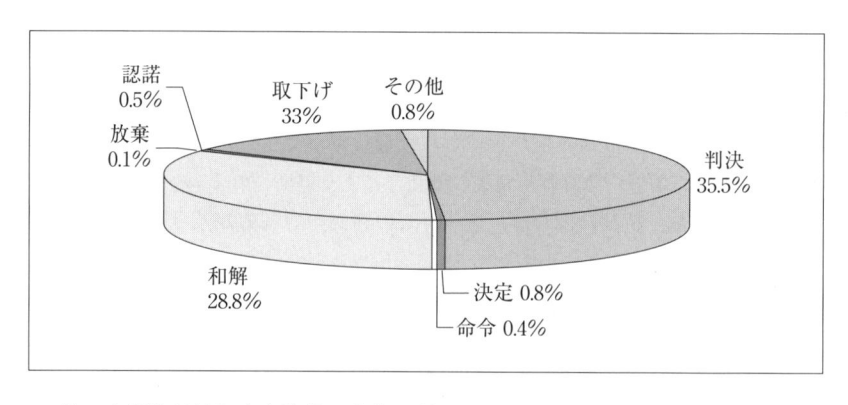

認諾 0.5%
取下げ 33%
その他 0.8%
放棄 0.1%
判決 35.5%
和解 28.8%
決定 0.8%
命令 0.4%

第一審通常訴訟既済事件数—事件の種類および終局区分別—全地方裁判所

（平成19年度）

総数	判決	決定	命令	和解	放棄	認諾	取下げ	その他
172,975	61,368	1,329	725	49,812	180	907	57,219	1,435
100%	35.5%	0.8%	0.4%	28.8%	0.1%	0.5%	33%	0.8%

〈CASE 25〉　Y_1は，Xが所有権を主張する土地に，建物を築造所有してその一部をY_2らに賃貸していたので，Xは，Yらに対して所有権侵害を理由に建物収去・土地明渡しの訴えを提起した。控訴審においてY_1は，

Y_2 らは賃借している建物に Y_1 の同意を得て建物を増築したため，建物の現状が著しく変化して実在しなくなったと主張した。そのため，Xは，従来の主張はあきらめざるをえないと判断した。そして，所有権にもとづく建物収去および土地明渡しの訴えから敷地賃借権不存在確認の訴えに変更して，その勝訴判決が確定した。

その後，Y_1 が従前の主張を翻して増築附合した建物の所有権を主張したため，Xは，Y_1 らに対して再び土地所有権にもとづく建物収去・土地明渡しの訴えを提起しようとしている。Xの訴えの提起は許されるか。

《**参考判例**》　最判昭和52年7月19日民集31巻4号693頁
《**判例評釈**》　青木哲・ジュリスト百選〈第3版〉202頁，角森正雄・ジュリスト百選(1)〈新法対応補正版〉170頁，白川和雄・ジュリスト百選〈第2版〉136頁，小野寺忍・判例タイムズ367号77頁

〔Point〕
① 訴えの変更の態様
② 訴えの変更の要件
③ 訴えの取下げの後，同一請求について訴えを提起の可否

2　訴えの取下げ

訴えの取下げとは，提起した訴えの全部または一部を撤回する原告の訴訟行為をいう。民事訴訟は，処分権主義が支配することから，原告の訴えの提起により開始し，原告の訴え取下げにより終結させることができる。しかし，原告の一方的な提訴により開始される訴訟が，原告の一方的な撤回行為により終結させることができるとすると，被告の裁判を受ける権利が侵害されることになるし，紛争の解決にエネルギーを注いだ裁判所の労力が無に帰すことにもなる。また，もし取り下げられた事件ついて，原告が再び訴えの提起を自由にできるとすると，被告は二重に応訴を強いられることになる。

訴えの取下げでは，裁判を受ける権利をめぐる当事者の利益の調整と，国民の負担で賄われる裁判制度の中で処分権主義をどのように評価するか，訴え取下げの効果を考えるうえで問題になる。

(1)　訴え取下げの要件

原告は判決が確定するまで，その訴えの全部または一部を取り下げることが

できる（261条1項）。しかし，判決の確定前であっても，相手方が本案について準備書面を提出し，弁論準備手続において申述をし，または口頭弁論をした後にあっては，相手方の同意を得なければならない（同条2項本文）。原告による訴えの取下げに対し被告が同意を拒絶した場合には，訴えの取下げは無効として確定し，以後，被告が改めて同意をしても，先の取下げは効力を生じない（最判昭和37年4月6日民集16巻4号686頁）。

本訴の取下げがあった場合における反訴の取下げについては，本訴原告の同意を必要としない（同条2項ただし書）。

(2) 訴え取下げの手続き

訴えの取下げは，原則として書面でしなければならないが，口頭弁論，弁論準備手続または和解の期日においては行う場合には，口頭ですることができる（同条3項）。訴えの取下げが書面でされたときはその書面を相手方に送達し，訴えの取下げが口頭弁論等の期日において口頭でされたときは，相手方がその期日に出頭したときを除き，その期日の調書の謄本を送達して行う（同条4項）。訴えの取下げの書面または取下げがなされた日の調書の謄本の送達を受けた日から2週間以内に相手方が異議を述べないときは，訴えの取下げに同意したものとみなされる（同条5項本文）。

(3) 訴え取下げの効果

訴えの取下げがなされると，訴訟は，訴えの取下げがあった部分については，初めから係属していなかったものとみなされる（訴訟終了効。262条1項）。したがって，既に言い渡された判決は効力を失う。

本案について終局判決があった後に訴えを取り下げた者は，同一の訴えを提起することができない（再訴禁止効。同条2項）。

(4) 訴え取下げの擬制

当事者双方が，口頭弁論もしくは弁論準備手続の期日に出頭しなかったり，また，弁論もしくは弁論準備手続における申述をしないで退廷もしくは退席をした場合において，1カ月以内に期日指定の申立てをしないときは，当事者には訴訟追行に意欲がないものとして，訴えの取下げがあったものとみなされる。当事者双方が，連続して2回，口頭弁論もしくは弁論準備手続の期日に出頭せず，または弁論もしくは弁論準備手続における申述をしないで退廷もしくは退席をしたときも同様である（263条）。

(5) 裁判外における訴え取下げの合意

訴えの取下げがなされる背景には，裁判所外における和解の締結がある。この和解の締結にともない，原告が被告との間で訴えを取下げる合意をすることがある。この合意に違反する訴訟の続行は，原告の権利保護の利益が喪失しているので，訴えは不適法なものとして却下される（最判昭和44年10月17日民集23巻10号1825頁）。

3 請求の放棄・認諾

(1) 請求の放棄・認諾の意義

原告は自己の主張する請求を一方的に放棄することにより，また，被告は原告の主張する請求を認諾することにより，訴訟を終結することができる。いずれも，口頭弁論期日等（したがって，和解期日も含まれる）における裁判所に対する陳述であり，裁判所がこれらの陳述を調書に記載することにより成立する（266条1項）。いずれも相手方の同意を必要としない。請求の放棄や認諾をする旨の書面を提出すれば，当事者が口頭弁論等の期日に出頭しなくても，裁判所または受命裁判官もしくは受託裁判官は，その旨の陳述をしたものとみなすことができる（同条2項）。

職権探知主義（人訴20条）が採用される人事訴訟では，当事者の実体処分が許される離婚訴訟や離縁訴訟を除いて，和解や請求の放棄および認諾は許されない（同37条・44条）。これを許すと，真実に反して身分関係が形成される恐れがあり，人事訴訟の趣旨に背くことになるからである。

(2) 請求の放棄・認諾の効果

請求の放棄または認諾は，これを調書に記載することにより，確定判決と同一の効力を有する（267条）。したがって，その限度で訴訟は終了する。給付訴

《出題例・現司試昭63/②》

甲は，乙を被告として，A土地について所有権に基づく明渡しの訴えを提起し，勝訴判決を得た。その後，この訴訟が控訴審に係属中に，乙から，A土地とB土地とを交換して欲しいとの申込みを受け，甲は，これ承諾した上，その旨の訴訟外の和解に応じた。そこで，甲は，この訴えを取り下げた。ところが，乙からB土地として示されていた土地はC土地であって，実際のB土地は利用に耐えない土地であることが判明した。そこで，甲は，乙に対し，A土地の明渡しを請求したい。どの様な法的手段が考えられるか。

訟における認諾調書には執行力が生じ，形成訴訟における認諾調書には形成力が生ずる。

4　訴訟上の和解

和解には，裁判所外において行われる「実体法上の和解」（民695条）と，裁判所においてなされる「裁判上の和解」とがある。後者は訴訟係属中にされる「訴訟上の和解」と簡易裁判所における「訴え提起前の和解」（275条）とがある。裁判上の和解は当事者が相互に譲歩して訴訟上の合意に達する点において，当事者が一方的に譲歩する請求の放棄および認諾と区別される。

```
           ┌実体法上の和解             ┌通常の訴訟上の和解
和解       │              ┌訴訟法上の和解┤和解条項案の書面による和解
           └裁判上の和解  │              └裁判所等が定める和解条項
                          └起訴前の和解(即決和解)－簡易裁判所の専属管轄
```

(1) 訴訟上の和解

訴訟上の和解は，当事者双方が訴訟上の請求について譲歩しあった結果を裁判所または裁判官に陳述する行為である。裁判所は，訴訟がいかなる程度にあるかを問わず，和解を勧告することができる（89条）。訴訟上の和解は，裁判所の期日において行われる必要があり，この期日は，口頭弁論期日に限らず，弁論準備期日（電話会議システムを用いる期日を含む）や和解期日でもよい。相当と認められるときは，裁判所外において，受命裁判官や受託裁判官の面前において成立させることができる（民訴規32条2項）。

(2) 和解条項案の書面による受諾

当事者が遠隔の地に居住しているなどの事由により出頭が困難であると認められる場合には，その当事者があらかじめ裁判所または受命裁判官もしくは受託裁判官から提示された和解条項案を受諾する旨の書面を提出し，他の当事者が口頭弁論等の期日に出頭してその和解条項案を受諾したときは，当事者間に和解が成立したものとみなされる（264条）。

訴訟上の和解は，原則として，当事者双方が期日に出頭し，合意内容を陳述しなければならないが，この制度はそれを緩和したものである。このような扱いは既に，家事調停において実施されており（家審21条の2），264条は，これを参考にした規定である。

(3) 裁判所等が定める和解条項（仲裁和解）

　当事者が共同して，和解条項案の作成を裁判所または受命裁判官もしくは受託裁判官に申し立てるときは，裁判所等は，事件解決のために適当な和解条項を定めることができる（265条1項）。この申立ては書面で行わなければならず，書面に当事者が和解条項に服する旨を記載しなければならない（同条2項）。和解条項の定めは，口頭弁論期日等における告知その他の方法により行われ，この告知が当事者双方になされることにより成立する（同条3項・4項）。裁判所等が和解条項を定めるときは，当事者の意見を聴かなければならない（民訴規164条1項）。和解条項が当事者に告知される前であれば，相手方の同意を得ることなく，申立てを取り下げることができる（265条4項）。

(4) 裁判上の和解の効果

　裁判上の和解が調書に記載されると訴訟は終了し，和解調書は確定判決と同一の効力を有する（267条）。したがって，和解の内容が給付を命じるものであれば，執行力が生じ債務名義になる（民執22条7号）。

(5) 訴訟上の和解の瑕疵を主張する方法

　訴訟上の和解の瑕疵を主張する方法について，規定はない。訴訟上の和解について既判力を全面的に肯定する説は，和解について再審事由が存在する限りにおいて再審の訴え提起するしかない。判例は，種々の方法を競合的に認めている。すなわち，再審の訴え，新訴の提起，新期日指定の申立てを認める。実務では，費用の負担の軽い，新期日の申立てがもっとも利用されている。

Step up

　❶ 「訴えの変更」とは，請求の趣旨または請求の原因の変更をいうが，これには，従来の請求に新たな請求を加える「追加的変更」と，従来の請求に変えて新たな請求を定立する「交換的変更」とがある。交換的変更の場合には，必然的に訴えの取下げをともなうため，法所定の訴え変更要件（143条）のほかに，訴えの取下げの要件（261条）が求められる。〈CASE 25〉では，土地所有権にもとづく建物収去・土地明渡しの請求に変えて賃借権不存在確認を請求しており，前請求の取下げをともなう交換的変更にあたる。

　本案について終局判決（終局判決は確定判決ではない！）があった後に訴えを取り下げた者は，同一の訴えを提起することはできない（262条2項）。訴え取

下げ後の再訴禁止の効果について，これを国家の解決を徒労に終わらせたことに対する制裁と考える立場と（取下濫用制裁説）と，再訴禁止効の本質は再訴濫用の防止にあるとの説が対峙した。現在，訴えの取下げという当事者間の自主解決を積極的に評価して再訴の濫用がない限り新たな訴えの提起を認める再訴濫用防止説が支配する。最判昭和52年7月19日民集31巻4号693頁（〈CASE 25〉のモデル）は，262条2項の趣旨を，二元的に，取下げ濫用に対する制裁と再訴の濫用防止にあるとしたうえで，262条に規定する同一の訴えとは，単に当事者および訴訟物が同じであるだけでは足りず，訴えの利益または必要性についても事情を同一にする訴えの意味であるとした。

❷　訴訟上の和解の法的性質をめぐっては，純然な民法上の和解契約とみる「私法行為説」，訴訟係属中当事者がその主張を互いに譲歩して訴訟を終了させる旨の合意であるとする「訴訟契約説」，私法上の和解契約と訴訟終了契約の併存を認める「併存説」，私法上の和解の性質と訴訟行為の性質を併有するとする「両性説」などが主張されている。いずれの見解を採るかにより，理論的には，訴訟終了効の説明，和解内容の瑕疵を主張できる範囲，そしてその瑕疵の主張方法等に影響をもたらす。判例は，両性説または併存説に立っている（最判昭和44年6月14日民集12巻9号1492頁）。

❸　訴訟上の和解または請求の放棄もしくは認諾を調書に記載したときは，確定判決と同一の効力を有する（267条）が，調書に既判力が認められるのかについては争いがある。

既判力を肯定する説は，再審事由が認められる場合に限り既判力を覆すことができるとする（既判力肯定説）。これに対して，和解には判決主文にあたる部分がないとの理由で，既判力を否定する見解（既判力否定説）もある。判例および学説の多くは，折衷的に，請求の放棄・認諾または和解の内容に無効・取消原因があるときには既判力を否定する立場（制限的既判力説）にあると思われる。

❹　訴訟上の和解の成立後，和解債務の不履行による解除（民541条・543条），や合意解除がなされる場合，和解の実体法上の効果および訴訟終了効に影響をもたらすか否かが問題になる。

法定解除により，和解の実体法上の効果は消滅するが，訴訟終了効は消滅しないとする判例（最判昭和43年2月15日民集22巻2号184頁）と，和解解除の場合

にも和解は遡及的に除去されるので訴訟終了効にも影響を与えるとの説が対立する。判例の立場に立つと，和解の無効を主張する当事者は，和解無効確認の新訴を提起しなければならないが，後説では，訴訟の続行を求めて新期日の申立てを認めることになる。

合意解除の場合には，訴訟上の和解の実体的効力のみが消滅するだけであり，訴訟の終了効に影響を与えない。

Practice

次の問に答えなさい。

問1 訴訟上の和解に関する以下の記述のうち，異論なく認められるものを1つ選びなさい。

1. 訴訟上の和解は，当事者が，裁判所または裁判官に対して事件の解決のために必要な和解条項を定めるように共同して書面で申し立て，その書面に和解条項に服する旨の記載することによっても行うことができる。　　（　　　）
2. 訴訟上の和解は，和解調書に記載されることで確定判決と同一の効力を生じ，したがって，既判力も認められる。　　（　　　）
3. 起訴前の和解は，原則として簡易裁判所で行われるが，争われる金額が140万円を超える場合は，地方裁判所で行うことができる。　　（　　　）
4. 裁判所は，控訴審における証拠調べが終了した後は，当事者に対して訴訟上の和解を勧めることができない。　　（　　　）

No. 25　大規模訴訟等に関する特則

　当事者が著しく多数で，かつ，尋問すべき証人または当事者本人が著しく多数である訴訟を「大規模訴訟」という（268条）。例えば，公害事件や薬害事件等における損害賠償請求にかかる訴訟が大規模訴訟として想定されている。民事訴訟法第2編第7章は，このような事件を審理する際の特則を設けた。

1　受命裁判官による証人等の尋問
　大規模訴訟にかかわる事件については，当事者に異議がないときは，裁判所内で受命裁判官に証人または当事者の尋問をさせることができる（268条）。直接主義の緩和である。

2　大規模訴訟における合議体の構成
　現行法上，地方裁判所における合議対の裁判官の員数は，原則として，3人とされている（裁26条3項）。しかし，大規模訴訟では，当事者や証人の数は著しく多く，審理が複雑かつ長期間に及ぶことが予想されるため，決定をもって，5人の合議体による審理および裁判を行うことができる（269条1項）。合議体の構成員を増やすことにより，争点等の整理や証拠調べの手続を分担し，効率的な審理手続の達成をはかる意図がある。

3　その他の手続規制
　大規模訴訟の審理を円滑に実施するために，当事者の一方について訴訟代理人が数人いるときは，訴訟代理人はその中から，連絡を担当する者を選任し，その旨を裁判所に届け出ることができる（民訴規166条）。

No. 26　簡易裁判所の訴訟手続に関する特則

　簡易裁判所は，戦後，新憲法における司法国家理念の実現として，アメリカの少額裁判所をモデルに，市民に親しみやすく社会良識を反映させる裁判所を目指して発足した裁判所である。設置当初，全国の簡易裁判所は557庁，その後，若干の増設がなされたが，1988年，交通事情等を勘案した統廃合ならびに人口増加にともなう増設が行われ，現在，全国の簡易裁判所数は438である。

1　簡易裁判所の手続の特則
　簡易裁判所の手続の特色は，簡易・迅速な紛争解決である（270条）。

(1)　簡易裁判所の管轄，訴えの提起
　簡易裁判所が扱う事件（事物管轄）は，訴訟の目的の価格が140万円を超えない請求（裁33条1項1号）である。簡易裁判所における訴えの提起は，口頭によることが許され（271条・273条），訴状による訴えの提起の原則（133条1項）の例外になる。しかし，実際には，弁護士や司法書士による訴状の作成がなされ，また，簡易裁判所の窓口には原告の請求に応じたさまざまな書式が用意され利用されるのが一般である。

　訴えの提起においては，請求の原因に代えて，紛争の要点を明らかにすればよい（272条）。訴訟物を特定するためには法的知識を必要とすることから，簡易裁判所の直接の利用が想定される一般市民に，訴訟の入り口の段階では請求原因は求めない趣旨である。

(2)　訴訟代理権
　簡易裁判所の手続における訴訟代理人は弁護士である必要はなく，裁判所の許可を得て，その他の者を訴訟代理人とすることができる（54条1項ただし書）。法務大臣の認定を受けた司法書士は，上訴，再審および強制執行に関する事項を除いて，簡易裁判所における手続の代理権が認められている（司書3条1項・3条1項6号）。しかし，約9割の事件では，両当事者に代理人は選任されることなく，当事者本人による訴訟が行われている。

(3)　簡略手続の実施
　簡易裁判所における手続については，訴え提起の簡略化以外にも，口頭弁論

における準備書面の省略等（276条）や証人・当事者本人・鑑定人の各尋問に代わる書面の提出（278条）を認め，また判決書等の簡略化を図っている（280条，規170条）。

(4) 「和解に代わる決定」制度

簡易裁判所では，金銭の支払いの請求を目的とする訴えについて，被告の資力その他の事情を考慮して相当であると認めるときは，当該請求に係る金銭の支払について，その時期の定めもしくは分割払いの定めをし，またはこれと併せて，その時期の定めに従い支払いをしたとき，もしくはその分割払の定めによる期限の利益を次項の規定による定めにより失うことなく支払いをしたときは訴え提起後の遅延損害金の支払義務を免除する旨の定めをして，当該請求に係る金銭の支払いを命ずる決定をすることができる。分割払いを内容とする和解的解決により，原告としても，強制執行手続の負担を回避することができる。

ただし，被告が口頭弁論において原告の主張した事実を争わず，その他何らの防御の方法をも提出しない場合であり，原告の意見を聴かなければならない。また分割の期間は，本決定の告知を受けた日から5年を超えない範囲内においてしなければならない（275条の2）。

(5) 司 法 委 員

訴訟に社会良識を反映させるために，簡易裁判所の民事訴訟では，民間人として審理に立会い意見を述べる「司法委員」の立会いが認められている（279条）。司法委員の関与は，通常訴訟の約4分の1，少額訴訟の約5分の3の事件にみられる。

裁判所は，必要があると認めるときは，和解を試みるについて司法委員に補助させ，または司法委員を審理に立ち会わせ，事件について意見を聴くことができる（279条1項）。すなわち，司法委員には評決権はない。

2　訴え提起前の和解

訴え提起前の和解は，訴え提起前に簡易裁判所に和解の申立てをする点で，訴訟係属中になされる訴訟上の和解と区別される。訴え提起前の和解は，「起訴前の和解」ともよばれる。

訴え提起前の和解の管轄裁判所は，訴額にかかわらず，相手方の普通裁判籍の所在地を管轄する簡易裁判所であり（275条1項），和解が整わない場合およ

び和解期日に出頭した当事者双方の申立てにもとづき，通常訴訟に移行する（同条2項）。また，申立人または相手方が和解期日に出頭しないときも，同様である（同条3項）。しかし，通常，当事者間で示談が成立しており，裁判所は当事者間に成立している示談契約を公証する行政的作用を担うにすぎない。そのため，訴え提起前の和解は，「即決和解」ともよばれる。

　公正証書は一定金額の支払いまたはその他の代替物もしくは有価証券の一定の数量の給付を目的とした請求に限り執行力が認められるのに対して（民執22条5号），和解調書は請求内容を問わず執行力が認められ（267条），費用が廉価である点で，公正証書より利用しやすい。

　和解条項案の書面による受諾制度（264条）は当事者の出頭の必要性を緩和するものであり，また，裁判所等が定める和解条項（265条）は裁判所と当事者の間の信頼関係を基礎とした仲裁規定を定めるものであるが，訴え提起前の和解は，通常，1回の期日における決着が予定されており，これら2つの制度を適用する必要性はないため，いずれの適用も認められない（275条4項）。

Practice

次の各問に答えなさい。

問1 少額訴訟手続に関する以下の記述のうち，誤っているものを1つ選びなさい。
1. 少額訴訟を提起された被告は，通常の手続による審理を求めることができる。（　　　）
2. 少額訴訟を提起した原告は，通常の手続による審理を求めることができない。（　　　）
3. 少額訴訟において，被告は反訴を提起することができない。（　　　）
4. 少額訴訟の終局判決に対して，原告は控訴できないが，被告は控訴できる。（　　　）
5. 少額訴訟の請求認容判決において，裁判所は，分割払いの定めをすることができる。（　　　）

問2 第1審裁判所が簡易裁判所である訴訟事件（少額訴訟事件を除く）に関する以下の記述のうち，正しいものを1つ選びなさい。
1. かかる事件が最高裁判所の審理を受けることはありえない。（　　　）
2. かかる事件においては，上告をすることができない。（　　　）
3. かかる事件における上告審裁判所は高等裁判所であるから，上告審において

も事実審理ができる。　　　　　　　　　　　　　（　　　）
4．かかる事件については，上告受理制度の適用はない。　（　　　）

第4章

不服申立て

No. 27 上訴と控訴

1 上訴制度

(1) 上訴の意義

　裁判官も人間であり，当事者との交わりの中で裁判所が下す法的判断も，そのすべてに誤りがないとは言い切れない。そこで，裁判が確定してしまう前に，上級の裁判所に対して，原裁判の取消しや変更を求めて不服を申し立てる手段が，上訴制度として保障されている。

　民事訴訟においては，当事者の権利保護を目的として，裁判所の裁判に対して不服申立てが可能である。もっとも，当事者の権利保護・救済が裁判の重要な目的ではあっても，いつまでも不服申立てを許していては，公的サービス機関としての民事訴訟法制度が機能不全に陥ってしまう。そこで，わが国の民事訴訟法は，三審制を採用し，当事者の権利保護および法令の解釈・適用の統一による公的サービスの質の向上に努めている。

(2) 控訴・上告

　わが国の民事訴訟においては，通常，第1審の判決に対しては控訴，第2審の判決には上告の申立てが許されている。

　控訴とは，簡易裁判所の判決であれ，地方裁判所の判決であれ，第1審の裁判所が下した判決に対する第2の事実審への上訴を意味する。さらにこの第2審の判決に対しては，係争中である法令の解釈・適用の統一を審理する法律審としての上告がある。第1審の裁判所が簡易裁判所の場合には，高等裁判所が上告裁判所となる。しかし，むやみに上告を認めてしまうと，訴訟遅延が生じることは必然であり，とりわけ訴訟遅延による最高裁判所における公的サービスの低下が懸念されていた。そこで新民訴法では，上告規定を変更することで当該問題の解決に努めた。すなわち，最高裁判所は，判例違反等の法令解釈に関する重要な事項を理由とする上告受理の申立てを決定により受理することができるとした。いわゆる裁量上告制度の新設である。

(3) 抗告

　裁判所が判決ではなく，本案との関係で付随的な申立事項等につき下した決定や命令に対しては，抗告という不服申立てが認められている（328条以下），

さらに，当事者の権利保護と法令の解釈の統一を両立させるために，最高裁判所に対する許可抗告制度が新設されている（337条）。

(4) 上訴の目的

このように，国家の裁判所による判決に対しては控訴・上告，決定ならびに命令に対しては抗告の制度が定められているが，上訴制度の目的自体についての考察も，本章における同制度の理論的構築を理解するために有益であると思われる。かねてより上訴制度の目的論は，裁判の適正および当事者の権利保護や法令の解釈・適用の統一の観点から議論されてきた。近年，上訴制度は国民に対する公的サービス制度でもあるとの観点から論じられている。

① 裁判の適正および当事者の権利保護と法令の解釈・適用の統一

裁判の適正および当事者の権利保護を上訴制度の目的とするならば，上訴では，不当な裁判により当事者の受ける不利益を救済するための制度である点が重視される。法的保護に値する利益を保護し，救済するという意味で権利保護説と称されている。

上訴人は，上訴に要する費用を負担し，処分権主義による訴えの取下げ等を行うこともできるし，不利益変更の禁止の原則も適用される。すなわち，上訴における権利保護とは，原判決が確定してしまうことにより，上訴人に生じる利益侵害からの救済である。その意味において，実質的には，原裁判所（国家）対上訴人（私人）の対立が成立するため，公的サービス機関としての上訴制度が有する原則的サービスと把握することができる。

これに対して，法令の解釈・適用の統一が上訴の目的であるとするならば，上級の裁判所，とりわけ最高裁判所による判断が，同種同類の事件において下級審の法令の適用・解釈に不統一を生じさせることを防止する機能を果たすことが強調されることになる。もちろん，ここにおいて納税者たる国民であり将来の制度利用者は，法令の解釈・適用が統一されることを通じて，法律問題につき無用な争いを回避でき，将来的訴訟コストは削減され，訴訟提起の必要性の有無が判断可能となり，しかも安定した利益保護が公正にはかられることになる。将来の制度利用者による法的判断の予測も可能となり，法令の解釈・適用の統一が上訴人の利益保護につながるのため，これを上訴制度が有する付随的サービスであると把握することも可能である（山本和彦・争点112項）。

② 公的サービス制度としての上訴制度の目的論とその背景

　上訴制度の目的として公的サービスの局面からその内容と質を考慮すると，上訴人の利益救済とサービスの質との間に利益考量が行われることになる。その利益考量は，以下の5点となる。すなわち，①上訴に応じない被上訴人に対する敗訴の強制（強制性），②敗訴者の訴訟引延しを目的とした上訴審の長期化に対する原審勝訴者の利益保護（迅速性），③付随的サービスの観点からみた上訴利用の手続料に関する改善の必要性（安価性），④事実認定の真実性および法の解釈適用の正しさを前提とした正当化根拠としての役割（合法性），⑤原審まで問題とならなかった法律問題が上告審で突如現れる，いわゆる不意打ち等がないように当事者に対する手続権保障の必要性（公正性）があげられる（山本・民訴審理10頁以下）。

(5) **上訴の要件と効果**

　上訴が適法であるかを考える場合，上訴の要件が充足されているかを考慮する必要がある。それは，すなわち，①原裁判にする不服申立てが許されており，②法および規則に従った上訴であり，③上訴期間内であること，④上訴人が原裁判に対して不服の利益を持ち，そして⑤当事者間に上訴しない旨の合意がなく，また上訴権の放棄もしていないこと，の5点である（伊藤・民訴641頁）。

　判決は，上訴期間が経過すると確定するが（116条1項），期間内の上訴の提起に伴い，原裁判の確定が遮断され（116条2項），既判力などの効力発生が妨げられ，事件の移審が生じる。この移審は，原裁判所の訴訟係属を消滅させ，上訴裁判所に訴訟係属を発生させる。控訴状，上告状，上告受理申立書が原裁判所に提出されると（286条・314条1項・318条5項），原裁判所が上訴を不適法却下しない限り（287条1項・316条1項・318条5項），事件と原審の訴訟記録が上訴審に送付される（民訴規174条・197条・199条2項）。移審の効果としては，適法に上訴がなされた場合，両当事者と上訴審とに上訴法律関係を成立させ，それに伴う権利義務を発生させることにより，原裁判が上訴期間確定後も確定しないことにある。

　上訴人の不服申立ての範囲に限られることなく，確定遮断効や移審効は原裁判全体について生じる。いわゆる上訴不可分の原則が機能する。そこで当事者は，不服申立範囲にない部分についても争うことが可能になる。ただし，移審効が生じる請求においても，不服申立ての対象となっていない請求は上訴審が

審判せず（296条・304条・313条），不服申立て対象となっていない部分については，申立てに基づいて上訴審が仮執行宣言をなすことができる（294条・323条）。

(6) **上訴（および再審も含めた）学習の方法**

　従来の司法試験においては，上訴は必ずしも重点項目とされてこなかったため，講義においても概略的説明に終わる傾向にあったが，今日の法学検定2級のみならず，新司法試験においては，上訴を範疇に入れた広範な問題が予想される。そこで本章では，基本書である伊藤・民訴を顧慮した上で，条文の流れを概略的に解説し，さらに高橋・民訴(下)からケースに関連した個別論点を捉え，加えて本文中に表記した論文をもとに，各論点に関する問題解決の糸口を提供することとした。なお，ケース中に挿入した事例については，判例百選等の要旨をまとめ，さらには解釈論に関する参考文献を記載したものもある。

　まずは，条文の意義とその構成，判例の趣旨を中心に理解を進めてほしい。また，上訴に関するケースは事案が込み入っているものも多いため，紙面の許す限りではあるが，一部の事案については事案の具体的内容にも考慮した。ケースブックであるという性質上，条文構成上の理由付けにまで言及していない。そこで，本章（および*No. 33*）を一読の後，最低限，読者は必ず上記2冊の基本書を読んで，論理的解釈力をさらに深めてほしい。

2　控　　訴
(1) **控訴手続の開始**

　控訴とは，第1審終局判決に対して，控訴人が被控訴人を相手方として第2の事実審に上訴を申し立てる行為であり，控訴手続を開始させることである。控訴手続の開始は以下のように規定されている。

　控訴期間は，第1審の判決書等が送られてきた日から2週間の不変期間内である（285条）。判決言渡後であれば，送達を待たずに控訴を提起できる（285条ただし書）。控訴状には，①当事者および法定代理人，②第1審判決の表示および対し控訴する旨の記載を要する（286条2項）。③不服の範囲および理由は任意的記載事項であるが，攻撃防御方法の記載により控訴審の準備書面を兼ねる（民訴規175条）。不服の理由は，控訴提起後50日以内に書面により提出することを要し（民訴規182条），さらに理由書に対応する反論書を被控訴人が提出

すべき旨，裁判長は命じることができる（民訴規183条）。控訴状の提出先は，第1審裁判所であり（286条1項），控訴期間や控訴の利益等が審査され，控訴が不適法かつ不備補正が不可能な場合，決定により控訴を却下する（287条1項）。それ以外の場合，控訴状と第1審訴訟記録が控訴審裁判所に送付される（民訴規174条）。控訴審裁判所は，必要的記載事項や手数料納付など控訴状を審査し，不備があれば補正を命じ，応じなければ控訴状を却下し（288条・137条），不備補正が不可能な場合，口頭弁論を開いて審理することなく判決により控訴却下ができる（290条）。呼出費用の予納がない場合も決定により控訴が却下される（291条1項）。ただし，これに応じた即時抗告は可能である（291条2項）。控訴状が適式であれば被控訴人に送達され（289条1項）控訴審における訴訟係属が発生する。

(2) 控訴権の不発生および放棄

(a) 不控訴の合意

当事者間で控訴をしない旨の合意（不控訴の合意）を締結することが，訴訟契約上，認められている。合意の効果は，控訴権の不発生または消滅であり，合意後の控訴は不適法となる。

不控訴の合意も訴訟契約である以上，訴訟行為一般に関する要件が充足される必要がある。分類すれば，まず(i)「合意のなされる時期」が問題となる。第一審判決を終局的なものとするために不控訴の合意は締結されるので，判決言渡しの前後を問わず合意締結の効力が認められる。さらに(ii)「合意の内容」としては，当事者一方のみの不控訴合意は公平性の観点から無効とされるので，必ず両当事者の合意を要する。(iii)その合意の対象は，一定の法律関係に基づく訴訟（ここでは，第1審の終局判決）を特定し，かつ「書面により合意」しなければならず（281条2項・11条2項），当事者の処分権に服する法律関係でなければならない（伊藤・民訴648頁）。

不控訴の合意の効果としては，判決言渡前に合意した場合，判決は言渡しと同時に確定する。判決言渡し後に合意した場合，判決は合意成立時に確定する。合意後の控訴は不適法却下となるが，合意が解約されると，控訴期間内に限り控訴提起が可能となる。

(b) 控訴権の放棄

第1審の判決言渡しにもとづき生じる控訴権は，控訴権者により放棄されう

る（284条）。控訴権が控訴提起後に放棄される場合，控訴の取下げとともに放棄される（民訴規173条2項）。控訴権の放棄は，裁判所に対する単独の意思表示であるため相手方当事者の同意は要しないものの，利害関係を考慮して相手方に放棄の通知がなされる（民訴規173条3項）。判決効が第三者に拡張する場合，控訴権の放棄は許されない。なお，意思表示の相手方は，控訴提起前は第1審裁判所であり，控訴提起後は訴訟記録の存在する裁判所である（民訴規173条1項）。

(c) **控訴の取下げ**

控訴の取下げとは，控訴人による控訴申立ての撤回であり，裁判所に対して書面により意思表示され，訴訟係属が消滅する（292条2項・261条3項）。控訴人と被控訴人により裁判外の取下げに合意した場合，その事実が裁判において明らかになると，控訴審の訴訟係属が消滅する。また，当事者が控訴審の口頭弁論に出頭せず，1カ月以内に期日指定の申立てをしない場合，控訴の取下げが擬制される（292条2項・263条）。控訴人は，控訴審の終局判決まで控訴を取り下げることができるが（292条1項），終局判決後に取り下げることはできない。（伊藤・民訴651頁）。控訴の取下げの効果としては，控訴の取下げにより控訴審の訴訟係属が遡及的に消滅するものの（292条2項・262条1項），控訴権放棄ではないので，控訴期間内であれば再び控訴が可能となる。

(3) **控訴審の審理**

(a) **控訴審一般**

原判決に対する不服にもとづき，原判決の取消し・変更を申し立てた控訴審においては，その不服申立ての範囲についてだけ審理も行われる（296条1項）。審判対象に係る裁判資料の範囲に関しては，覆審主義，事後審主義および続審主義などの原則が対立するが，民事訴訟法は続審主義の原則をとっている。続審主義とは，第1審の裁判資料に加えて，新たな資料を控訴審において収集して，原判決の当否を判断し，原判決取消しの必要性が生じれば，請求の当否についても自ら判断することである（296条2項・298条1項）。続審主義によれば，控訴審の口頭弁論終結時までに提出された請求に関する裁判資料を含めて審判されるため，既判力の基準時も事実審の口頭弁論終結時とされる。控訴審の手続には第1審の訴訟手続に関する規定が準用されるため（297条，民訴規179条），控訴審における訴えの変更や当事者参加も可能となる。ただし，反訴について

は特別の規定がある（300条）。控訴審の最初の期日に一方当事者が欠席すると，陳述の擬制がなされる（158条）。

(b) **弁論の更新**

　第1審の裁判資料が控訴審の裁判資料となる続審主義の下でも，第1審と控訴審が独立した裁判体であることに鑑み，第1審の裁判資料を控訴審の裁判資料とするために，当事者は第1審で行った主張・立証などをひとまとめにして口頭で陳述しなければならない。これを弁論の更新という（296条2項）。弁論の更新は，直接主義等の要請を満たす当事者の義務であるが，当事者の一方が行えば足りる。口頭弁論期日に欠席したことによる陳述の懈怠は，控訴取下げ擬制の原因となる（292条2項・263条）。

　当事者による結果陳述がなかったにもかかわらず，控訴審が第1審の裁判資料を判決の基礎とした場合，絶対的上告理由（312条2項1号）となる（最判昭和33年11月4日民集12巻15号3247頁［百選〈3版〉50事件］）。また，第1審において当事者が主張した事実と，弁論の更新において援用された判決書に記載の事実が食い違う場合，判決書に記載される事実や証拠調べの結果が控訴審の裁判資料となる（最判昭和61年12月11日判時1225号60頁［百選Ⅱ189事件］）。

　弁論の更新権とは，続審主義を採用する民事訴訟法において，当事者が第1審において提出した攻撃防御方法を控訴審の訴訟手続においても準用する権能を有することである（297条）。もっとも，現行法においても時期に遅れた攻撃防御方法は却下されるが，まずは弁論準備手続などの争点整理手続を通じて生じる説明義務を控訴審においても存続させて（298条2項・167条），控訴審における新たな攻撃防御方法を間接的に制限できる。さらに，新たな攻撃防御方法の提出期間につき，当事者の意見を聞いた上で，裁判長が定めることも可能となり（301条1項），その期間経過後の提出については，裁判所に対して説明する義務を課した（301条2項）。

(4) **控訴審の終局判決**

　控訴審の終局判決には，控訴を不適法とする控訴却下判決（上述）と，控訴に対する本案判決である控訴認容判決および控訴棄却判決があり，控訴棄却判決とは，控訴審の本案判決につき控訴に取り消されるべき原因（理由）がないことを意味する（302条1項）。控訴審の結果，第1審の理由が間違っていても，結論が正当であれば控訴棄却の判決を下す（302条2項）。第1審判決に取消し

原因(理由)がある場合,控訴認容判決が下される。第1審判決の取消原因には,第1審判決内容の不当性(305条)および判決手続の法律違反(306条)が挙げられる。

　第1審判決の取消しにより,請求に係る裁判所の審判義務が復活するので,控訴審は,以下の判断を迫られる。まずは,①控訴審自らが請求について審判を下す,いわゆる自判がある。控訴審は事実審であるので控訴認容する場合は,取消自判が原則となる。控訴審において訴えの変更や反訴の提起により訴訟物に変更が生じると,新たな訴訟物を前提として控訴審は自判する。つぎに,②取消しの判断を前提として,第1審裁判所に請求の審判を命じる差戻しがある。差戻しには,第1審が訴えを不適法却下とした際に生じる必要的差戻し(307条本文)があり,当事者が有する審級の利益を尊重したものであるが,第1審において本案の審尋が尽くされている場合には,かえって当事者の手続的利益を害する結果となるため,差戻しを要しない(307条ただし書)。もちろん,控訴審が取消理由とした事実上および法律上の判断に第1審裁判所は拘束されるし(裁4条),違法として取り消された第1審手続は,差戻審において当然に取り消されたものとみなす(308条2項)。最後に③移送の場合である。事件が管轄違いであることを理由に取り消される場合,控訴審は判決により第1審の管轄裁判所に事件を移送するが(309条),取消理由は専属管轄違背に限られるので(299条),移送も専属管轄裁判所に限られる(伊藤・民訴657-660頁)。

3　控訴の利益

〈CASE 26〉　訴外Aは,Y_1に対する債務の担保として,本件不動産につき所有権移転請求権保全仮登記と抵当権設定登記をなした。Xらの亡父Bは,右各登記の抹消を約して本件土地をAより買い受け,さらに本件不動産の処分禁止の仮処分をなしてそれを登記した。AはいったんY_1に債務を弁済したものの,また同額の債務を負った。Y_1は,右仮処分登記後に前記各登記をY_2に移転し,そして所有権移転登記をしてしまった。そこで,Xらは,本件不動産所有権移転登記請求の別訴を提起し,さらにAに代位して,本訴によりY_1・Y_2に対して前記各登記の抹消を請求した。XらのY_1に対する請求は認容されたが,Y_2に対しては,Xらに存する他

の適切な本件登記抹消の手段を考慮した上で，本訴提起を不要，すなわち訴えの利益なしとして，訴え却下の判決を下した。Y_2に控訴の利益は存在するのか。

《**参考判例**》 最判昭和40年3月19日民集19巻2号484頁，判タ176号100頁
《**判例評釈**》 青山善充「本件評釈」法学協会雑誌82巻6号137頁
〔Point〕
① 控訴の利益
② 訴え却下の判決に対する被告の控訴の可否

(1) 控訴の利益

控訴とは，控訴人が被控訴人を相手方として，第1審終局判決に対して，第2の事実審に上訴を申し立てる行為であり，控訴手続を開始させる。終局判決が確定してしまう前に原裁判の変更・取消しを求めるのである。この不服申立てのためには，上述のように「控訴の利益」が控訴の要件となる。

第1審判決で不利益を負った当事者が有する控訴権は，控訴による上訴審の負担軽減等の利益考量のもとに考察されているが，学説・判例において，主に3つの視点から議論されてきた。

① **実体的不服説** この説は，原判決より実体的に有利な判決を得る可能性があれば上訴の利益を認めるとするが，時間と費用をいとわず控訴する当事者は，何らかの意図を有すると考えられるし，その結果，原審で全部勝訴した当事者であれ，請求を拡張するために上訴できることになる。そのため，現在ではほとんど支持されていない。

② **形式的不服説** 原審における申立てと判決主文とを形式的に比較して，主文の内容が申立てより不利な場合に控訴の利益を認めるもので，この説が判例・通説として支持されている。この説よれば，請求棄却判決を得た被告が判決理由中の判断に不服を有したため，自己にとってより有利な判決を求めようとしても，上訴の利益なしとされる。それは以下のような事例である。

〔事例1〕 XはYに対する債務を担保するために本件不動産を譲渡した（ここでは売渡担保）。Xは債務を完済したとして，所有権移転登記抹消請求をした。第1審では全部棄却の判決となり，控訴審では，X・Y間の担保契約の存在を認め，Xの被担保債権が完済されていないとして棄却した。しかし，これを売

買契約であると主張して争っていたYは上告した。最高裁は，判決理由中の判断に不服があるだけで，判決主文に不服がない場合，上訴の利益は認められないと判断した（最判昭31年4月3日民集10巻4号297頁，民訴百選Ⅱ［補正］185事件）。

　請求が一部認容された場合，原告・被告ともに上訴の利益が認められる。もっとも例外事例が生じるのもやむをえない。典型例が，予備的相殺が認められた被告の例である。たとえば，弁済，錯誤無効または取消し等の抗弁を認めてほしかった被告に対して，相殺の抗弁のみが認めらた場合，請求棄却といえども民事訴訟法114条2項の既判力が及ぶため，上訴の利益があるといえる。さらに，原告が黙示的になした一部請求が原審において全部認容された事件においても，形式的不服説によると残額請求につき控訴も別訴もできないことになるため，これを酷として認めた事例もある。

　〔事例2〕　控訴人Xは，Aに400万円を貸したがAは死亡。Aの相続人Yに法定相続分の12分の1である約33万円と遅延損害金を支払うべく訴えを提起したが，第1審継続中にYの相続分は4分の1になった。Xは請求を拡張しないまま，全部認容判決を得た。そこで，さらにXは控訴して請求を100万円の遅延損害金に拡大した。Yは全部勝訴したXに訴えの利益がなく，さらに1審で請求を拡張しなかったXの控訴は不適法であると主張したが，高裁はXの主張を全部認容した（名古屋高金沢支判平成元年1月30日判時1308号125頁）。

　もっとも，この事例においては，特別の政策的理由から別訴が禁止されているため（人訴9条2項［別訴の禁止］，民執34条2項［異議事由の同時主張］），別訴で主張できるはずの請求が，同一の手続内で行わなければ訴訟上主張する機会を失うという理由から，例外的に認められたものである。

　③　**新実体的不服説**　　この説は，訴訟の目的が実体的不利益の救済であるという原点に立ち返り，原審が確定した際の判決効の範囲を考慮しながら，不

《出題例・現司試昭50/②》
　甲は，乙に対して，不法行為に基づき100万円の損害賠償請求の訴えを提起した。
1　訴えの不適法却下の判決に対して，乙は控訴できるか。
2　甲は，全部勝訴の判決を受けた後，損害額は150万円であることが判明したとして，控訴を提起することができるか。
3　訴えの提起後，3年たって，甲の全部勝訴の判決が言い渡された後に，甲の右の控訴提起があった場合はどうか。

服の利益を考量するものである。すなわち，原審の確定による手続的制限がもたらす実体的不利益の有無を，判決効を基準として上訴の利益を判断する。

④ **手続保障説**　近年，実体的権利の救済を中心に論じた上記の三説に加えて，上訴人に充分な対論をなす利益を保障すべきであり，これを上訴の利益とする主張がなされている。いわゆる手続保障説である。もっとも，新法施行により争点の早期顕在化・審理の集中が進むなかで，当事者対論を全面に打ち出さなくても，裁判所と相手方当事者に対する説明義務を媒介として，今後，より柔軟な裁判が展開するものと思われる（山田文「上訴の利益と附帯上訴」争点290頁）。

Step up

● **〈CASE 26〉の分析**　最高裁判所は，「第1審判決は，結局訴えの利益がないとしてXらの請求を棄却したものであるから，形式的にはY₂が全部勝訴の判決を得たかのごとき感を呈するが，Y₂は更にXら主張の前記登記抹消請求権の存在しないことの確定を求めるため，第1審判決に対し控訴の利益を有するものと解するを相当とする」と判示した（最判昭和40年3月19日民集19巻2号484頁）。請求棄却を求めていた被告が訴え却下で全面勝訴した場合であれ，実質的不利益をさけるために，Xらの主張する登記抹消請求権の不存在を求める請求棄却判決を求めて上訴する権利をY₂に付与したと考えられる。本件を形式的に不服なしと判断してしまうと，Y₂の訴え却下の形式的な勝訴判決は，実は実質的な訴え却下の敗訴判決となってしまう。

Practice

次の問に答えなさい。

問　控訴審の審理に関する以下の記述のうち，正しいものを1つ選びなさい。
1. 控訴するには，控訴の利益が必要であるので，第1審で全部勝訴した損害賠償請求訴訟の原告が，控訴することできる場合はありえない。（　　　　）
2. 控訴審においては，不利益変更禁止の原則が働くため，第1審で全部勝訴した損害賠償請求訴訟の原告は，控訴審で請求の拡張をすることはできない。（　　　　）
3. 第1審が主位的請求を認容したため予備的請求について判断していない場合

において，控訴審裁判所は，主位的請求を排斥するときは，審級の利益を守るために，原審に差し戻すことを要する。　　　　　　　　　（　　　　）

4. 控訴審が第1審の訴え却下判決を取り消すときは，審級の利益を守るために，事件についてさらに弁論をする必要がないときを除き，原審に差し戻すことを要する。　　　　　　　　　　　　　　　　　　　　　（　　　　）

5. 控訴審は，続審であるから，請求の変更，および反訴の提起は，第1審でする場合と同じ要件ですることが可能である。　　　　　　　（　　　　）

No.28　附帯控訴

〈**CASE 27**〉　原告X（夫）が，被告Y（妻）の不貞を理由として，離婚と慰謝料300万円の訴えを提起したところ，Yは，この離婚こそXのなした不貞等が原因であると反訴し，同様に300万の支払を求めた。第一審は，Xの暴力が原因であると認定しXの請求を棄却，Yの請求を全部認容した。Xから控訴申立てがなされると，Yからも，慰謝料のさらなる増額（200万円）と本件土地・建物の財産分与に基づく移転登記または1400万円の支払を求めて附帯控訴がなされた。控訴審は，Xの控訴を棄却し，Yに対しては，土地・建物の2分の1の持分権にもとづく財産分与を認めた上で，その他の請求を棄却した。Xは，全部勝訴した当事者Yの控訴は許されないと上告した。

《**参考判例**》　最判昭和58年3月10日判タ495号77頁
《**判例評釈**》　上野泰男「離婚訴訟での全部勝訴者と附帯控訴による財産分与申立」民商法雑誌89巻5号725頁
〔Point〕
　①　控訴と附帯控訴
　②　全部勝訴当事者の附帯控訴の可否

1　附帯控訴の意義

　附帯控訴とは，被控訴人の控訴期間が経過した後でも，控訴人が提起した控訴審の口頭弁論の終結時まで，その手続に付随して自らに有利な判決の取り消し変更を求める申立てであり（293条1項），控訴権を放棄していたとしても可能である。相手方が控訴を取り下げたり，控訴が不適法として却下された場合，附帯控訴も効力を失うが，控訴としての要件を備えたときは，独立した控訴と見なされ相手方の控訴に影響されない独立の附帯控訴とされる（293条2項）。さらに，附帯控訴をいったん取り下げた場合でも，口頭弁論が終結にいたるまで，あらためて申立てをなして，請求の拡張を行う再度の附帯控訴も許されている（最判昭和38年12月27日民集17巻12号1838頁）。

2　附帯控訴の要件

　控訴の要件における不服の利益につき，通説・判例である形式的不服説によれば，〈CASE 26〉は，①請求が一部認容された判決については原告・被告とも控訴可能となり，さらに②訴え却下の判決についても，被告に著しい不利益が及ぶ場合は可能〈CASE 26〉となるが，③判決理由中の判断に不服があっても，予備的相殺の抗弁で勝訴した当事者（114条2項）を除く勝訴当事者には，控訴の利益がないとする。附帯控訴において問題となるのは，原則上，④不服の利益は全部勝訴の当事者にはないことにある。

3　附帯控訴の特殊性

　かねてより学説は，第1審による全部勝訴の当事者も，附帯控訴の形式をとる限り，訴えの変更や反訴を提起することを認めていた。なぜなら，上述のとおり附帯控訴は相手方控訴の存在に依存しているため，移審効や確定遮断効といった上訴における重要な効果が生じないからである。最高裁も，当事者が第1審において全部勝訴の判決を得たとしても，相手方が当該判決に対し控訴した場合，附帯控訴の方式を用いて請求の拡張をなすことができると判じている（最判昭和32年12月13日民集11巻12号2143頁）。以上のように，多数説・判例は，附帯控訴につき非上訴説を採っている。

　これに対して，上訴説と呼ばれる有力な反対説がある。この説によれば，①293条1項の文言は附帯控訴人が控訴の利益を持つことが前提であり，②293条2項ただし書の独立附帯控訴も控訴期間内に提起された附帯控訴を意味し，③控訴権を失った被控訴人に対して，控訴人の控訴に便乗して不服申立ての機会を与えているのに，原判決の対象になっていない訴えの変更や反訴の提起を前提として附帯控訴をすることは背理となる（伊藤・民訴645頁，上野泰男「附帯上訴の本質」講座民訴(7)171頁以下参照）。もっとも，現行法でも，控訴審において訴え変更・反訴を提起することが可能（297条による143条の準用，300条）であり，それに附帯控訴の形を取らせる必要はないとも考えられる（高橋・民訴(下)468頁）。

Step up

❶　〈CASE 27〉の分析　　最高裁は，「第1審において履行請求について全

部勝訴の判決を受けた当事者も，控訴審において，附帯控訴の方式により新たに財産分与の申立をすることができるものと解するのが相当である」として，この請求を棄却した。確かに，控訴の提起により原審が控訴審に移行し，控訴人が控訴申立ての範囲を拡張できるとするならば，公平の見地から，被控訴人も附帯控訴により審判範囲の拡張を可能と解すべきである。ただし，この判決を上訴説により分析すると，財産分与請求については本件終了後に管轄家庭裁判所に審判を申し立てることができるので，財産分与請求を附帯控訴とみることはできないが，控訴審における財産分与申立自体の適否問題と考えると適法となる。Yの慰謝料増額を求める附帯控訴は，本案判決確定後にYが残額請求ができない，すなわち一部請求の明示がない以上，判決確定後に残額請求権喪失という実体的不利益受けるため，附帯控訴が可能となる。

❷ **附帯控訴における学説の対立**　非上訴説と上訴説の対立を分析する見解として，以下のようなものがある。すなわち，日本民訴法の母国法たるドイツ民訴法では，訴えの変更に制限を加え，控訴審の審判対象は控訴の申立て・附帯控訴の申立てであるとした。これに対し，日本民訴法は訴えの変更に対して寛容なため，控訴審判対象を控訴申立等であると断言できない状況にある。ならば，控訴審において訴え変更・反訴がなされるときは，訴え変更・反訴としてなされてもかまわないと考えることもできる（高橋・民訴(下)469頁；「訴えの変更」につき，中村英郎「控訴審における訴えの変更と反訴」『民事訴訟法理論の法系的考察』参照）。

No. 29　不利益変更禁止

〈CASE 28〉　離婚訴訟において，X（妻）はY（夫）に対し，慰謝料および財産分与を請求した。第1審は離婚請求を認容し，Xの慰謝料請求は棄却したが，財産分与に関して建物およびその敷地（350万円相当）と現金250万円の請求を認めた。これに対してYのみが控訴し，Xは控訴も附帯控訴もなさなかったものの，同敷地にYにより担保権が設定されたことから，控訴審は財産分与に関する第1審判決を変更し，800万円の支払いを命じた。Yは600万円相当の財産分与を命じた第1審判決に対し，800万円の支払を命じた控訴審判決は，不利益変更に反する重大な法律違反であると上告した。

《参考判例》　最判平成2年7月20日民集44巻5号975頁，判時1403号29頁
《判例評釈》　中路義彦（本件解説）判タ795号112頁，宇野聡「離婚訴訟における財産分与の裁判と不利益変更禁止の原則」地方判例リマークス(6)136頁
〔Point〕
①　離婚訴訟における財産分与の裁判
②　控訴審における不利益変更禁止の原則

1　不利益変更禁止の原則

　第1審の判決の取消しおよび変更の範囲として，控訴裁判所は上訴人の不服申立てがなされた範囲内で第1審判決を取り消し，または変更する（304条）。その結果，不服申立てを超えた範囲にまで裁判をすることができず（利益変更の禁止），また不服申立ての範囲以下にまで判決を変更をすることもできない（不利益変更の禁止）。これは，当事者が申し立てた範囲と事項を越えて判決をしてはならないと規定する処分権主義（246条）が上訴においても妥当すると考えられているためである。上訴審における申立拘束原則ともいわれる。処分権主義と関連づけられた不利益とは，判決主文による不利益であり，原則上，判決理由中の判断には判決効が及ばない限り不利益はなく，不利益変更の原則は生じないと考えられる。しかし，この不利益変更禁止にも原則と例外の判例

が存在する。以下に若干の判例を概観して，問題の所在を考察してみる。

2　不利益変更禁止に関する判例
(1)　不利益変更禁止の原則
〔事例１〕　相殺の抗弁と判決理由中の判断

　原告Ｘは被告Ｙに対して貸金返還請求訴訟を提起したが，Ｙは（賭場を開くための資金と知りつつＸがなした）不法原因給付の抗弁と，ＹのＸに対して有する反対債権による相殺の予備的抗弁をなした。第１審は，Ｙの主位的抗弁を退け，予備的抗弁を認めてＸの訴えを却下した。Ｘは控訴したがＹは控訴も附帯控訴も行わなかった。控訴審はＹの主位的抗弁を退けるだけでなく，反対債権の存在も否定してＸの請求を認容した。そのため，Ｙは上告した。最高裁は，本件においてＸ・Ｙ間の金銭消費貸借契約は公序良俗に反し無効であるが，控訴審におけるＸの請求は，相殺の抗弁について判断することなく拡張部分も含めて全部棄却とするべきであるとした。なぜなら，訴求債権不存在とする請求棄却は，反対債権について審理していないため，反対債権不存在の既判力を生じさせることができず，結果として控訴したＸに不利益になるからである（最判昭和61年９月４日判時1215号47頁）。

〔事例２〕　請求の客観的予備的併合と不利益変更禁止の原則

　１つの訴えで複数の請求をすることは民事訴訟において認められている（136条）。そこで，訴訟において請求の客観的併合が主張された事例において，とりわけ訴えの客観的予備的併合が行われた際に，予備的請求が主たる請求の認容を解除条件とする副位請求である場合，不利益変更の原則に抵触することがある。

　たとえば，原告Ｘが被告Ｙに対して，表見代理による貸金の返還請求を主位請求とし，使用者責任に基づく損害賠償請求を予備的請求とした際に，第１審は，Ｘの主位請求を判断して，これを認容した。これに対して控訴審は，第１審判決を取り消して全部棄却した。Ｘは上告したが，上告は棄却された。なぜなら，本件において両請求には親密な関連性があり，実質的審理は終了していると考えられ，しかも控訴審においては訴えの変更も認められているため，不利益変更の原則に抵触しないからである（最判昭和33年10月14日民集12巻14号3091頁，百選Ⅱ［補正］Ａ49）。

(2) 不利益変更禁止原則の例外

〔事例3〕 独立当事者参加と不利益変更禁止原則の例外

現在の通説・判例は，独立当事者参加（47条）を，いわゆる三面訴訟であると解しているため，訴訟が控訴審に継続すると問題が生じる。すなわち，訴訟において当事者3人のうち2人が敗訴したが，そのうち一方のみが上訴した場合，上訴しなかった当事者に対して不利益変更禁止の原則が適用されるのか，それともその例外となりうるのかというものである。

訴外AからYに対する債権譲渡を受けたXが，Yに対して当該代金の支払を求めた訴訟に，訴外AからYに対する債権譲渡を受けたZが独立当事者参加の申立てをなした。第1審はXのYに対する請求を棄却し，ZのYに対する請求を認容した。Xは，YおよびZに対して控訴した。原審はXに対する債権譲渡がZに優先するとし，Yに対する請求を認め，ZのXおよびYに対する請求を棄却した。Zは，第1審におけるYのZに対する敗訴判決は確定しており，控訴審の審判対象とならないと上告したが，上告は棄却された。なぜなら，上訴審における審判内容の範囲が不服申立ての範囲に限られるとする不利益変更の原則は，二当事者間訴訟を前提とするものであり，三面訴訟においては，三当事者間の合一確定の必要性が生じるからである。そのため，参加人ZのYに対する請求認容部分も確定を遮断され，Yの控訴・附帯控訴の有無に係わらず，裁判所は合一確定に必要な限度で1審判決を参加人に不利益変更できるとした（最判昭和48年7月20日民集27巻7号863頁，百選Ⅱ〔補正〕177）。

〔事例4〕 境界確定訴訟と不利益変更禁止原則の例外

境界確定訴訟においては，処分権主義も不利益変更禁止の原則も適用されないという判決が下されている（最判昭38年10月15日民集17巻9号1220頁，百選Ⅰ〔補正〕A19）。その判決において最高裁判所は，境界確定訴訟では当事者に羈束されず，控訴裁判所も当事者の主張如何にかかわらず，第1審判決を変更して自己の正当とする境界線を定めるべきである，として不利益変更禁止を不適用とした。

3 非訟事件手続と不利益変更禁止の原則

多数説によれば，非訟事件においては裁判所が後見的立場から事件内容に積極介入するため，民事訴訟の基本原則たる当事者処分権主義および弁論主義と

密接に関連する不利益変更禁止の原則と本質的同一性を見出すことができず，よって，財産分与の附帯申立てをなした裁判への不利益処分禁止の原則は不適用となる（岡垣学「婚姻事件訴訟における不服申立」『人事訴訟の研究』216頁以下〈1980年〉）。また，高度な公益性や裁判所の後見性が高い非訟事件においては，不利益変更禁止の原則は適用されないが，それ以外の非訟事件においては適用されるとする説もある（鈴木忠一「非訟事件に於ける民事訴訟規定の準用」『非訟・家事事件の研究』342頁〈1981年〉）。もっとも，非訟事件においても民訴法186条の処分権主義を認める学説がある。なぜなら，財産分与の裁判は当事者の協議にゆだねられる事項であり，協議不調の場合に裁判所の後見的役割が発揮されるからである。それ故，申立ての限度を超えた給付を裁判所が命じることは，裁判所の権限を逸脱し，相手方当事者の信頼を裏切る結果，いわゆる，「不意打ち」となる（山本克己「本件批判」民商105巻2号286頁〈1991年〉）。

Step up

❶ 〈CASE 28〉の分析　　最高裁は，「第1審判決が一定の分与の額等を定めたのに対し，申立人の相手方のみが控訴の申立をした場合においても，控訴裁判所が第1審の定めた分与の額等が正当でないと認めたときは，第1審判決を変更して，控訴裁判所の正当とする額等を定めるべきものであり，この場合には，いわゆる不利益変更禁止の原則の適用はない」と判示した（最判平成2年7月20日判時1403巻29頁）。本件においては，人事訴訟法15条1項の規定により，裁判所が申立人の主張に拘束されることなく，裁量により判断すべきものであり，〔旧〕民訴法186条の処分権主義に反しないと判断されたのである。ここにおいて，離婚訴訟に附帯して申し立てられた財産分与の裁判については，不利益変更禁止の原則の適用がないことが明確に判示された。本来，家事審判事項である財産分与（民786条）は，離婚訴訟において附帯して申し立てることができる。これは，当事者に便宜をはかる目的と訴訟経済の要請によるものである。もっとも，そこにおいても財産分与の法的性格は非訟である（高野耕一「財産分与をめぐる諸問題」『新・民事訴訟法講座8』326頁以下〈1981年〉参照）。

❷　**上訴人の利益保護と不利益変更禁止の原則**　　不利益変更禁止の原則は，かつて母法たるドイツ民事訴訟法において，自己の権利保護のために提起する上訴によって，上訴人がかえって不利益を受けるのはおかしいという「素朴な

問題意識」から主張されるようになり，やがて上訴審における申立拘束原則に関連づけられるようになった。その意味で，本来，不利益変更禁止の原則は処分権主義と別個の概念であると考えられる（宇野聡「不利益変更禁止原則の機能と限界」民商103巻3号400頁以下〈1991年〉）。

処分権主義が適用されない財産分与事件においては，この上訴人利益保護の必要性と裁判所の後見性（適用否定説の実質的根拠）の利益考量により，不利益変更禁止の原則を考慮すべきである。財産分与事件においては，子の保護に関する処分（家審9条1項乙類10号）のように裁判所の後見的役割が重視されず，公益性も低いと考えるならば，処分権主義と切り離したうえで，「不意打ちを防止」するためにも，上訴人の利益保護を優先させるべきであると考えることもできる（宇野聡「本件批判」）リマークス1993〈上〉民訴4〔136頁〕）。

Practice

次の問に答えなさい。

問 以下の記述のうち，判例に照らして正しいものを1つ選びなさい。

1. XがYに対して提起した1,000万円の貸金返還請求訴訟において，YがXに対する1,000万円の売買代金債権を反対債権とする相殺の抗弁を提出したところ，第1審は，Yの相殺の抗弁を認め，XのYに対する請求を棄却する判決を出した。この判決に対してXが控訴を提起し，Yが控訴も附帯控訴も提起しなかったところ，控訴審は，XのYに対する貸金債権は弁済によってすでに消滅しているとの心証に至った。このような場合，控訴審は，原判決を取り消し，あらためて請求棄却判決を出さなければならない。　　　（　　　）

2. XがYに対して貸金債権1,000万円の返還請求訴訟を提起したところ，この債権をXから譲り受けたと主張するZが独立当事者参加をなし，Xに対しては同債権がZに帰属することの確認を求め，Yに対しては1,000万円の支払いを求めた。第1審は，XのYに対する請求を認容し，ZのX・Y双方に対する請求を棄却した。この判決に対してZがX・Y双方を相手に控訴を提起し，Yが控訴も附帯控訴も提起しなかったところ，控訴審は，Zの請求を認容すべきであるとの心証に至った。このような場合，控訴審は，Zに対する請求棄却判決を認容判決へと変更するだけでなく，X・Y間において出された請求認容判決も棄却判決へと変更しなければならない。　　　（　　　）

3. XがYに対して提起した境界確定訴訟において，第1審は，X・Yそれぞれ

第4章　不服申立て

主張する境界の間に境界線を定める判決を出した。それに対してXが控訴を提起し，Yが控訴も附帯控訴も提起しなかったところ，控訴審は，Xにとって第1審判決よりも不利なYの主張する境界こそ真実の境界線であるとの心証に至った。このような場合，控訴審は控訴棄却判決を出さなければならない。
　　　　　　　　　　　　　　　　　　　　　　　　　　　　（　　　　）

4.　Xが，同一交通事故にもとづく損害賠償として，逸失利益を理由とする500万円，精神上の損害を理由とする500万円の計1,000万円の支払いを求める訴えをYに対して提起したところ，第1審は，逸失利益に関して400万円，精神上の損害に関して300万円の計700万円の限度でXの請求を認容する判決を出した。この判決に対してYが控訴を提起し，Xが控訴も附帯控訴も提起しなかったところ，控訴審は，逸失利益は300万円，精神上の損害は400万円であるとの心証に至った。このような場合，控訴審は，第1審判決を取り消し，600万円の限度でXの請求を認容する判決を出さなければならない。　　　　（　　　　）

5.　XがYに対して提起した訴えについて，第1審は訴え却下の判決を出した。この判決に対してXが控訴し，Yが控訴も附帯控訴もしなかったところ，控訴審は，Xの訴えは適法であるが，その請求は，さらに弁論をする必要もなく棄却すべきものであるとの心証に至った。このような場合，控訴審は原判決を取り消して，請求棄却判決を出さなければならない。　　　（　　　　）

No. 30　上　告

1　上告手続
(1)　上告の提起
　上告人が原裁判所に対して上告状を提出（314条1項）することにより，上告審の手続が始まる。まずは上告状が適式なものであり，手続料および必要費用の予納が審査されているか原裁判所の裁判長が審査し，補正が必要であればそれを命じ，応じなければ命令により上告状を却下する（314条2項・288条・289条2項・137条，民訴規187条）。上告は2週間の上告期間内に行うことを要し（313条・285条），上告が不適法で不備補正ができない場合や，上告理由書の不提出または記載不備における（原裁判書の決定による）補正命令に対応できない場合には，原裁判所は上告を却下しなければならない。上告には上告理由を付す必要があるが，上告状に上告理由の記載がない場合，上告提起通知書の送達を受けた日から50日以内に上告理由書を提出しなければならない（315条，民訴規194条）。上告理由書の書き方は規則により定められる（315条2項，民訴規190条-195条）。

(2)　事件の送付等
　上告状却下か上告却下決定の場合を除いて原裁判所は，事件を上告裁判所に送付するが，上告理由中に記された訴訟手続に関する事実の有無につき，意見書の提出ができる（民訴規197条1項）。送付を受け付けた上告裁判所の裁判所書記官は，当事者にその旨を速やかに通知する（民訴規197条2項・3項）。送付を受けた事件につき上告に関する不適法事由（316条1項）が存する場合，上告裁判所は，原裁判所と同様，決定により上告却下できる（317条1項）。上告審が最高裁判所の場合，憲法違反も絶対的上告理由も上告理由中に明らかにされていないならば，決定の方式で上告は棄却されうる（317条2項）。上告審に継続することになる場合，被上告人が有する攻撃防御の機会を保障するために，被上訴人に上告理由書の副本を送達する（民訴規198条）。

(3)　上告審の審判
　法律審である上告審では，書面主義と口頭主義を結合させて審理される。上告審は，不服申立てにある原判決の破棄判断を審判の対象としているため，そ

の対象とならない部分については、申立てにもとづき上告審による仮執行宣言が可能である（323条）。不服対象の調査範囲は、上告理由に主張されたものに限るものの（320条）、職権調査事項（公共性に関する事項）に関してはその限りではない（322条）。事実認定については、原判決が適法に確定した事実に拘束される（321条1項）。飛躍上告の場合、第1審における事実認定を争わない旨の意思が合意の中に見出されれるため、事実認定に関わる手続法規の違反も破棄理由とならない（321条2項）。上告裁判所が書面審査により上告理由なしと判断するときには、口頭弁論なしに上告棄却判決を下すことができる（319条）が、上告認容する場合、原判決破棄という裁判の重大性を考慮して、口頭弁論を開くことにより当事者の手続保障をはからなければならない（伊藤・民訴673頁）。

(4) 上告審の終局判決

上告審の終局判決には、①上告を不適法とする上告却下、②上告を理由なしとする上告棄却と③上告理由ありとする原判決破棄判決に分類することができ、さらに破棄判決は、(i)破棄差戻し、(ii)破棄移送、および(iii)破棄自判に分類される。憲法違反および絶対的上告理由を除き、上告理由自体の正当性は認められても、他の理由により原判決維持の必要性がある場合、上告棄却判決が下される（313条・302条2項）。憲法違反および絶対的上告理由が破棄事由と判断されるときには、原判決破棄は義務づけられる（325条1項前段）。もっとも法令違反については、高等裁判所が上告審である場合、判決に影響を及ぼすことが明確な法令違反にもとづく原審は破棄しなければならず、最高裁判所の場合には、同様の法令違反を理由として原判決を破棄することができるとする（325条1項後段・2項）。これは最高裁の場合、上告受理申立理由が上告理由とみなされ（318条4項）、法令違反を発見したときには、上告理由と関わりなく原判決を破棄する権限が付与されていることを意味する（伊藤・民訴674頁）。

破棄判決により原判決言渡しの効力が失われ、原裁判所に差し戻されると、破棄された原判決に関与した裁判官が差戻審に関与できないため（325条4項）、控訴審の構成に不都合が生じる場合、上告審は原裁判所と同等の他の裁判所に移送できる（325条2項）。これに対し破棄自判とは、上告審が原裁判所に立ち替わって事件について裁判をすることを義務づけられることである。破棄自判義務が生じるのは、確定した事実にもとづいて憲法等の適用を誤ったことを理

由として原判決を破棄する場合であって，事件がその事実に基づいて裁判するのに充分な程度に達している場合，すなわち，事実審理の必要がない場合である（326条1項）。さらに，事件が裁判所の権限に属していないことを理由として裁判を破棄する場合，すなわち，自ら事実審理することが可能な場合である（326条2項）。

(5) 破棄判決の拘束力

　差戻裁判所および移送裁判所は，新たな口頭弁論にもとづいて裁判を行う（325条3項）が，口頭弁論の継続としての性質を保ちつつも同条4項の制限が及ぶため，弁論の更新手続（249条2項）がとられなければならない。差戻審以前の訴訟手続のうち，破棄理由とされたものについては差戻審において取り消される（313条・308条2項）が，それ以外の手続的効力は失われず，破棄されていない限り中間判決も効力を有する（大判大正2年3月26日民録19輯141頁［百選58事件］）。審級制度の趣旨にもとづき，破棄理由と判断された事実上および法律上の判断は，差戻裁判所および移送裁判所を拘束する（325条3項）。

2　上告の利益

〈CASE 29〉　X株式会社（原告・上告人）は，本件特許出願につき拒絶査定を受けたので，これを不服とした審判請求をしたところ，審判請求は成り立たないとする本件審決が下された。そこで，Y（特許庁長官）を被告として本件審決の取消しを求めて本訴を提起した。原審の東京高等裁判所は，本件審決を正当と判断して請求を棄却。するとXは，この判決言渡し後に自らの特許出願を取り下げた上で，それにより本件訴訟における訴えの利益が消滅したことを理由として，訴え却下を求める上告を提起した。

《参考判例》　最判平成6年4月19日判タ857号107頁
《判例評釈》　上野泰男「自らの行為によって訴えの利益を消滅させた原告が訴えの却下を求めてした上告と上訴権の濫用」ジュリスト臨時増刊平成6年度重要判例解説130頁
〔Point〕
　① 訴えの利益の喪失
　② 上訴権の濫用

(1) 上告制度の意義

上告とは，控訴審の終局判決に対して，法律審たる第3審への不服を申し立てる行為である。もっとも，高等裁判所が第1審裁判所になる場合や，飛躍上告の合意がなされた場合（281条1項ただし書・311条2項）は，第1審裁判所に対する上告が認められる。高等裁判所が上告裁判所になる場合，最高裁判所の判例等に反する判断を下す際には，事件を最高裁に移行することが義務づけられる（324条，民訴規203条）。上告は事後審としての法律審の性格を持つため，控訴審までに提出された裁判資料にもとづき控訴審までの法律判断を審査するのであり，職権調査事項を除いて，事実審として認定をすることはない。

(2) 上告制度の目的

上告制度の目的は，誤った原判決から当事者を救済することにあるが，その不服申立方法は，高等裁判所が上告審になる場合と，最高裁判所が上告審になる場合に異なる。高等裁判所に対して上告人は，①憲法違反（312条1項），②絶対的上告理由（312条2項），および③判決に影響を及ぼすことが明らかな法令違反（312条3項）を理由として上告することができるが，最高裁判所に対しては，③の法令違反は上告理由とならない。それに代わり最高裁判所は，判例違反等の法令解釈に関する重要な事項を理由とする上告受理の申立てを決定により受理することができる。いわゆる裁量上告制度である。この上告受理申立ても原判決確定遮断の効力を有する（116条2項）。なお，高等裁判所が上告審として下した終局判決に対して，憲法違反を理由に最高裁判所に上告する特別上告では（327条1項），原判決の確定遮断効は認められない（116条2項）。

(3) 上告理由

上告審への移審は，適法性の要件として，(i)上告の利益，(ii)上告の理由の主張，および(iii)上告期間の遵守である。上告理由は，上述(2)の①②③があるが，そのうちの憲法違反は，原審の判断内容及び判断手続が憲法解釈違反していることを意味する。

(a) 絶対的上告理由

絶対的上告理由とは，判決との関係を問題にすることなく，一定の重大な手続法違反については上告理由とすることである。条文・判例に鑑みるならば，まずは，(i)判決裁判所の違法がある。これは制度上の要件と手続上の要件に分類することができ，制度上の要件を欠く場合（312条2項1号）も，口頭弁論に

関与しない裁判官が判決裁判所を構成する場合等（手続上の要件違反）も絶対的上告理由となる（最判平成11年2月25日判時1670号21頁）。また，(ii)判決に関与できない裁判官（除斥原因や忌避された裁判官等）が判決に関与する場合（312条2項2号），(iii)専属管轄違背（312条2項3号），(iv)当事者を判決効に服させるための前提たる手続保障としての法定代理権等が欠缺している場合（312条2項4号），(v)口頭弁論の公開原則に違反した場合（312条2項5号），そして(vi)判決理由の不備または食違いが挙げられる。判決には理由を付さなければならず（253条1項3号），判決理由の不備または食違いは上告理由となる（312条2項6号）。

判決理由の不備とは，理由が全く付されていない場合だけでなく，一部不備やや根拠付けが弱い場合も含む。判決理由の食違いとは，理由に論理的一貫性がなく，主文中の判断を正当化するに足りないことを意味する。判断違脱や審理不尽という概念は，理由不備や理由の食違いを意味する場合もある。もっとも，判断違脱が当然に理由不備を意味するものではない（最判平成11年6月29日判時1684号59頁）。

(b) 判決に影響を及ぼすことが明らかな法令違反

判決に影響を及ぼすことが明らかな法令違反は，「高等裁判所に対する上告に限り」上告理由となる（312条3項）。法令違反とは，①法令として効力のないものを適用した場合，②当該事件に適用すべきでない法規を適用した場合，③法令解釈の誤り，および④法令適用の誤りがある。判決に影響を及ぼすことが「明らか」な場合とは，判決の結論が異なるであろうほどの「蓋然性」を法令違反が有していることである。実体法規範の解釈適用の誤りは，訴訟物たる権利関係を勘案すれば，判決への影響は明確になりうる。しかし，手続法規の解釈適用の誤りについては，裁判資料の範囲を直接規律する手続規範，すなわち既判力や弁論主義においては明白となるが，裁判資料の形成手続を規律する法，すなわち証拠調手続や送達手続では，判決への影響が明白になりにくい（伊藤・民訴668頁）。

(4) 上告権の濫用

一般的解釈によれば，権利が法律上認められている社会的目的に反して行使されることを，権利の濫用という。民法上の権利濫用が禁止されているように（民1条3項），民訴法2条においても，権利・権能の濫用は認められない（梅

善夫・争点〔第3版〕18頁)。上訴権は，敗訴当事者により原判決に対する不服を上級審に申立てて本案判決を受ける権利である以上，忌避権と同様，常に濫用の危険を伴っている。上訴権の濫用とは，上訴本来の目的である不利益な判決の是正，すなわち下級審裁判の誤判に対する権利防衛ではなく，原判決の正当性を認識しつつも，訴訟の遅延だけを目的とする上訴権の行使であると概念規定されてきた（小室直人「上訴権の濫用」実務民訴(2)261頁以下)。そこで民事訴訟法は，金銭納付命令制度を規定し（303条・313条)，本来の手数料の10倍以下の金銭納付を命じることにより，間接的ではあるが上訴権の濫用防止に努めている。

Step up

❶ 〈CASE 29〉の分析　本件において最高裁判所は，「原判決の言渡し後に特許出願を取り下げることにより，自らこのような状態を出現させた上で，訴えの利益を失ったことを理由として，原判決を破棄して訴えを却下することを求めて本件上告をしたものであるが，このような上告は上訴制度の本来予定しないところであって，本件上告は上訴の濫用にあたる」ことを判決理由として，上告を却下した。すなわち，ここにおいて上訴権の濫用とした根拠が，訴えの利益が欠缺する事により訴えを不適法とした原因行為がX自身の行為であるという点で，上告権濫用の新類型が肯定されたことになる。今後，同様の上告提起が生じることを予防するために上告権濫用の理論が適用されたと解釈されうる（上野・重判解平6民訴6)。

発明者が特許出願をなした場合，出願が特許庁に係属するが，特許出願者は自由意思に基づいて特許出願を取り下げて当該係属を消滅させることができる。特許出願は，特許出願に関する拒絶の査定または審決の確定，あるいは特許権の設定登録がなされるまで特許庁に係属する（東京高判昭和45年7月9日判タ256号284頁)。特許出願の取下げがあると特許出願の係属が消滅するので，本件のような審決取消訴訟における訴えの利益も消滅する（木棚照一「重判解昭60無体財産法1」)。通常，取消訴訟において訴えの対象たる処分が不存在または無効になると，訴えの利益がないと解されている（前掲東京高判昭和45年7月9日)。

❷ 本件における上告の利益　本件においては，事実審の口頭弁論終結後

に特許出願取下げをなして，それを理由に訴えの利益が消滅したことを主張し，訴え却下判決を求めることの可否が問題となっている。かねてより判例は，事実審の口頭弁論終結後に訴えの利益が消滅した場合，上告審は当該事実を勘案して原判決を破棄して訴えを不適法却下すべきであると判断してきた（最判昭和27年2月15日民集6巻2号77頁他）。

なお，学説においては，事実審の口頭弁論終結後における訴えの利益消滅を上告審は顧慮すべきでないとする説も多い。そもそも，本件において上告審で訴え却下判決が下される法律上の可能性がない以上，訴え却下を求めてする上告は無意味である。それ故，上告の利益が欠缺しているとの理由により，本件上告を不適法却下することも可能である。

Practice

次の問に答えなさい。

問 以下の記述のうち，正しいものを1つ選びなさい。

1. 単純併合された複数の請求のうちの1つについてだけ控訴がなされた場合には，他の請求についての第1審判決は控訴期間が経過した時点で確定する。
 (   )
2. 上告状に上告の理由の記載がなく，かつ所定の期間内に上告理由書が提出されない上告，および，控訴状に控訴理由の記載がなく，かつ所定の期間内に控訴理由書が提出されない控訴は，いずれも不適法として却下される。
 (   )
3. 上告審判決が，上告の理由を認めて原判決を破棄して控訴を棄却した場合には，事件は第1審裁判所に差し戻されることになる。 (   )
4. 即時抗告は，対象となる決定または命令の告知を受けた日から1週間の不変期間内に抗告を提起しなければならないのに対して，通常抗告には抗告期間の定めはなく，対象となる決定または命令に対してその取消しを求める利益がある限り抗告を提起することができる。 (   )

第4章　不服申立て

No. 31　上告受理申立

〈CASE 30〉　Xが医療法人Yに対して提起した退職金請求訴訟である。原審（高等裁判所）が言い渡した判決に対してXが上告受理の申立てをした。しかし，当該事件が民訴法318条1項に該当しないことを理由に，原審が申立てを却下する旨の決定をした。そのため，Xは右決定に対して許可抗告の申立てをなし，原審は右抗告を許可した。

《参考判例》　最決平成11年3月9日判タ1000号256頁
《判例評釈》　櫻井孝一「上告受理事件に当たらないとして原裁判所が上告受理申立てを却下することの可否」私法判例リマークス⑳136頁
〔Point〕
　①　上告受理申立制度
　②　上告受理申立の却下事由

1　上告受理申立制度の意義

　民事事件の増加に伴い，新民訴法は上告理由を限定（〈CASE 29〉の(3)参照）して最高裁判所への上告を制限した。それを補うために，最高裁判所の判例に違反する事件と法令の解釈に関する重要な事件について，最高裁判所自身が上告受理の判断を行うこととした（一問一答346頁）。この申立てにもとづき上告受理が決定されると上告があったものとみなされ，上告受理の申立理由が上告理由とみなされる（318条4項）。

2　上告受理申立理由

　憲法違反および絶対的上告理由のみを上告理由とする最高裁判所に対しても，上告受理申立てを受理決定した場合，上告の提起が擬制されるため，その申立理由は明確でなければならない。上告理由の申立ては，以下の場合に可能となる。

　①　**最高裁判例違反**　すなわち最高裁判所などの判例により示された法令解釈と異なる解釈を下級審裁判所が下した場合である。ただし，最高裁判所が

下した憲法判断に対する違反である場合，本条の適用はない。もっとも，判例違反ではないが，最高裁判所に対して法令解釈の再検討や新たな法令解釈を求める場合，上告受理申立てにその法令解釈に重要な事項が含まれる場合は，申立てが受理される。

② **法令の解釈に関する重要事項**　すなわち当該法令の解釈が一事件を越えて公共性を有する場合であり，最高裁が当該法令の解釈を示し，法令解釈を統一する必要があるほどの重要事項がある事件である。

③ **経験則違反**　経験則違反がが上告受理申立理由になるか否かは，(i)通常人の常識範囲内における経験則の適用と(ii)採用すべき専門的経験則を不採用とした場合に限り，自由心証主義（247条）に反するものとして法令解釈に準じて同等の取扱いとする。

なお，上告受理の申立てと上告の理由が併存する場合，当事者は1通の書面で上告受理申立てと上告の提起ができる（民訴規188条前段）。その場合，1通の書面で上告受理申立てと上告状を兼ねることを明記し，それぞれの理由を区別して記載することを要する（民訴規188条後段）。

3　上告受理申立手続

上告受理の申立ては，2週間の上告受理申立期間内（313条・285条の準用）に，原裁判所に対してなされなければならない（314条1項の準用）。原裁判所の裁判長は，上告受理申立書審査と上告受理の申立ての適法性を審査する。両審査に問題がなければ，原裁判所は当事者に「上告受理申立て通知書」を送達する。上告受理申立て通知書の送達を受けた上告受理申立人は，送達の日から50日以内に民訴規190条-193条の定める方法に基づいて記載した上告受理申立理由書を原裁判所に提出しなければならない。上告受理申立てが適法になされた場合，原裁判所は上告受理申立事件を最高裁判所に送付する。そして，最高裁判所が上告受理決定をなすと（318条1項），上告審の手続が開始する。

上告受理の申立てと上告提起とは別の訴訟行為であり（最判平成12年7月14日判事1720号147頁［百選〈3版〉A48事件］），上告の理由を上告受理の申立てにおいて主張することも，その逆の行為も不可能（312条2項・318条2項）である。　上告受理申立期間，申立ての方式および手続，ならびに上告受理申立理由書の提出強制に関しては，上告提起の規定が準用される（318条5項，民訴規

199条)。判例違反など法令解釈に関する重要な事項があると最高裁判所が判断した場合，上告受理の決定が下され，それ以外であれば不受理決定が下される。不受理決定に対する不服申立ては認められない。受理決定をなす場合，最高裁判所は，受理申立の相手方に相当の期間を定めた上で答弁書の提出を命じることができる（民訴規201条）。上告受理決定により事件が上訴審に継続し，上告の効力が生じ，重要でないとの理由から考慮されなかったものを除いた上告受理申立理由が，上告理由と見なされる（318条3項・4項，民訴規200条）。

Step up

❶ 〈CASE 30〉の分析　最高裁判所は，「上告受理の申立てに係る事件が同項の事件に当たるか否かは，上告裁判所である最高裁判所のみが判断しうる事項であり，原裁判所は，当該事件が同項の事件に当たらないことを理由として，同条5項，同法316条1項により，決定で当該上告受理の申立てを却下することはできない」として，原決定を破棄した（最決平成11年3月9日判時1672号67頁）。

上告受理の申立てについてについては，①民訴法318条5項により316条1項が準用され，上告受理の申立てが不適法であり，その不備が補正されない場合，または，②上告受理申立理由の記載が同条2項の規定に違反している場合，原裁判所は，決定により上告受理の申立てを却下（原審却下）しなければならない。ここでは，「法令の解釈に関する重要な事項を含むものと認められる事件」に当たらない場合も，318条5項により準用される316条1項に該当するとして，原審が本件上告受理申立てを却下できない旨を判示したものである。

❷ **上告受理制度と許可抗告制度**　民訴法が，「法令の解釈に関する重要な事項を含むものとして認められる事件」という要件の有無に関する判断を最高裁判所に専属しているのは，以下の要因による。すなわち，法制審議会において，上訴制度の改革に関して，①上告裁判所である最高裁判所が，当該事件に法令の解釈に関する重要な事項を含むか否かについて判断した上で，上訴を許可するかを決定する方法と，②原裁判所である高等裁判所が，当該事件に法令の解釈に関する重要な事項を含むか否かについて判断した上で，上訴を許可するか否かを決定する方法が検討された結果，上告受理制度においては①が，そして許可抗告制度においては②が採用されたのである（上野泰男・基本コメ

民訴3〈第2版〉67頁，一問一答346頁)。

❸ **附帯上告制度**　上告の提起および上告受理申立ての受理決定の場合，上告審における附帯上告が認められる（313条・293条）。上告により移審の効果が生じている請求に対しては，附帯上告による不服申立てを通じて，審判対象の拡張が可能となる（大判大正3年11月3日民録20輯874頁）。ただし，上告審において口頭弁論が開かれるとは限らないので，開かれない場合は，「新たな上告理由」を被上告人が附帯上告により主張するか否かよる。附帯上告による「新たな上告理由」の主張は，上告にもとづく上告理由提出期限の終期までしか認められない（民訴規194条）。上告人の上告理由にもとづきつつ原判決の変更を求める場合，上告審の判決言渡しまで附帯上告できる（最判昭和38年7月30日民集17巻6号819頁，最判平成9年1月28日民集51巻1号78頁）。

上告審の審判対象は，上告によってされた申立範囲に限定され（320条），上告受理申立てにおいても控訴審判決の変更を求める範囲でのみ審判されるため（318条5項による313条・293条1項の準用），高等裁判所に対する附帯上告受理申立てについても附帯上告の規定を準用する。すなわち，上告不受理の決定があれば，上告受理申立ての要件を具備しない附帯上告受理申立ても，その効力を失うのである（最決平成11年4月8日判時1675号93頁）。

Practice

次の問に答えなさい。

問　第1審裁判所が簡易裁判所である訴訟事件（少額訴訟事件を除く）に関する以下の記述のうち，正しいものを1つ選びなさい。

1. かかる事件が最高裁判所の審理を受けることはありえない。（　　　）
2. かかる事件においては，上告をすることができない。（　　　）
3. かかる事件における上告審裁判所は高等裁判所であるから，上告審においても事実審理ができる。（　　　）
4. かかる事件については，上告受理制度の適用はない。（　　　）

第4章　不服申立て

| No.32 | 許可抗告制度 |

〈CASE 31〉　抗告人Xは，東京地裁に提起された貸金等請求本訴，慰謝料請求反訴事件において，審理中に裁判官忌避の申立てをなしたが却下された。Xは即時抗告および特別抗告をしたが右判断は維持された。Xは，最高裁の特別抗告却下決定につき再審の申立てをなしたが，その裁判の前に，前記本案事件の担当裁判官が期日を指定した。Xは再び裁判官忌避の申立てをしたが却下され，それに対する即時抗告も棄却されたため，Xは民訴法337条に基づき右即時抗告棄却決定に対する抗告許可の申立てをなしたが，抗告を不許可とする本件の原決定が下された。Xは，許可抗告制度が抗告の拒否の判断を高等裁判所に委ねることは，憲法32条および31条に反するとして，特別抗告をした。

《参考判例》　最決平成10年7月13日判タ983号170頁
《判例評釈》　安達栄司「許可抗告制度(民事訴訟法337条)の合憲性」NBL679号63頁
〔Point〕
　①　抗告と許可抗告
　②　許可抗告制度の合憲性

1　不服申立方法としての抗告

　抗告とは，判決以外の裁判である決定・命令に対する独立した上訴方法であり，抗告審手続は決定手続による。そこで，終局判決における判断とは独立した当事者の手続的利益を尊重する観点から，訴訟手続に関する決定や命令に対して，独立した不服申立方法を認めている。それは①口頭弁論を経ることのなく訴訟手続に関して下された申立却下の決定または命令に対する抗告（328条1項），②決定または命令で裁判できない事項についてなされた違式の決定・命令に対する抗告（328条2項），そして③抗告を許す旨の特別規定が定められている場合（25条・75条5項・86条）の抗告である。受命・受託裁判官による裁判に対しては受訴裁判所に異議申立てをなすことが可能であり（329条1項），

その裁判に対する抗告も可能である（329条2項）。

2　抗告手続の分類

抗告は，以下の種類に分類できる。

①　抗告の要件および効果に鑑みて，抗告は通常抗告と即時抗告に分類できる。通常抗告は，原裁判の取消しの利益がある限りいつでも提起できるために，抗告期間の限定も執行停止効もないが，抗告裁判所は原裁判の執行停止の裁判をなすことができる（334条2項）。即時抗告は，裁判告知日から1週間以内の不変期間内に提起しなければならない（332条）が，確定遮断の効力により原裁判の執行は停止する（334条1項）。

②　対象となる裁判に応じて，裁判所の決定・命令に対する抗告（いわゆる，最初の抗告）と，抗告裁判所の決定に対する再抗告がある。再抗告は，抗告裁判所の決定の中に憲法違反または明らかな法令違反を理由とするものが含まれている場合になされる。簡易裁判所の決定等に対する地方裁判所の裁判に関して，高等裁判所で争われる抗告である。

③　最高裁判所が抗告に関する管轄権を有するものとして，特別抗告と許可抗告がある（裁7条2号，民訴336条・337条）。特別抗告は，簡易裁判所および地方裁判所の決定等で不服申立てが不可能なものや，高等裁判所の決定等に対して，憲法違反を理由として最高裁判所に提起される。特別抗告は，裁判告知日から5日の不変期間内に提起しなければならず（336条2項），特別上告の規定が準用される（336条3項）。許可抗告は，旧法下では最高裁に対して特別抗告しか規定されておらず，高裁の決定・命令に対して抗告できないことに対処するために，新たに規定されたものである。

3　抗告審の手続

原裁判により法律上の利益が侵害されるものに対して，抗告権が認められる。控訴の場合と同様，抗告は抗告状を原裁判所に提出するものであり，再抗告についても上告と同様の取扱いとなる（331条）。抗告の不適法性及び不備補正に関する扱いも同様である（331条・287条）。抗告理由書の提出に関しても控訴の場合と同様である（民訴規207条）。抗告を受理した原裁判所または裁判長は，抗告理由が存在する場合，裁判の更正，いわゆる再度の考案をしなければなら

ず (333条)，このことは，決定や命令に対する自縛力が判決より弱いことを意味する。更正による原裁判の取消し・変更の決定が下されると，抗告対象が消滅し，抗告手続は終了する。この更正決定に対する抗告も可能である。原裁判所が，抗告理由なしと判断する場合，その意見を参考意見として事件に添付した上で抗告裁判所に送付し（民訴規206条），送付により移審効が生じる。

抗告審の審理は，任意的口頭弁論によるものであり，抗告人，相手方，その他の利害関係者の審尋が執り行われる。抗告審においては，抗告不適法ならば却下，理由不存在ならば棄却，理由ありの場合は原裁判を取り消して，差戻しや自判等の判断を下す。

4 再抗告

抗告審（地方裁判所）の終局決定の内容の中に，憲法違反または決定に影響を及ぼすことが明らかな法令違反が認められる場合，その法令違反を理由として高等裁判所に再抗告ができる（330条）。再抗告には，①抗告を不適法却下する裁判に対する再抗告（328条1項）と，②抗告対象である原裁判を維持するために下された抗告棄却決定に対する再抗告がある。再抗告が通常抗告か即時抗告であるかも，抗告審の決定内容を基準とする。最初の抗告が即時抗告であり，抗告審が却下・棄却決定により原審を維持する場合，再抗告も即時抗告になる（大決大正10年9月15日民録27輯1535頁）。再抗告及び再抗告審の手続に関しては，上告および上告審の規定が準用される（331条ただし書，民訴規205条ただし書）。

5 許可抗告制度

旧法における最高裁判所への上告は，特別抗告に限定されていたので，決定・命令等に関して，最高裁判所により法令解釈を統一する機会が保障されていなかった。そこで，法令解釈を統一する必要性を充足し，かつ裁判所の負担増を回避するための制度として規定されたのが許可抗告である。判例違反や法令解釈の重要な事項を含む場合，原審である高等裁判所が，自らの決定または命令に対する抗告を許可した場合に限り，最高裁判所への抗告が許され（337条1項・2項・4項），最高裁判所は，判決に影響を及ぼすことが明確な法令違反を破棄することができるが（337条5項），この申立ては，特別抗告の事由を

理由とすることはできない（337条3項）。

6 許可抗告の制限

　高等裁判所の決定命令については，許可抗告の制限がある。すなわち，①高等裁判所が再抗告審として決定・命令の裁判を行った場合，三審級の利益が保証されているので許可抗告対象とならない（337条1項本文括弧書）。さらに②許可抗告申立てについての裁判も，手続延引を回避するため，許可抗告対象とならない（337条1項本文括弧書）。許可対象となりうる裁判は，(i)高等裁判所が第1審として下した決定および命令のうち，その裁判が地方裁判所の裁判であるとしたら抗告をすることができるものであるときと，(ii)高等裁判所が抗告審として行った決定である（337条1項ただし書）。忌避申立てを容認する決定に対して抗告はできず，その決定を高等裁判所が下していても許可抗告を認める理由はない（最判平成11年3月12日民集53巻3号303頁［百選〈3版〉A50事件］）。

Step up

❶　〈CASE 31〉の分析　　最高裁判所は，「下級裁判所のした裁判に対して最高裁判所に抗告をすることを許すか否かは，審級制度の問題であって，憲法が81条の規定するところを除いてはこれを全て立法の適宜に定めるところに委ねていると解すべき」であり，「民訴法337条が憲法32条，31条に違反するものではない」として，抗告を却下した（最判平成10年7月13日判時1651号54頁）。

　最高裁は，上訴の範囲や要項等の審級制度の定めについては立法政策によるとの立場をとっている（最判昭和23年3月10日刑集2巻3号175頁）。憲法32条の趣旨は，審級性をいかに定めるかについての規定ではないと判示する（最決昭和24年7月22日民集2号467頁）。

　通説的見解においても，審級制度については憲法81条の範囲内で法律が立法政策的に定められ，憲法32条は，その政策決定の下に裁判を受ける権利を保障しているため，審級制度上の考慮から上告が制限されることになっても裁判を受ける権利が侵害されたことにはならないとする（市川正人「ケイスメソッド憲法」日本評論社〈1998年〉）。

❷　許可抗告制度の合憲性　　審級制度の合憲性は，多様な角度から検証が

試みられている。たとえば，①立法政策の決定が下される場合，裁判所の負担軽減，公正な裁判および迅速な裁判の要請を考慮する必要があるとする見解（石川明「審級性と裁判を受ける権利」判タ600号35頁）。②審級制度を手続的デュー・プロセスであるととらえ，告知と意味のある聴聞の要求を満たさない場合，憲法32条違反となる見解，③民事事件において審級制の内容を「公正手続請求権」と関連させて，公正さに重大な問題がある手続による判決に対しては上訴が認められるとする見解（市川・前掲196頁）等がある。

なお，抗告が許可されない場合でも，許可抗告制度それ自体を最高裁に問うことができることに鑑みると，最高裁への上訴可能性および権利保護の実効性の観点からはさほど問題がないように思われるが，「抗告拒否の判断が原裁判をした高等裁判所に委ねられている」点で，裁判の公正さに疑念が生じるとの見解がある（佐々木雅寿「本件批判」重判解平成10年憲法2）。ゆえに，運用次第では裁判を受ける権利を侵害し，適用違憲または運用違憲の可能性がある。

No.33 再審

〈CASE 32〉 Yの妻Aは，Yに無断でYの名を使い信販会社Xとの間で代金立替払契約を結んだが，分割払が滞ったため，XはYを相手に立替払請求訴訟を提起した。ただし，訴状および第1回口頭弁論期日呼出状は，本人に対してではなく，当時7歳9カ月のYの娘Bが受領した。BはYに当該訴状等を渡さなかったため，Yは原訴訟の係属を知らず，欠席裁判のままXは勝訴判決を得た。判決正本がYの妻Aに送達されたところ，Aがこれを隠し，Y不知のまま判決は確定した。約8年後に判決の存在を知ったYは，[旧]民訴法420条1項3号（現行338条1項3号）の再審事由に当たると再審の訴えを提起し，Bの代理権欠缺を認めY勝訴。X控訴。再審の控訴審はAに対する判決正本の補充送達を有効と認め，原審判決を取り消して訴えを却下した。Yは上告した。

《参考判例》 最判平成12年11月27日判時1759号76頁
《判例評釈》 上原敏夫「訴状，判決等の送達が不適法な場合に提起された再審の訴えの適否」判例時報1785号203頁
〔Point〕
① 瑕疵ある送達
② 再審事由の吟味

1 再審の意義

再審とは，確定した終局判決に対して，判決の基礎にある訴訟手続や裁判資料に重大な瑕疵がある場合，当事者が確定判決の取消しと事件についての再審理を求める独立した非常の申立方法である（上田・民訴603頁）。このような確定判決に対して再び争うことを認めなければ，国民の裁判を受ける権利を侵害し，結果として，民事司法に対する国民の信頼を失うことを避けるために，法は再審の訴えを認める（伊藤・民訴685頁）。

2 再審の訴え

再審は，①再審事由に基づき判決の確定力を消滅させる申立てと，②再審判を求める本案の申立てが，訴えの形式で提起される。確定判決に対する不服申立てである再審の訴えは，上訴とは区別され，移審効や確定遮断効が及ばない。①においては，形成訴訟として取消しを求める地位が訴訟物となり，②においては，申立内容ごとに訴訟物が確定する。裁判所は，再審事由の存在（346条1項）・不存在（345条2項）を決定手続により判断し，手続を開始した上で，判決が不当であると認められると，原判決を取り消した上，さらに事件について裁判をしなければならない（348条3項）。

3 再審の訴えの適法要件

訴え提起の方式をとる再審の訴えは，訴えの適否に関する適法要件をみたさなければならない。この適法要件に関する事項には，①不服申立ての対象となる裁判，②当事者適格，③管轄，および④出訴期間がある。

(1) 不服申立ての対象となる裁判

確定した終局判決を不服申立対象とする再審の訴えは，中間判決等の中間的裁判においては認められないが，これらの裁判につき再審事由を主張した上で終局判決に対して提起することはできる。独立の不服申立方法が定められている場合でも，終局判決に対して直接再審の訴えをなすことができる（339条）。これは，独立した再審の申立てにより当事者が二重の負担を負わないように，終局判決に対する再審の訴えに統一したものである。もっとも，即時抗告で不服申立てができることになっている決定または命令で，確定したものについては，独立した再審の申立て，いわゆる準再審ができる（349条1項）。

第1審における請求棄却判決，控訴審の訴え却下判決，さらには上告審の上告棄却判決のように，同一の事件につき各審級に確定判決が存在する場合，原則上，各審級に対して再審事由を主張し，再審の訴えを提起することができる。ただし，控訴審において裁判所が事件について本案判決をしたときは，第1審について再審事由があるとして，第1審裁判所に対して再審の訴えを提起することはできない（338条3項）。

(2) 当事者適格

再審原告は，①確定判決の効力に服し，かつ②その取消しにつき不服の利益

を持つものであるため，再審の当事者適格も，原則上，確定判決の当事者であり，かつ判決において全部または一部敗訴しているものに限られる。判決の効力が拡張される口頭弁論終結後の承継人等（115条1号・2号・3号）に対しても，原告適格が認められるが（伊藤・民訴691頁），訴訟物に関して独自の利益を有さない請求目的物の所持人（115条4号）は，不服の利益がないので原告適格は認められない。さらに，判決効の及ぶ第三者で判決の取消しについて固有の利益を有するものや，補助参加人，氏名冒用者等も再審の訴えを提起できる（上田・民訴608頁）。ただし，ここで判決効が第三者に拡張された結果，法律上の不利益を被る者が補助参加人として再審の訴えを提起することはできるが（45条1項），独立の当事者適格は認められない（最判平成元年11月10日民集43巻10号1085頁［百選〈3版〉A51事件］）。再審被告は，原則上，本訴における勝訴当事者であるが，原告適格と同様，既判力の拡張を受ける口頭弁論終結後の承継人等に被告適格が認められる。なお，当事者適格については，以下の重要判例がある。

〔事例1〕 Yを原告とし，訴外Aらを被告とする土地所有権確認・保存移転登記抹消請求権等の前訴は，昭和39年7月16日にY勝訴の最高裁判決で確定したが，右訴訟の口頭弁論終結後（同年4月16日）にXは売買契約により係争地の所有権を取得した。Xは，前訴判決に判断違脱があったことを理由として，Yを被告として再審の訴えを提起した。

再審の訴えは，判決の確定後にその効力を認めることができない欠陥がある場合，法的安定性を犠牲にしても，具体的正義のために判決の取消しを許容する非常の手段であるから，「右判決の既判力を受ける者に対し，その不利益を免れしめるために，その訴の提起を許すものと解するのが相当であり，したがって，〔旧〕民訴法201条（現行民訴115条）に規定する承継人は一般承継人たると特定承継人たるとを問わず，再審原告たり得るものといわなければならない。」と最高裁は判示してXの原告適格を認めたものの，再審事由なしとして再審の訴えを却下した（最判昭和46年6月3日判時634号37頁）。

特定承継人の再審における原告適格については諸説が対立している（高橋・民訴(下)528頁以下参照）。もっとも，再審の訴えは，①確定判決の既判力を消滅させ，再審理を認める非常の救済措置である点に特性があり，②確定判決が対象なので訴訟係属状態は消滅している点で，上訴と異なる。諸説の議論は旧法

時代のものであるが，旧法が再審の認否を判決手続でなしていたのと異なり，新法は再審開始の是非の手続と本案審理を区別する2段階構造を取っている点に着目し，新法の立場から分析することが必要であると考えられる（梅本吉彦・百選〈第3版〉242頁）。

〔事例2〕　前審において，Yを原告・A地方検察庁検事正を被告として，YがBの子であるとする認知請求訴訟が提起され，Yは勝訴。右確定判決に対して，Bの子等，すなわちX等がYを相手に再審の訴えを提起した。原審（高裁）でXらは，行政事件手続法34条の第三者再審の規定を類推適用して，前審においてXらが訴訟告知を受けず，右判決が確定するまで係属の事実すら知り得なかったことに帰責事由がなく，さらに訴訟参加の機会もなかったことを理由として，さらに〔旧〕民訴法420条1項3号（現行民訴338条1項3号）の代理権欠缺を類推して再審手続により本件確定判決を争い，そして勝訴した。そこでYは上告した。

最高裁判所は，「検察官を相手とする認知の訴えにおいて認知を求められた父の子は，右訴えの確定判決に対する再審の訴えの原告適格を有するものではない」と判断し，原判決を破棄し，第1審判決を取り消して訴え却下とした（最判平成元年11月10日判タ714号71頁）。この判決に対して，判決当時の人訴法と民訴法338条からは判決の結論が導かれるだけであるが，自ら与り知らぬ間に兄弟が法的生じてしまう者の利害については，充分な法的処置をなすべきである。

なお，当事者適格を有さない者にも訴訟の呼出しをすべきである，という当事者適格再構成の議論にもつながりうるこの問題も，今日，人事訴訟法の改正（平成15年）により，利害関係人に対する訴訟係属の通知（28条）と利害関係人の訴訟参加（15条）が強制されることを通じて，当該問題自体は解決されている（高橋・民訴(下)537頁）。

(3)　管　　轄

再審の訴えは，その裁判を下した裁判所が専属的に管轄するが（340条1項），同一事件について審級を異にする裁判所が確定判決を下している際に，下級審と上級審の裁判所のそれぞれに再審の訴えが提起された場合，判決の矛盾をさけるために下級審は事件を上級審に移送し，上級審の裁判所は下級審の訴えについても管轄権を有することになる（340条2項）。

(4) 出訴期間

再審の訴えには出訴期間が定められており，判決確定後，当事者が再審事由を知った日から30日の不変期間内に訴えを提起しなければならない（342条1項）。判決確定前に当事者が再審事由を知るに至った場合，判決確定の日から30日以内に提起することになる（最判昭和45年12月22日民集24巻13号2173頁）。判決が確定した日から5年の除籍期間が経過すると，もはや再審の訴えを提起できない（342条2項）。ただし，判決の確定後に再審事由が生じた場合，その発生日から5年の期間が起算される（342条2項）。338条1項4号～7号は，有罪判決等の事実の発生をもって再審の訴えの適法要件とするので，除籍期間は，その事実が生じた日から起算される（伊藤・民訴691頁；当該問題の基本的争点につき，上田・民訴609頁）。もっとも，代理権の欠缺および既判力の抵触を理由とする再審の訴えは，前2項の制限を受けない（342条3項）。

4 再審事由（338条1項1-10号）

(1) 判決内容への影響の有無を問わないもの

民訴法338条には，再審事由を10の要件に定めて，不服申立てを認めている。338項1号および2号は，裁判所の構成に違法がある場合を定めており，3号は代理権の欠缺または代理行為をするのに必要な権限付与がなかった場合（授権の欠缺）を定めている。これは，絶対的上告理由（312条1号・2号・3号）に対応しており，それらの事由が判決内容に影響したか否かを問わない（上田・民訴605頁，伊藤・民訴687頁）。3号に定められている代理権の欠缺は，氏名冒用訴訟において当事者に実質的手続保障がなされなかった場合を含む。ただし，無権代理人による訴訟行為が判決確定後に追認された場合，再審事由は消滅する（大判大正6年7月9日民録23輯1105頁）。

(2) 判決主文に影響を及ぼす場合に限るもの

338条1項4号～7号は，判決の基礎となる裁判官の判断または裁判資料につき，可罰的行為が存在する場合を規定している。4号に定められている収賄等に係る裁判官の行為は，判決の結論との間に因果関係を要しないが，5号に定められている可罰的行為による自白の強要及び裁判に影響を及ぼす重大な攻撃防御方法の妨害，6号に定められている判決の証拠とされた文書等の偽造・変造，および7号に定められている訴訟関係者の嘘の陳述が判決の証拠となっ

た場合等の事由については，右行為と判決との間に因果関係が要求される（最判昭和33年7月18日民集12巻12号1779頁）。

338条1項4号〜7号の事由については，①有罪の判決もしくは過料の裁判が確定している場合，または②証拠の不存在以外の理由により有罪の確定判決等を得ることができない（たとえば，犯人の死亡や時効が完成した）場合，再審の訴えが許される（338条2項）。有罪判決を要件とするのは，再審が濫訴されることを防止するために，可罰行為の客観的存在を求めるものであり，有罪判決確定の事実自体が再審事由の一部になるのではない（伊藤・民訴678頁；当該問題の基本的争点につき，上田・民訴606頁）。この点につき，338条2項との関係で以下の重要判例がある。

〔事例3〕「有罪判決の確定」と再審事由

再審事件の上告事件である本件では，合資会社XのYに対する地上権確認等の訴訟が1審，2審，3審とも敗訴して判決が確定した後，敗訴判決の証拠とされたAの証言が偽証であることを再審事由として，Xが原審（高裁）に損害賠償の訴えを提起したものである。しかし，偽証に関して検察庁で取締中であるという理由により，原審は訴えを却下した。ところが，右判決に対してXが上訴している間にAは偽証罪で起訴され，本件上告の理由書提出期間後になってAの有罪が確定した。そこでXは，その旨を記した新たな上告理由補充書を提出して事件を争った。

最高裁は，「証人の証言AおよびY本人の供述が虚偽である旨のXの主張は，420条1項7号，2項（現行民訴338条1項7号，2項）所定の再審事由に当たらない」として，上告を棄却した（最判昭和43年8月29日判時535号59頁）。

もっとも，上告を棄却されたXは，改めて控訴再審の訴えを高裁に提起した。高裁は，Xが偽証の有罪確定を知った日から30日以内に提起された訴えでないとして不適法却下したが，最高裁は，上告理由補充書により主張する方法では裁判所の判断が受けられない，ということを知ったことが342条1項の出訴期間に記す再審事由を知り足ることに当たると判じ，Xの再審請求は適法であるとした。もっとも，通常訴訟の上告の場合，338条所定の再審事由が適法の上告理由となり，338条2項の要件が上告理由書提出期間の経過後に初めて具備された場合においても，上告理由と認められることから考えると，はじめの事件控訴再審の上告審で有罪判決の確定を顧慮すべきであった（高橋・民訴(下)538

頁，・百選Ⅱ〈補正〉199）。

〔事例4〕「有罪の確定判決等を得ることができないとき」の趣旨

X株式会社（再審原告）の代表取締役であったA（平成2年9月に死亡）とその妻Bは，昭和44年，Y株式会社（再審原告）に自己保有のX会社株式を譲渡した。その後，A・BはX・Yを被告として株式譲渡無効を理由とした株主権確認訴訟を提起した。1審は請求認容，X会社等の控訴は棄却，昭和62年に上告棄却の判決が下され確定。平成2年6月，旧訴訟の確定判決の証拠となった書証は，昭和52年にAが作成した偽造文書であることを理由に，X・Y両会社は再審の訴えを提起した。原審は右株券の偽造を再審事由として認め，請求認容。再審被告は上告した。

最高裁は，「民訴法420条1項6号（現行民訴338条1項6号）に該当する事由を再審事由とし，かつ，同条2項の適法要件を主張する再審の訴えにおいては，被疑者の死亡等の事実が再審の訴えの対象となった判決の確定前に生じた場合であっても，文書の偽造等につき有罪の確定判決を得ることを可能とする証拠が再審の訴えの対象となった判決の確定後に収集されたものであるときには，同条1項但書には該当せず，再審の訴えが排除されることはない」と判示した（最判平成6年10月25日判時1516号74頁）。

もっとも，Y株式会社代表Aから株式譲渡を受けたXが，のちにAの詐欺を知るにいたっても，告訴等の手続をとらなかったためにA詐欺の公訴時効が完成した事件において，告訴すれば信託金の返還を受けることに関して得策でないとするXの判断は，「XがAに対する告訴等の手続きをとらなかったことについてやむを得ない事情があった認めることはでき」ず，「本件は有罪の判決等を得ることができないときには当たらない」との判例もある（最判平成11年11月30日判時1697号55頁）。

338条1項8号は，判決が前提とした民事・刑事の判決やその他の裁判もしくは行政処分が，後の裁判または行政処分により変更されたことを再審事由とする。ここにおいて，判決の基礎とされた裁判の既判力や行政処分の公定力が変更された場合（大判昭和6年6月27日評論20巻民訴474頁）とは，その変更が判決の結論に影響を及ぼすことを要する。

9号が定める判断違脱とは，当事者が提出した攻撃防御方法につき，「判決に影響を及ぼすべき重要な事項」に関して裁判所が判決理由中に判断を示さな

かったことにより生じる再審事項であり，職権調査事項であるか弁論主義によるものかを問わない。10号に定められている再審事由は，再審の訴えで不服申立てをしようとしている判決が，それより前に言い渡された確定判決との食違いを回避するために認められる。

5　再審の補充性

338条1項に列挙された事由が存在する場合に限り再審の訴えが許される。ただし，再審事由の存在が認められても，控訴もしくは上告において，①当事者が当該事由を主張していた場合，または，②その事由の存在を知りながらこれを主張しなかった場合は再審の訴えを起こすことはできない（338条1項ただし書）。これを再審の補充性という。それは，上訴と再審が有する原判決への不服申立ての共通性に鑑み，同一事由につき主張の機会を二重に与える必要性がなく，不服申立ての機会を自ら放棄した者に改めて再審による救済を与える必要性もないからである。普通の不服申立てを非常の不服申立てよりも優先したのである（髙橋・民訴(下)512頁）。もちろん，「再審事由を知りながらこれを主張しなかった」ことの立証は困難であり，事実上の推定に頼ることになる（伊藤・民訴687頁）。

6　再審の訴訟手続

(1) **再審の訴え**（再審の訴えの適否および再審事由の具備）

再審の訴訟手続は，その性質に反しない限り，各審級における訴訟手続規定が準用されるが（341条），再審の訴状には，1号に定める当事者および法定代理人，2号に定める再審の訴えの対象たる判決の表示およびその判決に対して再審を求める趣旨，および3号に定める不服の理由が明記されなければならず（343条），さらにその判決の写しが添付される（民訴規211条1項）。不服の理由は，再審の訴えを提起した後，訴訟手続の途中で変更することが可能であり，訴えの変更も認められている（344条）。訴え提起により原判決の執行力が当然に停止されることはないが，不服の理由として主張されている事情に①法律上理由があると考えられ，②一応確からしいことが疎明され，かつ③執行により修復不能の損害が発生することが疎明された場合，申立てにもとづいて裁判所は，執行停止を命じることができる（403条1項1号）。

訴訟要件が具備されていない場合，裁判所は決定により再審の訴えを却下するが（345条1項），この却下決定に対する即時抗告は認められている（347条）。再審事由が不存在の場合，裁判所は決定により再審請求を棄却するが（345条2項），この棄却決定に対しても即時抗告が認められている（347条）。棄却決定が確定した場合，同一事由を理由として再び再審の訴えを提起することはできない（345条3項）。再審事由が認められる場合，裁判所は相手方を審尋した後に再審開始決定を下す（346条）。再審開始の決定に対しても，即時抗告をなすことができる（347条）。

(2) **本案の審判**

再審開始決定が確定した場合，不服申立ての範囲内で裁判所は本案たる原判決の対象となった事件を審判する（348条1項）。本案の弁論は，原判決手続の再開かつ続行として進行するので，裁判官の交代があれば弁論更新の手続きがとられる（249条2項）。審理の結果，裁判所が原判決を正当と判断する場合，判決により再審の請求は棄却される（348条2項）。それ以外の場合，裁判所は原判決を取り消し，さらに事件について裁判をしなければならない（348条3項）。

以上のように，再審事由に係る係争と本案に係る係争を手続上分けて審理することにより，審理の迅速化かつ効率化がはかられる。

Step up

❶ 〈CASE 32〉の分析　　最高裁判所は，「〔旧〕民訴法420条1項ただし書は，再審事由を知って上訴をしなかった場合には再審の訴えを提起することが許されない旨規定するが，再審事由を現実に了知することができなかった場合は同項ただし書に当たらないものと解すべきである。」として，原判決を破棄し，高裁に差し戻した（最判平成4年9月10日判タ800号106頁）。本件で，まず問題となった7歳9カ月の娘Bに対する送達は，〔旧〕民訴法171条（現行106条1項）の「事理ヲ弁識スルニ足ルヘキ知能ヲ具フル者」を「交付を受けた書類を受送達者達に交付することが期待できる程度の能力を有する者」と解する点で，有効な送達とはみなされなかった。妻に対する判決正本の補充送達については，「前訴の判決は，その正本が有効に送達されて確定したもの」と判断した。しかし上告人に関しては，「前訴の訴状が有効に送達されず，その故に前

訴に関与する機会を現実に了知することができなかったのであるから，右判決に対して控訴しなかったことをもって，同項ただし書に規定する場合に当たるとすることはできない」と判示した。

　補充送達における受領者の性格については，送達受領権限のみを有する訴訟上の法定代理人と解される一方で，法定代理人や訴訟代理人が再審事由について悪意であれば，本人の善意悪意を問わず，民訴法338条1項ただし書の適用があるとの見解が多い。ただし，本件のように本人Yと受領者A（妻）の間に利害対立がある場合にまで，補充送達が有効であるかについては疑問が残る。実際の問題として，Yの救済方法を控訴とするか再審の訴えとするかという点から考えると，Aにより受領された前訴判決の補充送達を無効と判断すると，控訴期間の進行を考慮する余地がないため，Yの控訴の可能性もある。そこで判決の補充送達を有効とし，再審の余地を残したと考えられる（山本克己「本件批判」・百選〈3版〉120事件245頁）。

　❷　**本件に対する諸解釈の展開**　本件の判旨においては，代理権の欠缺に論及することなく訴状の送達無効から直接的に3号の再審事由を導き出している。では，訴状の送達が無効であるならば，訴訟係属もないのであるから判決も無効であると解釈する場合，結果的に強制執行に対する執行文付与に対する異議の訴えや損害賠償等を認める余地もありうるとする見解がある（中山幸二「付郵便送達と裁判を受ける権利」NBL503号38頁・505号25頁）。

　実際の問題として上訴と再審の異同を考えてみると，期間につき上訴は2週間，上訴の追完は1週間，再審では30日となる。審級につき上訴または上訴の追完は上訴手続であり，原審級の手続に重大な誤りがあるので差し戻されるにしても，原則的には上訴審に係属する。これに対して再審は，はじめから原審手続として復活する。故に再審の方が期間において有利であり，審級の利益に鑑みても有利である。要件面から見ると，上訴が可能なときは再審ができない（338条1項ただし書）ので，上訴か再審かの選択肢が当事者にあるとはいえない。ところで，ここで判決無効との構成した上で執行文の付与に対する異議を申し立てる場合，強制執行を直接排除する効力があり，かつ期間制限がないため直截かつ強力な手段であると考えられる（高橋宏志「本件批判」リマークス1994(上)148（150）頁）。

　❸　**補充送達と再審**　Yから土地を買い受けたXが所有権移転および土地

明渡しを請求した事件（大阪高判平成4年2月27日判タ793号268頁）において，送達された第1口頭弁論期日の呼出状をYの妻Aが受領したが，Xに渡さなかった。訴訟は欠席裁判のまま判決を下され，判決確定後8年たって原判決を別件の控訴審で知った控訴人Yは，別件の被控訴人Xと当該判決の有効性を争った。控訴審裁判所は，補充送達制度の目的につき，「迅速な送達」と「確実な送達」の実質的利益考量により検討すべきものとし，補充送達が有する「法定代理関係」や「法的安定性」の外形も，受送達者と送達書類の受領者との間に実質的利害関係があり，通常期待できる状況になければ，補充送達の効力を否定すべきとの判決を下している。これにより，「送達擬制の相対化」に傾斜している現在において，前訴に関与する機会が付与されなかったものに対する救済を考える問題が生じる。解決の鍵は原告に委ねられることになり，被告側の対応を機敏に察し，夫婦間に対立等が生じているおそれ等がある場合，今後は，妻への補充送達だけではなく夫への通告等も要することになる。職権送達から「送達は当事者の責任」へと転換してきている（高橋・前掲批判151頁）。

第5章

特殊な訴訟手続

第5章　特殊な訴訟手続

| *No. 34* | 手形・小切手訴訟 |

　通常の民事訴訟手続を対象とした前章までに対し，本章では，審理手続が簡略化された略式訴訟手続を取り上げる。

　これには，手形訴訟・小切手訴訟，少額訴訟，督促手続，損害賠償命令制度（刑事訴訟手続に伴う犯罪被害者等の損害賠償請求に係る裁判手続），そして，民事保全命令があるところ，本章では，手形訴訟・小切手訴訟に焦点を合わせ，その特則を眺めることにしたい。具体的には，訴え提起，審理（とりわけ証拠調べ），判決の順にみたうえで，通常訴訟手続への移行についても一瞥する。

　なお，手形訴訟の手続規定は，小切手訴訟に準用されるので（367条2項），以下の記述は手形訴訟を対象とする。

〈CASE 33〉　Xが請負代金の残代金の支払いをしないYに対し，同残代金の支払のために振出された約束手形に基づいて，手形金およびその余の残代金の支払いを求めた。

　これに対して，Yは，本件手形金の原因債権は時効消滅しているので，原因債権の当事者であるXに対して本件手形金の支払い義務を負わないとして争った。

　そこで，Xは，手形金請求訴訟の提起によって，原因債権について時効中断効が生じると主張した。

　XとY，いずれの主張が妥当か。

《参考判例》　最判昭和62年10月16日民集41巻7号1497頁
《判例評釈》　篠原勝美「手形金請求の訴えの提起と原因債権の消滅時効の中断（最判昭和62.10.16）」法曹時報41巻9号2651頁，奥島孝康・昭和62年度重判解116頁，田邊光政「手形金請求訴訟の提起と原因債権の時効中断（最判昭和62.10.16）」判例時報1279号219頁，野口恵三「手形金請求訴訟の提起によって原因債権の消滅時効を中断できるか」NBL397号46頁など。

〔Point〕
　①　時効制度の趣旨は何か？
　②　裁判上の請求が時効中断事由とされるのは，なぜか？

1 手形・小切手訴訟の意義

手形・小切手訴訟手続とは、手形・小切手による金銭債権の満足のために、債権者に簡易迅速に債務名義を取得させることを目的とした略式訴訟手続をいう（350条1項・367条1項）。これは、1877年のドイツ民事訴訟法典を翻訳的に継受した旧々民事訴訟法（明治23年［1890年］法律29号）に存在した証書訴訟および為替訴訟を旧民事訴訟法（大正15年［1926年］法律61号）の下で復活させ（1964年）、それを新法（1996年）が引き継いだものである。もっとも、そのまま復活させたのではなく、原則として証拠を書証に限定した第1審のみの略式手続として通常手続に前置させ、両者が並行的に係属することを回避する工夫がなされた。

2 手形訴訟の提起

(1) 請求適格

手形訴訟による審判を求めることができるのは、「手形による金銭の支払の請求」および「これに附帯する法定利率による損害賠償の請求」を目的とする給付の訴えに限られる（350条1項）。手形による金銭の支払の請求とは、手形上の権利として手形に化体された債権にもとづく請求（具体的には、手形金債権のほか、手形金償還請求権［手9条・15条・77条1項、小12条・18条］、手形保証人・参加引受人に対する支払請求権［手32条・58条・77条3項、小27条］）をいい、原因関係上の権利にもとづく請求は含まれない。手形金額に対する利息請求権（手5条・28条1項・48条1項2号）は、手形上の権利に含まれるが、その他の当事者間の特約による遅延賠償金請求は、これに含まれないところ、別途通常訴訟で請求するしかないというのでは債権者にとって不便であることから、法定利率内に限り、手形金請求に附帯して請求することが認められたのである。

(2) 提訴の手続

原告となる手形債権者が手形訴訟を選択するには、訴状に手形訴訟による審理および裁判を求める旨の申述を記載しなければならない（350条2項）。なお、起訴前和解の不調の場合に、当事者双方が手形訴訟を選択する旨の申立てをすれば、手形訴訟を提起したことになる（365条）。また、支払督促申立ての際に、予備的に手形訴訟による審判を求める旨の申立てをしておけば、仮執行宣言前の債務者の督促異議申立てにより、手形訴訟を提起したものとみなされる

（395条・366条）。

　土地管轄については，被告の普通裁判籍（4条）に加えて，手形の支払地（手1条5号・2条3号・75条4号・76条3号）の裁判籍（5条2号）が認められるほかは，通常の訴訟手続の場合と同じである。

　(3)　**反訴の禁止など**
　簡易迅速性の要請が強く働く手形訴訟においては，手続の複雑・遅延化のおそれから，反訴は許されない（351条）。同様の趣旨により，中間確認の訴えも許されないと解されている。これらに対して，手形訴訟における客観的併合（請求の併合）および主観的併合（共同訴訟形態）は許される（新堂・新民訴927頁，松本＝上野・民訴772頁〔上野〕など）。

3　手形訴訟の審理

　手形訴訟の審理においては，簡易迅速な事件処理の要請から，手続促進のための特則がみられる。
　(1)　**手続進行の特則**
　手形訴訟が提起されると，裁判長は，「直ちに」口頭弁論期日を指定し，当事者を呼び出さなければならない（民訴規213条1項。139条参照）。期日の呼出状には，期日前に予め主張，証拠の申出および証拠調べに必要な準備をすべき旨を記載しなければならない（民訴規213条2項）。さらに，被告に対する呼出状には，裁判長の定めた期間内に答弁書を提出するよう催告し，なんらの防御もなされなければ，手形訴訟としての弁論終結の不利益（354条）が課されうる旨を記載しなければならない（民訴規213条3項）。
　手形訴訟の審理は，やむをえない事由がある場合を除き，第1回口頭弁論期日に完了しなければならない（一期日審理の原則〔民訴規214条〕）。やむをえず，口頭弁論期日を変更し，または，弁論を続行するときは，次の期日は原則として15日以内の日に指定しなければならない（民訴規215条）。
　(2)　**証拠調べの特則**
　手形訴訟における証拠は，原則として書証に限られる（352条1項）。しかも，書証の申出は，挙証者自らが所持する文書を提出してする場合にかぎられ，裁判所による文書提出命令（219条・223条）や送付嘱託（226条）をすることはできない（352条2項）。これは，手形所持人が手形上の権利者である蓋然性が極

めて高いことに着目して，簡易迅速性の見地からなされた証拠の制限である。
　他の裁判所への証拠調べの嘱託および官庁等への調査の嘱託（186条）は許されず（352条4項），受訴裁判所が自ら証拠調べをしなければならない。ただし，文書の成立の真否または手形の提示に関する事実については，申立てにより，当事者本人を尋問することができる（352条3項）。なお，こうした制限は，職権調査事項には及ばない（352条5項）。

4　手形判決

　手形訴訟における終局判決を手形判決といい，判決書やこれに代わる調書には「手形判決」と表示される（民訴規216条）。手形判決には，①手形訴訟の請求適格の欠缺を理由とする訴え却下判決（355条1項），②一般の訴訟要件の欠缺を理由とする訴え却下判決，そして，③本案判決（請求認容・棄却判決）がある。

　①　請求適格欠缺を理由とする訴え却下判決は，口頭弁論を経ずにすることができ，これに対する原告の不服申立て（上訴，異議）は認められない（356条ただし書・357条参照）。原告は，この訴え却下判決の送達後2週間内に通常訴訟を提起し直すことができ，その場合，前訴の提起による時効中断効は保持される（355条2項）。

　②　一般の訴訟要件欠缺を理由とする訴え却下判決に対して不服のある当事者は，控訴を提起することができる（356条ただし書）。

　③　本案判決に対して不服のある当事者は，控訴を提起することはできないが（356条本文），異議申立てをすることができ（357条），適法な異議があると通常訴訟に移行する（361条）。請求認容判決には，職権で，原則として無担保で，仮執行宣言を付さなければならない（259条2項）。異議申立てにもとづいて仮執行の停止または取消しの仮の処分がなされうるが，迅速性の見地から，その要件は一般の控訴の場合よりも厳格なものとされている（398条1項5号）。

5　通常訴訟への移行

(1)　手形判決前の原告による移行申立て

　原告は，いったん手形訴訟を選択したとしても，口頭弁論の終結にいたるま

で，被告の承諾を要しないで，手形訴訟を通常の手続に移行させる旨の申述をすることができる（353条1項）。この申述があれば，通常訴訟手続に移行し（353条2項），裁判所は直ちに移行した旨の書面を被告に送付しなければならない（353条3項本文）。移行後の弁論は，手形訴訟の弁論を続行するものであるが，手形訴訟上の制約からは解放される。

(2) 手形本案判決に対する異議

手形訴訟は1審に限られ，本案判決に対する控訴は許されないが（356条），不服の利益のある当事者は，判決書またはこれに代わる調書の送達を受けた日から2週間の不変期間内に，判決をした裁判所に書面で異議を申し立てることができる（357条，民訴規217条）。適法な異議申立てがあれば（359条参照），手形判決の確定が遮断されるとともに（116条2項），訴訟は通常訴訟手続に移行する（361条）。

当事者は，異議申立権をその申立て前に限り放棄することができる（358条）。一度申し立てた異議は，第1審の終局判決があるまで取り下げることができるが（360条1項），その効力は相手方の同意がなければ生じない（360条2項）。これは，移行先の通常訴訟手続において防御態勢を整えた被告の立場を考慮したものである。

(3) 異議後の通常手続

手形本案判決に対して異議申立てがなされると，訴訟は弁論終結前の審理状態に戻り（訴訟復活の効果），通常訴訟の第1審手続が続行される。手形訴訟における訴訟上の効果は，そのまま保持されるが（たとえば，自白の効果は残る），手形訴訟手続上の制約からは解放される。当事者双方の欠席は，異議の取下げを擬制する（360条3項・263条）。

通常訴訟による審判は，いずれの当事者が異議申立てをしたのかを問わず，原告の請求の当否に全面的に及ぶ。上訴と異なり，その審判の範囲が当事者の不服の限度に限られず，異議申立人にとって手形判決よりも不利な判決を言い渡されるおそれがある（新堂・新民訴930頁，松本＝上野・民訴775頁〔上野〕など）。

(4) 異議後の新判決

手形判決と符合する結論に達した裁判所は，手形判決を認可する旨の判決をする（362条1項本文）。手形判決の理由が不当でも，他の理由で支持できる場

合には認可するのに対し（302条2項参照），手形判決の手続が違法なときは，手形判決を取り消し，判決をしなおさなければならない（362条1項ただし書）。

　手形判決と符合しない結論にいたった裁判所は，手形判決を取り消し，自らの判断を示す判決をする（362条2項）。

　新判決に対しては，通常手続によって控訴を提起することができる。控訴審裁判所が異議を不適格として却下した第1審判決を取り消すときは，事件を第1審裁判所に差し戻さなければならない（364条本文）。ただし，事件についてさらに弁論する必要がないときは，この限りではない（364条ただし書）。

Practice

問　手形訴訟において，当事者が次に掲げる証拠調べの申立てをした場合に，証拠調べを行うことができるものはどれか。
1.　手形振出の原因関係に関する事実についての証人尋問　　　（　　　　）
2.　手形振出の原因関係に関する文書についての文書提出命令　（　　　　）
3.　手形振出人の署名が偽造であるか否かについての鑑定　　　（　　　　）
4.　手形の提示に関する事実についての当事者本人尋問　　　　（　　　　）
5.　手形の提示に関する事実についての手形交換所に対する調査嘱託
　　　　　　　　　　　　　　　　　　　　　　　　　　　　（　　　　）

第5章　特殊な訴訟手続

| No. 35 | 少 額 訴 訟 |

　本章で扱う少額訴訟とは，60万円以下の金銭支払請求事件について，原則として1回の期日で審理を終え，直ちに判決の言渡しが行われる特別の略式訴訟手続である。少額訴訟は，これまで，その目新しさも手伝って，利用者の利便性から評価されることが多かったが，使い勝手のよさが裏目に出る現象もみられ（少額訴訟を悪用した架空請求事件など），冷静な吟味の段階に入ったといえよう。

　そこで，原告のみならず，被告（たとえば，架空請求をされた被告）の立場にも立ちながら，少額訴訟手続のしくみと流れを検証するといった主体的なまなざしをもって本章を読みすすめていただきたい。

〈CASE 34〉　少額訴訟を提起したAは，簡易裁判所の言い渡した判決に満足できず，同裁判所に異議を申し立てたところ（378条1項），これが適法であるとして，通常訴訟手続により審理され，再び判決が言い渡された（379条1項）。

　Aは，この判決にも不満であった。しかし，異議後の判決に対する控訴は禁じられている（380条1項）。

　そこで，Aは，こうした控訴制限規定は，何人にも「裁判を受ける権利」を保障した憲法32条に違反して無効ではないかと考えた。

　Aの見解は妥当か。

《参考判例》　最判平成12年3月17日裁判所時報1264号3頁，判タ1032号145頁
《判例評釈》　月刊法学教室246号別冊付録『判例セレクト'00』（2001年）12頁
　〔笹田栄司〕，安達栄司「少額訴訟手続における控訴制限の合憲性」NBL722号（2001年）80頁
〔Point〕
　①　憲法32条は，何を保障しているのか？
　②　異議後の判決に対する控訴の許否について，手形訴訟・小切手訴訟と少額訴訟を比較せよ！

1　少額訴訟の意義

　日常的に生じる少額の金銭支払を求める少額事件については，時間的・経済的な負担から訴訟手続は敬遠されがちであるが，この状態を放置していたのでは，広く国民一般の司法制度に対する信頼を失いかねない。そこで，手軽に利用できる特別の少額請求手続を設けて，国民一般の日常生活と司法制度との距離を縮め，司法へのアクセスの向上を目指す動きが世界的トレンドとされてきた（M.カペレッティ＝B.ガース〔小島武司訳〕『正義へのアクセス』（有斐閣，1981年）98頁，小島武司「少額訴訟手続の意義」講座新民事訴訟法3巻（弘文堂，1998年）196頁，池田辰夫「少額訴訟の手続構造」民事訴訟法の争点〔第3版〕310頁など参照）。

　わが国においては，「国民に利用しやすく，分かりやすい」民事裁判を目指した新法（1996年）によって，初めて少額訴訟手続が導入された。これにより，少額（当初は30万円以下，2003年改正により60万円以下）の金銭支払請求を目的とする訴えについて，簡易裁判所において少額訴訟による審理および裁判を求めることができるようになった（368条1項）。

2　少額訴訟の要件

(1)　訴訟物

　少額訴訟の訴訟物は，訴額60万円以下の金銭支払請求に限られる（368条1項本文）。金銭債権の一部についても，少額訴訟手続を利用することができる。ただし，濫用的であると判断される場合や通常訴訟手続が相当であると認められる場合には，裁判所は通常訴訟手続への移行決定をする。なお，給付訴訟に限られるので，60万円以下の金銭債務の不存在確認請求は，少額訴訟の訴訟物に含まれない。

(2)　利用回数

　同一人が原告として少額訴訟手続を利用できるのは，同一の簡易裁判所において年10回までとされている（368条1項ただし書，民訴規223条）。これは，少額訴訟に固有の利用制限であるが，少額訴訟が特定人（金融業者など）により占領される事態を避け，一般市民の利用を広く平等に確保することがその狙いである（一問一答401頁，新堂・新民訴907頁など）。

(3) 訴え提起時に必要な原告の行為

少額訴訟の提起に際し，原告は，①少額訴訟手続による審判を申し立てる旨を申述し（368条2項），②当該簡易裁判所におけるその年の利用回数を届け出なければならない（368条3項）。②を欠くと，職権により通常訴訟手続への移行決定がなされる（373条3項2号）。また，利用回数について虚偽の届出をした原告は，10万円以下の過料に処せられる（381条1項）。

3　少額訴訟手続の教示

簡易な手続により迅速な解釈を目指す少額訴訟は，本人訴訟を前提としているものと解されており，以下にみる手続教示の規定が置かれている。もっとも，弁護士等による代理（54条1項）が禁じられているわけではなく，とりわけ簡易裁判所での代理権を獲得した司法書士（司士3条1項6号イ）によるサポート（司法書士会による「少額裁判サポートセンター」の開設など）といった注目すべき動きもみられる。

(1) 裁判所書記官の手続教示

裁判所書記官は，第1回口頭弁論期日の呼出しの際，当事者に対し，少額訴訟手続の内容を説明した書面を交付する（民訴規222条1項）。

(2) 裁判官の手続教示

裁判官は，第1回口頭弁論期日冒頭に，当事者に対し，以下の事項を説明する（民訴規222条2項各号）。①証拠調べは，即時に取り調べることのできる証拠に限られること，②被告は通常手続への移行を申述することができるが，第1回口頭弁論期日において弁論をし，または，その期日が終了した後は，この限りでないこと，③少額訴訟の終局判決に対して，判決書または判決書に代わる調書（調書判決）の送達受領日から2週間の不変期間内に，判決裁判所に対して異議申立てをすることができること，である。このほか，受付相談，受付，事前準備，期日における審理等の各段階で，一般市民の利用に供するための説明を行う工夫が簡易裁判所ごとに行われている。

こうした手続教示が当事者間の公平に反することのないよう，裁判官および裁判所書記官には，十分な慎重さが要求されよう。

4　少額訴訟の審理

(1)　一期日審理の原則

少額訴訟の審理は，第1回口頭弁論期日で完了し（370条1項），弁論終結後直ちに判決が言い渡される（374条1項）。この一期日審理の原則から，少額訴訟手続のさまざまな特徴が導かれる。たとえば，当事者は，第1回口頭弁論期日前またはその期日において，すべての攻撃防御方法を提出しなければならないとされる（370条2項）。そのほか，いくつかの特徴をみてみよう。

(2)　証拠調べの特則

証拠調べにおいても，一期日審理の原則から導かれる特則として，証拠は即時に取り調べることのできるものにかぎられる（371条）。また，証人尋問は，宣誓をさせないですることができ（372条1項），証人・本人尋問は，裁判官が相当と認める順序で行う（372条2項）。いずれも通常の訴訟手続とは異なる（202条1項・210条参照）。

(3)　調書の記載の省略

調書には，証人等の陳述の記載を要しない（民訴規227条1項）。ただし，裁判所書記官は，証人・鑑定人の尋問前に裁判官の命令または当事者の申出があるときは，その陳述を録音テープに記録し，さらに当事者の申出があれば，その複製を許可しなければならない（民訴規227条2項）。

(4)　反訴の禁止

被告は，反訴を提起することができない（369条）。そのため，少額訴訟手続において提起された反訴は，不適法却下されることになるが，反訴が独立の訴えとしての要件を具備している場合には，本訴と分離して新訴として扱うことも許されるとの見解がある（法曹会編『例題解説・新民事訴訟法（上）』（法曹会，2001年）238頁など）。

(5)　電話会議システムの利用

当事者の申出があるとき，証人尋問は，裁判所および当事者双方と証人が音声の送受信により同時に通話できる方法，すなわち，電話会議システムを用いて行うことができる（372条3項，民訴規226条1項）。

5　通常訴訟手続への移行

少額金銭請求事件の簡易迅速な解決を目指して，一期日審理の原則の下に特

別の手続として組み立てられた少額訴訟手続を原告が選択したとしても，上記のような略式審理により，適正・公平な解決をはかることができるかが危惧される場合もある。そこで，法は，以下のように通常訴訟手続へ移行するルートを設けることで，簡易迅速の要請と適正・公平の要請との調和を目指している。

(1) **被告の申述による移行**

被告は，第1回口頭弁論期日での弁論をするまで，または，弁論をしないまま，その期日が終了するまでは，訴訟を通常の手続に移行させる旨の申述をすることができる（373条1項）。この申述時に，訴訟は当然に通常手続に移行する（同条2項）。

(2) **裁判所の決定による移行**

以下の各場合には，裁判所は，訴訟を通常手続によって審判する旨の決定をしなければならない（373条3項各号）。

① 少額訴訟の要件（368条1項）を満たさないとき（訴訟物の不適格，利用回数制限の違反）。

② 原告に対し，相当期間を定めて利用回数の届出を命じたにもかかわらず，期間内に届出がないとき。

③ 公示送達によらなければ被告に対する第1回口頭弁論期日の呼出しをすることができないとき。

④ 少額訴訟手続により審理および裁判をするのを相当でないと認めるとき。

なお，裁判所の移行決定に対し，当事者は，不服申立てをすることができない（373条4項）。

6 判決および強制執行

(1) **判決の言渡し**

裁判所は，相当でないと認める場合を除き，口頭弁論終結後直ちに判決の言渡しを行う（374条1項）。言渡しは，判決書の原本にもとづかないですることができ，その場合，裁判所書記官は，その内容を口頭弁論調書に記載し，その謄本を当事者に送達することになる（調書判決制度。374条2項・254条2項・255条）。少額訴訟の判決書またはこれに代わる調書には，「少額訴訟判決」と表示しなければならない（民訴規229条1項）。

和解を試みる必要があるなど，直ちに判決を言い渡すことが相当でないと認められるときは，直ちに判決を言い渡さなくてもよい。この場合は，判決原本にもとづいて言渡しを行う。

(2) **支払猶予・分割払の定め**

裁判所は，請求認容判決をする場合，被告の資力その他の事情を考慮して，とくに必要があると認めるときは，つぎのような定めをすることができる（375条1項）。

① 判決言渡しの日から3年を超えない範囲内において，支払猶予もしくは分割払いをする旨の定め。

② 上記①とあわせて，猶予された支払期限の定めにしたがって支払いをしたとき，もしくは，期限の利益を失うことなく分割払いをしたときは，訴え提起後の遅延損害金の支払義務を免除する旨の定め。

こうした支払猶予等は，被告の利益はもちろん，被告の実際の資力を前提として任意履行を得やすいように配慮し，強制執行の負担を免れるという原告の利益（少額金銭請求権の強制執行には費用倒れの危険がつきまとう）にもつながるものであり，現に和解例としての積み重ねがみられた（実務の状況につき，草野芳郎『和解技術論』（信山社，第2版，2003年）112頁以下など参照）。現行法は，そうした状況を踏まえて立法化したものとみられる（なお，原告の実体権を裁判所が変更することの理論的根拠については，石川明編『民事訴訟法』（青林書院，2002年）319-320頁〔安見ゆかり〕とそこに掲載の諸文献を参照）。

ちなみに，2003年の民訴法改正により，簡易裁判所における手続の特則のひとつとして，当事者間に事実関係の争いがない場合に，分割払等の定めを付したうえで，金銭の支払いを命ずる「和解に代わる決定」が導入された（275条の2）。

(3) **少額訴訟判決にもとづく強制執行**

裁判所は，請求認容判決には，職権で必ず仮執行宣言をしなければならない（必要的仮執行宣言［376条1項］）。これは，請求額に見合った負担で迅速に処理するには，判決の確定をまたずに行える早期の執行を可能とする必要があることによる。

なお，少額訴訟判決に表示された当事者間の執行については，単純執行文を要しない（民執25条ただし書）。また，2004年の民事執行法の改正により，それ

まで地方裁判所が執行裁判所であった手続のうち，簡易迅速な債権執行については簡易裁判所で行うものとする「少額訴訟債権執行制度」が創設された（民執167条の2以下）。

7　不服申立て

(1)　不服申立ての制限

少額訴訟の終局判決に対する不服申立て方法は，異議申立て（378条1項）のみであり，控訴は許されない（377条）。また，少額訴訟判決による支払猶予・分割払等の定めの有無やその内容等に対しては，不服を申し立てることができない（375条3項）。

(2)　異議申立て

異議申立ては，判決書または判決調書の送達受領日から2週間の不変期間内に，その判決をした簡易裁判所に対して行う（378条1項）。異議申立権の放棄は，異議申立前にかぎりすることができる（378条2項・358条）。また，異議申立後，異議審の終局判決があるまでは，相手方の同意を得て，異議を取り下げることができる（378条2項・360条）。

(3)　異議後の審理および裁判

異議が不適法で，その不備の補正が不可能であるときは，裁判所は，口頭弁論を経ないで，異議を却下する判決をすることができる（378条2項・359条）。

異議が適法であるときは，訴訟は，口頭弁論終結前の程度に復し（379条1項前段），その後の審判は通常手続によって行われる（379条1項後段）。そのため，異議後の手続には，一期日審理の原則（370条1項）および証拠調べの制限（371条）は適用されない。もっとも，少額訴訟の趣旨を徹底するために，反訴禁止（369条），証人・当事者の尋問順序（372条2項），判決による支払猶予等（375条）の規定が準用される（379条2項）。

不適法異議を却下する判決，および，適法な異議後の判決（認可判決，変更判決，取消判決のいずれか）に対する控訴は，許されない（380条1項）（本条項が憲法32条に反しないことにつき，〈CASE 34〉の参考判例参照）。ただし，憲法違反を理由とする特別上告は認められる（380条2項・327条1項）。少額訴訟判決に対する異議は，迅速な解決という少額訴訟の狙いから，同一審級内で証拠方法の制限のない手続による再審理を求める申立てとして構成されており，この

点で三審制の通常訴訟手続に移行する手形訴訟・小切手訴訟の場合とは異なる（松本＝上野・民訴770頁〔上野〕など）。

Practice

問　少額訴訟に関する次のアからオまでの記述のうち、誤っているものの組合せは、後記1から5までのうちどれか。

ア　訴訟の目的の価額が60万円以下の金銭の支払いの請求を目的とする訴えについては、少額訴訟による審理および裁判を求めることができる。（　　　）

イ　少額訴訟による審理及び裁判を求める旨の申述は、最初にすべき口頭弁論の期日までにしなければならない。（　　　）

ウ　少額訴訟においては、即時に取り調べることができる証拠に限り、証拠調べをすることができる。（　　　）

エ　少額訴訟においては、判決原本にもとづかないで判決の言渡しをすることができる。（　　　）

オ　少額訴訟の終局判決に対して、控訴を提起することができる。（　　　）

　　　1　アウ　　　2　アオ　　　3　イエ　　　4　イオ　　　5　ウエ

第5章　特殊な訴訟手続

| *No.36* | 督　促　手　続 |

　督促手続とは，債務を任意に履行しない債務者に対して，債権者が強制執行の手続をとろうとする場合に必要とされる債務名義を通常訴訟よりも簡易迅速に得られるように組み立てられた略式手続である。

　債権回収手段として活用され，今後はオンライン化の急先鋒として，ますます期待がもたれる反面，少額訴訟と同じく，悪用の危険も懸念される。*No.35*と同様に，督促手続のしくみと流れを主体的に吟味する必要がある。

〈**CASE 35**〉　Xは，Yに対して，約束手形金につき仮執行宣言付支払督促を得た。Yは，これに対して異議申立てをした。

　その結果，移行した訴訟において，第一審判決はXの請求を認容し，控訴審判決もYの控訴を棄却した。

　そこで，Yは上告した。以下に掲げるYの上告理由は妥当であろうか。
「仮執行宣言後の異議は支払督促の確定を防止するにとどまり，支払督促の効力は存続するから，Yの上記異議申立ては仮執行宣言付支払督促の取消しの申立てと解されるところ，審判対象は上訴に準じて支払督促に対する異議の当否というべきである。したがって，終局判決において請求に理由があると認めれば主文において支払督促を維持して異議申立てを棄却すべく，請求に理由がないと認めれば主文において支払督促を取り消したうえで請求を棄却すべきである。そう解さないと，勝訴の場合，同一訴訟物につき仮執行宣言付支払督促と給付判決の二個の債務名義が重複して存在することになり，これに反して敗訴の場合，形式的になお仮執行宣言付支払督促の効力が存続するという不都合な結果を生ずることになる。」

《**参考判例**》　最判昭和36年6月16日民集15巻6号1584頁
《**判例評釈**》　小山昇・百選208頁，松浦馨「仮執行付支払命令の異議申立と審判の対象等」民商法雑誌46巻1号105頁など。
〔Point〕
　①　督促異議の制度趣旨はなにか？
　②　仮執行宣言後の督促異議による移行後の訴訟手続を第一審とみるべきか，上訴審とみるべきか？

1 督促手続の意義

督促手続とは，金銭その他の代替物の一定数量の給付請求権に関して，債務者がその債務を争わない場合に，債権者をして，通常の判決手続よりも簡易迅速に債務名義を得させる手続をいう。督促手続の申立人を債権者といい，その相手方を債務者という。

これは，旧法下では，「支払命令」とよばれ，簡易裁判所の職分として行われていたが（旧430条・431条），新法（1996年）は，その権限を簡易裁判所の書記官に付与し，その名称を「支払督促」とした。申立て件数の増加や裁判所書記官の権限拡大の動きを背景として，原状回復に障害の少ない金銭等の給付請求権についての債務名義をより一層迅速に取得することを狙いとしたのである。

そのために，事前に債務者を審尋しないという特色を有するが（386条1項），債務者に争う意思があれば，支払督促に対して異議を申し立てることができ（386条2項・393条），通常訴訟手続による審判を受ける機会が与えられる。

なお，督促手続は略式手続の一種であるが，特別の規定がないかぎり，民事訴訟法総則編の規定の適用がある（384条，民訴規232条参照）。

2 支払督促

(1) 支払督促の申立て

支払督促の申立ては，請求の価額にかかわらず，債務者の普通裁判籍所在地の簡易裁判所の裁判所書記官に対して行う（383条1項）。

支払督促の申立ての要件としては，①請求が金銭その他の代替物または有価証券の一定数量の給付を目的とする請求であること（382条本文），②債務者に対し，日本国内で，かつ，公示送達によらないで，支払督促を送達できる場合であること（382条ただし書）があげられる。①に関して，反対給付と引換えに給付を求める請求でもよいが，現在（＝最初の異議申立て期間経過前）直ちに執行できない条件付・期限付の請求は許されない（兼子一『新修民事訴訟法体系』（酒井書店，増訂版，1965年）492頁など）。②が要求される趣旨は，債務者に異議申立ての機会を実質的に保障するところにある。

支払督促の申立ての手続については，その性質に反しない限り，訴えに関する規定が準用される（384条，民訴規232条）。たとえば，支払督促の申立ても，裁判上の請求として，申立て時に請求について時効中断効を生じる（147条，

民150条参照)。また，支払督促の送達により，訴訟係属と同視すべき状態が生じるといえるので，債務者の異議申立て前に第三者は独立当事者参加を申し立てることができるものと解されている（新堂・新民訴916頁，秋山幹男ほか『コンメンタール民事訴訟法Ⅰ』(日本評論社，2002年) 474頁など。反対，仙台高決平成8年6月14日判タ935号238頁など)。

(2) 支払督促の発付

支払督促の申立てについては，請求に理由があるか否かを審理する必要がなく，債務者を審尋しないで支払督促を発する (386条1項)。

支払督促の申立てを許容すべきとき，裁判所書記官は，その趣旨に従った支払督促を発する (386条1項)。支払督促は，債務者に送達され (388条1項)，債権者には，支払督促を発した旨だけが通知される (民訴規234条2項)。これは，支払督促の内容を了知している債権者に対して，費用をかけて送達の手続をとる必要はないと考えられたことによるが，督促手続のオンライン化により，インターネットを利用して債権者への通知を行うことが可能となった (399条参照)。支払督促の効力は，債務者に送達された時に生ずる (388条2項)。旧法下の支払命令は，裁判所によって発せられたので，債務者に送達された時に効力を生ずると解されていたが (旧204条・436条参照)，新法 (1996年) は，支払督促の発付を書記官の権限としたために，効力発生時期に関する規定が必要とされたのである。

債務者の審尋は行われないものの，支払督促の申立てが，①管轄違いの場合，②その要件を欠く場合，または，③申立ての趣旨だけからみて請求の不当なことが明らかな場合には，支払督促を発付せず，申立てを却下する (385条1項前段)。併合された数個の請求の一部について却下事由がある場合には，その一部だけを却下する (385条1項後段)。却下処分に不服のある債権者は，告知 (385条2項) を受けた日から1週間の不変期間内に裁判所へ異議を申し立てることができる (385条3項・121条)。この異議申立ての裁判に対しては，不服を申し立てることはできない (385条4項)。あらためて支払督促を申し立て，あるいは，訴えを提起すれば足りるからである。

3　仮執行宣言付支払督促

支払督促には，金銭その他の代替物または有価証券の一定数量の給付命令

（382条本文），請求の趣旨および原因，当事者および法定代理人を記載し，かつ，債務者が支払督促の送達を受けた日から2週間以内に督促異議の申立てをしないときは，債権者の申立てにより，仮執行の宣言をする旨を付記しなければならない（387条）。

　この仮執行宣言付支払督促は，警告付の支払督促にさらに執行力を付与する裁判所書記官の処分である。債務者が支払督促の送達を受けた日から2週間以内に督促異議の申立てをしないときは，裁判所書記官は，債権者の申立てにより，支払督促に手続の費用額を付記して，仮執行宣言をしなければならない（391条1項）。なお，債権者が仮執行宣言の申立てをすることができる時から30日以内にその申立てをしなければ，支払督促は失効する（392条）。もっとも，実際には，仮執行宣言の申立てと支払督促の申立てが同時になされるのが通常である（松本＝上野・民訴790頁〔上野〕など）。

　仮執行宣言付支払督促の正本が当事者に送達されると（391条2項），直ちに執行力を生じ，債務名義となる（391条5項・388条2項，民執22条4号）。その送達後2週間以内に債務者が督促異議の申立てをしないと，督促手続は終了するとともに，支払督促は確定判決と同一の効力をもつ（396条）。なお，旧法の支払命令には既判力も認められていたが（民執39条旧2項参照），裁判ではない支払督促には執行力だけが認められる（新堂・新民訴918頁，松本＝上野・民訴790頁注6〔上野〕など）。

　仮執行の申立てを却下された債権者は，却下処分の告知を受けた日から1週間の不変期間内に裁判所に対して異議申立てをすることができる（391条3項・385条3項）。この異議申立ての裁判に対しては，即時抗告が許される（391条4項）。

4　債務者の督促異議

(1)　督促異議とその申立て

　支払督促は，債務者の審尋を経ずに発せられることから，債務者の手続保障の見地から，請求の当否について通常訴訟または手形・小切手訴訟による審判を求めるルートを債務者のために確保しておく必要がある。そこで，法は，債務者にそのようなルートを開く督促異議を申し立てる権利を仮執行宣言の前後にわたり保障した。

督促異議の申立ては，支払督促の送達後その失効まですることができ（386条2項），仮執行宣言後はそれが付記された支払督促の送達後2週間の不変期間内にしなければならない（393条）。督促異議は，請求の当否について通常訴訟等による審判を求める申立てであるので，理由を付す必要がない。申立てを受けた簡易裁判所（支払督促を発した裁判所書記官が所属する）は，督促異議を不適法であると認めるときは，事物管轄いかんにかかわらず，自らこれを決定で却下する（394条1項）。この却下決定に対しては即時抗告が許されるが（同条2項），督促異議を適法とする判断に対する不服申立ては，これを認めると債権者側を過度に優遇して公平といえないことから，許されないと解されている（新堂・新民訴919頁など）。

(2) 督促異議の効果

仮執行宣言前の督促異議は，支払督促を異議の範囲で失効させる（390条）。仮執行宣言後の督促異議は，仮執行宣言付支払督促を失効させずに，その確定を遮断して，請求の当否の審判を求める形をとり，その後の審判手続は上訴審の構造に類似する。この場合，執行力は失われないので，執行回避のためには，執行停止の裁判を要する（398条1項3号）（執行停止につき，***No. 37*** 参照）。

いずれの督促異議によっても，通常訴訟等へ移行し，請求の価額（事物管轄の定め）にしたがい，支払督促の申立て時に，支払督促を発した裁判所書記官所属の簡易裁判所またはその所在地を管轄する地方裁判所に対して，訴え提起があったものとみなされる（395条）。なお，支払督促の申立ての際に，「督促異議があるときは手形訴訟による審判を求める」との申述がなされている場合は，仮執行宣言前の督促異議により手形訴訟に移行する（366条・367条2項）。

(3) 通常訴訟等移行後の手続

移行後の審判は，第1審の通常訴訟手続または手形・小切手訴訟手続による（ただし，仮執行宣言後の督促異議の場合は，手形・小切手訴訟に移行することはない［366条2項参照］）。

そこでの審判対象は，仮執行宣言前の異議による移行の場合，支払督促が失効するので，請求の当否ということになり，請求認容・棄却判決がなされる。他方，仮執行宣言後の異議による移行の場合は，仮執行宣言付支払督促（これは債務名義となる）が存在し，上訴に類似することから争いがある。すなわち，①上訴と同様にみて，審判対象は異議申立ての当否であるとする見解（兼子・

体系497頁など），②異議後の審判手続は実質上第1審である点に注目し，請求の当否が審判対象となるとする見解（新堂・新民訴920頁，松本＝上野・民訴792頁〔上野〕など），③第1審と上訴審の複合的性格をもつ通常訴訟手続であると捉え，請求の当否と異議申立ての当否の双方が審判対象となるとする見解（中野ほか・講義652頁〔松浦馨〕）などがある。この点，判例は，請求の当否が審判対象であるとしながら，支払督促を認可すべきであるとして（最判昭和36年6月16日民集15巻6号1584頁），上記②の見解によっている。確かに，移行後の手続は，すでに債務名義が存在する関係で上訴審手続の形式によらざるを得ない面があるものの，その実態はあくまで第1審手続であることから，審判対象は請求の当否であるとみてよく，ただ，請求を理由ありとするときは，債務名義を一本化するために認可の判決をする必要があるものと考える。

5　電子情報処理組織による督促手続の特則

　督促手続は，金融業者や信販会社などの特定の業者により大量かつ反復的に利用されてきたこともあり，コンピュータを用いた迅速な処理が一部の裁判所で実施されていた。そこで，新法（1996年）は，今後ますます予想される事件数の増加や都市部への集中に対処するために，コンピュータを中心とする電子情報処理組織を利用した特別督促手続を明文化した（2004年改正前の397条1項以下）。

　特別督促の申立ては，電子情報処理組織によって光学的に読み取ることのできる方式（OCR : Optical Character Reader）によるものとされていたが（2004年改正前の397条2項，民訴規238条2項），2004年の民訴法改正による民事訴訟手続等の申立て等のオンライン化（132条の10）にともない，支払督促の申立てについてもインターネットの利用が可能とされた（397条・398条1項）。さらに，督促手続については，訴訟手続と異なり，手続全体のオンライン化が想定されており，事件記録の作成・保存の電子化（400条），電磁的記録に係る訴訟記録の取扱い（401条），処分告知のオンライン化（399条）などについての規定が置かれている。

　特別督促手続を取り扱うのは，東京簡易裁判所と大阪簡易裁判所であり，これらの指定簡易裁判所で扱う事件は，OCR方式の時代には，それぞれ東京地方裁判所管内，大阪地方裁判所管内の簡易裁判所の事件をも含むものとされてい

た（2004年改正前の397条，民訴規238条1項）。これは，特別督促手続の広範な利用を促進するとともに，電子情報処理組織の設置された簡易裁判所にできるかぎり多くの事件を集中させるための措置であった。現在のインターネットを利用した督促手続では，さらに地理的範囲が拡大される。すなわち，指定簡易裁判所の裁判所書記官に対しては，同裁判所の管轄区域内の督促事件のほか，最高裁判所規則で定める簡易裁判所の管轄区域内の督促事件についても，インターネットを利用して支払督促の申立てをすることができるようになった（397条）。

インターネットを利用した督促手続における支払督促に対し，適法な異議申立てがあると，債務者の管轄の利益を考慮して，請求金額に応じて，民訴法383条に規定する簡易裁判所で支払督促を発した裁判所書記官の所属するもの，もしくは，民訴法397条とは別に最高裁判所規則で定める簡易裁判所またはその所在地を管轄する地方裁判所に訴えが提起されたものとみなされる（398条1項）。

インターネットを利用した督促手続に関する指定簡易裁判所の裁判所書記官の処分の告知のうち，書面等をもってするとされているものについては，電子情報処理組織を用いてすることもできる（399条1項）。また，指定簡易裁判所の裁判所書記官は，法令の規定により書面等の作成・保管をすることとされているものにつき，書面等に代えて，電磁的記録の作成・保管をすることができる（400条1項）。督促手続にかかる訴訟記録のうち，インターネットを利用した申立て等にかかる部分または裁判所書記官が作成・保管している電磁的記録について，閲覧等の請求があったときは（91条1項3項），指定簡易裁判所の裁判所書記官は，当該裁判所の使用にかかる電子計算機に備えられたファイルに記録された電磁的記録部分の内容を書面に出力したうえ，その書面をもって閲覧等に供する。電磁的記録の作成等にかかる書面の送達または送付も同様とされている（401条1項）。

このようにして，督促手続全体のオンライン化が目指されており，それに基づいて遠隔地の督則事件について特定の裁判所で集中的に処理することも可能になるとみられ，一層迅速かつ効率的で使い勝手のよい手続として運用されることが期待される。

No.36　督促手続

【図】督促手続のチャート

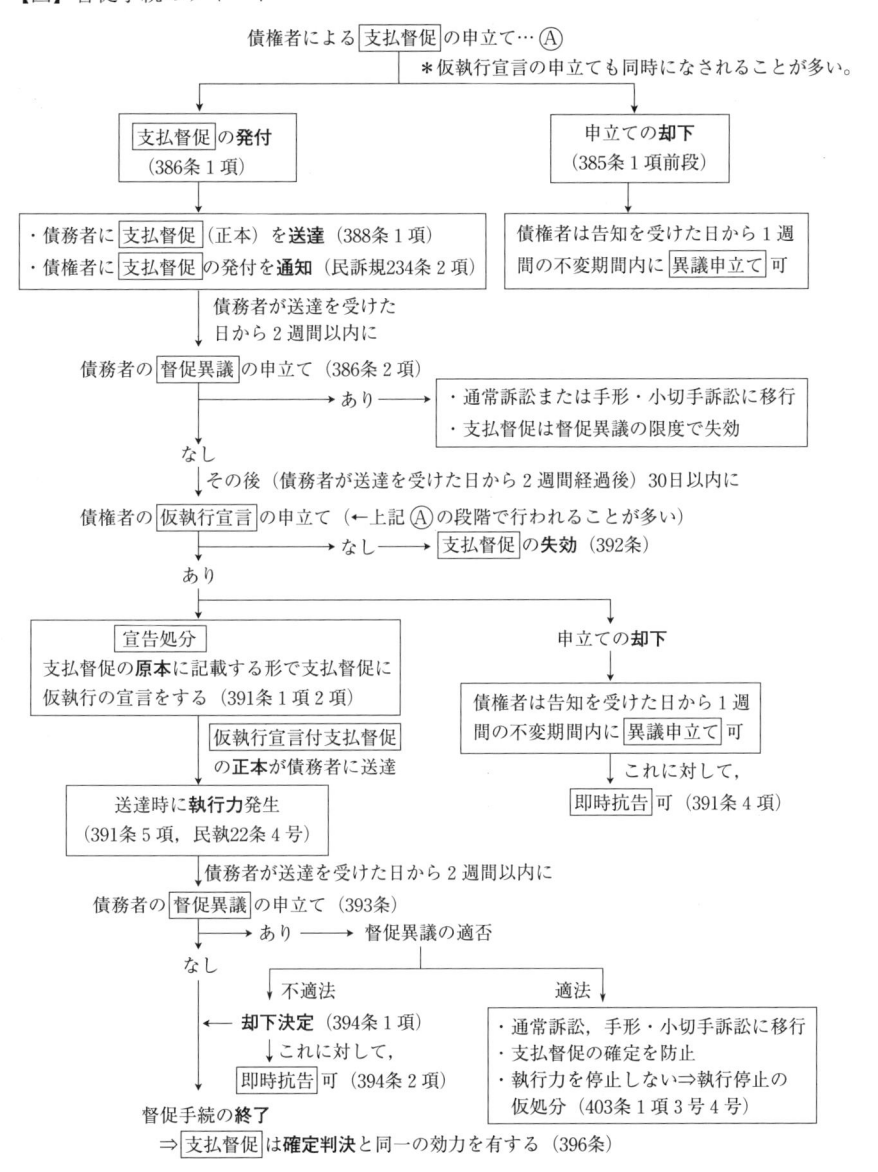

```
                債権者による │支払督促│の申立て…Ⓐ
                    *仮執行宣言の申立ても同時になされることが多い。
        ┌───────────────────┴───────────────────┐
   │支払督促│の発付                         申立ての却下
     （386条1項）                          （385条1項前段）
        │                                      │
・債務者に│支払督促│(正本)を送達（388条1項）   債権者は告知を受けた日から1週
・債権者に│支払督促│の発付を通知（民訴規234条2項）間の不変期間内に│異議申立て│可
        │
   債務者が送達を受けた
   日から2週間以内に
債務者の│督促異議│の申立て（386条2項）
        │
        ├──あり──→ ・通常訴訟または手形・小切手訴訟に移行
        │            ・支払督促は督促異議の限度で失効
       なし
        │ その後（債務者が送達を受けた日から2週間経過後）30日以内に
債権者の│仮執行宣言│の申立て（←上記Ⓐの段階で行われることが多い）
        │
        ├──なし──→ │支払督促│の失効（392条）
       あり
        │
┌───────┴───────┐
   │宣告処分│                              申立ての却下
支払督促の原本に記載する形で支払督促に
仮執行の宣言をする（391条1項2項）        債権者は告知を受けた日から1週
        │                                間の不変期間内に│異議申立て│可
   │仮執行宣言付支払督促│                        │
    の正本が債務者に送達                   これに対して，
        │                                  │即時抗告│可（391条4項）
   送達時に執行力発生
   （391条5項，民執22条4号）
        │
   債務者が送達を受けた日から2週間以内に
債務者の│督促異議│の申立て（393条）
        │
        ├──あり──→ 督促異議の適否
       なし              ┌──────┴──────┐
        │             不適法              適法
        │                │                │
   ←──却下決定（394条1項）      ・通常訴訟，手形・小切手訴訟に移行
        │ これに対して，               ・支払督促の確定を防止
        │ │即時抗告│可（394条2項）    ・執行力を停止しない⇒執行停止の
        │                               仮処分（403条1項3号4号）
   督促手続の終了
   ⇒│支払督促│は確定判決と同一の効力を有する（396条）
```

279

第5章 特殊な訴訟手続

Practice

問 督促手続に関する次のアからオまでの記述のうち，正しいものの組合せは，後記1から5までのうちどれか。
　ア　支払督促の申立てを却下した処分に対する異議申立てを却下した裁判に対しては，即時抗告をすることができる。　　　　　　　　　　　(　　　)
　イ　債権者が仮執行の宣言の申立てをすることができる時から30日以内にその申立てをしないときは，支払督促は，その効力を失う。　　(　　　)
　ウ　裁判所書記官は，必要があると認めるときは，支払督促を発するに当たり，債務者の審尋をすることができる。　　　　　　　　　　　(　　　)
　エ　仮執行の宣言を付した支払督促に対し督促異議の申立てがされないときは，支払督促は，既判力を有する。　　　　　　　　　　　　　(　　　)
　オ　支払督促は，日本において公示送達によらないで送達することができる場合に限り，発することができる。　　　　　　　　　　　　　(　　　)
　　　　1　アウ　　　2　アエ　　　3　イウ　　　4　イオ　　　5　エオ

No.37	執行停止

　民事訴訟は権利の有無や内容等を確定する手続であり，強制執行は確定された権利を実現する手続である。そうした役割分担を前提としても，強制執行の段階において，確定されたはずの権利に関して何らかの変動が生じる可能性は否定できない。そこで，民事訴訟法はその場合に備えて，執行停止の制度を最終編に規定している。強制執行をも視野に入れた手続全体を把握する総仕上げが望まれる。

〈CASE 36〉　一般乗用旅客自動車運送業（タクシー）を営むY社に雇用されているタクシー乗務員で構成する労働組合Xは，その全組合員のY社に対する賃金債権の仮支払を求める仮処分を申請したところ，東京地方裁判所は，Y社に，Xの各組合員に対して金20万円ずつを支払うよう命じた。
　この仮処分決定に対し，Y社は，東京高等裁判所に控訴するとともに，執行停止を求めたところ，民訴403条により，執行停止が命じられた。
　そこで，Xは，保全処分決定に対して上訴がなされた場合に，民訴403条によって執行停止を命じるのは違法であると主張した。
　Xの主張は妥当だろうか。

《参考判例》　最大決昭和25年9月25日民集4巻9号435頁
《判例評釈》　保全判例百選（1969年）168頁〔石川明〕，山田恒久「仮処分判決に対する上訴の提起と強制執行停止決定」法学研究57巻3号（1984年）114頁
〔Point〕　本案判決の執行と保全処分決定の執行を比較せよ！

1　執行停止の意義

　執行停止とは，すでに開始された執行手続を一時的にそのままの状態で固定することをいう。執行力の生じた裁判に対する不服申立てがなされた場合，その審理中に執行手続が完了してしまい，不服申立ての意味が失われることを防ぐための措置である。
　裁判所は，当事者の申立てにより，決定で，担保を立てさせ，若しくは立て

させないで強制執行の一時の停止を命じ，または，これとともに，担保を立てて強制執行の開始もしくは続行，あるいは，すでにした執行処分の取消しを命ずることができる（403条1項）。

2 執行停止の裁判

強制執行は，財産上の請求にかかる給付判決が確定した場合またはその確定前に仮執行宣言が付された場合に行われるが，強制執行の開始後であっても確定判決または仮執行宣言付判決等が取り消される可能性は残されている。そのような場合に，すでになされた強制執行をめぐる利害の調整を行う手続が執行停止である。

確定判決が取り消される場面として，高等裁判所の上告審判決に対する特別上告（これは原判決の確定を妨げない。116条1項カッコ書き）によって最高裁判所がこれを破棄する場合と，再審の訴えによって確定判決を取り消す場合がある。そこで，特別上告または再審の訴えの提起にともなう執行停止が認められる（403条1項1号）。同様に，定期金賠償を命じた確定判決の変更を求める訴え（117条）についても，執行停止が認められる（403条1項6号）。

仮執行宣言付判決等が取り消される場面としては，まず，上訴によって取消し・破棄される場合があげられる。そこで，仮執行宣言付判決に対する控訴・上告の提起または上告受理の申立てにともなう執行停止が認められる（403条1項2号3号）。さらに，仮執行宣言が必要的とされる支払督促（403条1項3号），手形・小切手訴訟による金銭支払請求およびこれに附帯する法定利率による損害賠償請求にかかる判決（403条1項4号）については，それぞれの要件のもとに執行停止が認められている。仮執行宣言を付した手形・小切手訴訟または少額訴訟の判決に対する異議申立てがなされた場合も，同じく，執行停止が認められる（403条1項5号）。なお，保全処分の決定に対して上訴・異議の申立てがある場合について，民訴403条を類推適用すべきかについては議論がある（〈CASE 36〉を参照）。

曖昧であった旧法下において，執行停止の要件が安易な執行停止によって仮執行宣言制度の趣旨である濫上訴の抑制および第一審への審理の集中化が困難であるとの指摘があり，新法（1996年）は，執行停止の要件を厳格化した（一問一答464頁）。これにより，執行の円滑性が保障され，審理の充実・迅速化に

資することが期待される。

Practice

問 執行停止に関する次のアからオまでの記述のうち，正しいものの組合せは，後記1から5までのうちどれか。

ア 裁判所は，担保を立てさせなければ，強制執行の停止を命じることができない。 （　　）

イ 強制執行の停止を命じた裁判所は，すでにした執行処分の取消を命ずることはできない。 （　　）

ウ 仮執行の宣言を付した判決に対する控訴の提起があった場合において，訴訟記録が原裁判所に存するときは，執行停止の裁判は原裁判所がする。 （　　）

エ 執行により償うことができない損害が生ずるおそれがあることを疎明して執行を停止する場合に，担保を立てていったん停止した強制執行の続行を命じることは可能である。 （　　）

オ 定期金賠償を命じた確定判決の変更を求める訴えについて，執行停止が認められる。 （　　）

1 アイ　　2 アエ　　3 イオ　　4 ウエ　　5 ウオ

解 答

（解答の一部は，法学検定試験委員会編『法学検定試験2級法学既修者試験過去問題集』商事法務，2005より引用）

解　　答

Practice〔解答〕

No. 2

（正解 4 ）法学検定試験 2 級2004年第 1 問。
1. 誤り。特許権等に関する訴え（民訴 6 条）には，特許権の実施契約にもとづく実施料支払請求なども含まれる。
2. 誤り。民訴法 4 条 4 項が法人・団体の普通裁判籍として定める「主たる事務所又は営業所」は，事実上のものでもよい。
3. 誤り。義務履行地の特約によって特別裁判籍（民訴 5 条 1 号）が発生する。その特約は，管轄を定めることを目的とする合意（民訴11条 1 項）ではない。
4. 正しい。管轄の標準時は「訴えの提起の時」（民訴15条），すなわち訴え提起行為の完了したときである。これを起訴による管轄の固定という。具体的には訴状が裁判所に提出された時であり（民訴133条 1 項），その後に生ずる訴訟係属の時ではない。
5. 誤り。2.で述べたように，主たる事務所または営業所（民訴 4 条 4 項）は事実上のものを含み，これが複数存在するときは，そのすべてに普通裁判籍が認められるため，土地管轄が競合して存在することとなる。

No. 4

問 1 　（正解 2 ）法学検定試験 2 級2002年第 4 問。
　　通常共同訴訟では，各共同訴訟人が自由，独立に各自の訴訟行為をすることができるという共同訴訟人独立の原則（民訴39条）が適用される。しかし，通説は，同一の事実に関して証拠調べにより得られた証拠資料にもとづく心証形成は自由心証主義により統一的になることを理由に，共同訴訟人間での証拠共通の原則を認めている。したがって，他の共同訴訟人の援用がなくても，共同訴訟人の 1 人が提出した証拠を他の共同訴訟人に関する事実認定の資料とすることができる（1.は誤り）。
　　共同訴訟人独立の原則からすれば，中断の効果も各共同訴訟人限りでしか生じない（3.は誤り）。
　　通常共同訴訟は，審判の統一を絶対的に保障することを目的としていないので，弁論の分離は可能である（4.は誤り）。

問 2 　（正解 2 ）法学検定試験 2 級2002年第 3 問。
　　任意的訴訟担当は，訴訟物たる権利関係の帰属主体による授権にもとづいて第三者に当事者適格が認められる場合をさすが，選定当事者は，法律の明文（民訴30条）でこれが認められている例の 1 つである（1.は正しい）。また，民

訴法30条は，原告側・被告側を問わずにこれを規定している（3.は正しい）。

4.，5.は，民訴法30条2項・4項にそれぞれ対応しており，どちらも正しい。選定当事者は，多数の共同利益者が共同訴訟の形態による手続の煩雑化を避け，費用と労力の無駄を防ぐことを可能にし，もって訴訟の迅速化をはかる制度である。この「共同の利益」は通常共同訴訟に比べて固有必要的共同訴訟の関係において大きいのが通例である（2.は誤り）。

問3　（正解2）法学検定試験2級2003年第8問。

補助参加にかかる訴訟で下された判決は，一定の要件の下で，補助参加人に対しても効力を有する（46条）。この効力の性質につき，現在の判例・通説は，既判力とは異質の特殊な効力，すなわち，参加的効力であると解している。それによると，参加的効力は，①被参加人敗訴の場合にのみ，②被参加人と参加人の間でのみ，③判決主文のみならず理由中の判断についても生じるが，④46条に定める除外事例に該当する場合には生じないため，具体的事情によってその発生が左右される。また，⑤職権調査事項ではなく当事者の援用をまって顧慮されるとされている。判例（大判昭和15年7月26日民集19巻1395頁）は，補助参加人に対する判決効を既判力と解していた（旧既判力説）が，現在では通説に従い，参加的効力と解している（最判昭和45年10月22日民集24巻11号1583頁）。なお，少数説ながら近時，既判力じたい当事者間の実質的衡平に支えられた効力であり，むしろ参加的効力として説かれている性質・内容のものが判決効の一般に通じる普遍性をもち，既判力の原型であると解して，参加的効力説と既判力説との対立を止揚する立場（新既判力説）もある。

問4　（正解4）法学検定試験2級2001年第8問。

係属中の訴訟の一方当事者を補助して参加することを認めるのは，被参加人の勝敗が補助参加人に利害関係を有するからである（42条）。補助参加人は当事者ではないが自己固有の地位を有しており，原則として被参加人を勝訴させるのに必要な一切の訴訟行為をすることができ（45条1項），上訴の提起も例外ではない。独立当事者参加は，当事者として参加する訴訟形態であるが，三当事者間で矛盾なく統一的な判決をするために，民訴法40条が準用され（47条4項），その限度で，訴訟行為の効果の発生は制約を受ける。共同訴訟参加（52条）は，合一確定が必要な場合，すなわち必要的共同訴訟が成立する場合において認められる参加形態である。

No. 6

問1　（正解3）法学検定試験2級2003年第2問。

解　答

　　　訴訟の迅速かつ円滑な進行をはかるために，期日の指定は裁判所の職権事項であり，裁判長がする（93条1項）。期日の変更の場合も，訴訟の進行程度に応じ，厳格に規律されているが，当事者の都合を考慮せず一方的に指定される最初の期日については，当事者の合意がある場合には顕著な事由がなくても変更が許される（93条3項。1. は誤り）。

　　　口頭弁論における審理の充実を図るため，進行協議期日を指定することは裁判所に任されている（民訴規95条1項）。ただ，大規模訴訟においては例外的に進行協議期日の利用が必要的とされている（民訴規165条。2. は誤り）。

　　　裁判所は，当事者の主張・立証が尽くされるなどして，訴訟が裁判をするのに熟したと認めた場合に，弁論を終結し，判決する（243条1項）。実務では，弁論を終結する際には，事実上，当事者に対して，主張・立証を尽くしたのかについて尋ねるのが慣行となっている（3. は正しい）。

　　　法律上明定されている法定期間のほかに，裁判所が具体的事情に応じて定める期間として裁定期間がある（4. は誤り）。

問2　（正解4）既修者試験2004年第7問。

　　　共同訴訟人の1人について生じた中断事由が他の者に影響を及ぼすのは，裁判の統一を保障すべき必要的共同訴訟（40条）の場合である。

　　　株主総会決議取消訴訟（会社831条）では，その勝訴判決の効力が第三者にも及ぶ（会社838条）。この訴えが数人によって提起された場合には，既判力の抵触を避けて合一に確定すべきであり，この場合の共同訴訟はいわゆる類似必要的共同訴訟と解されている。死亡した株主である原告の相続人は原告適格を承継し，この者が受継するまで訴訟手続は中断することとなる（1. は正しい）。

　　　行政処分の取消判決も同様に，その効力は第三者に拡張され（行訴32条1項），合一確定を要する類似必要的共同訴訟と解されている。ただ，取消訴訟の原告適格は相続により承継されることはなく消滅し，中断・受継を生じないとされる（最判平成9年1月28日民集51巻1号250頁。2. は誤り）。

　　　固有必要的共同訴訟と解されているのは，訴訟物たる実体法律関係を数人の者が共同してのみ管理処分することができる場合である。

　　　連帯債務者に対する被告共同の給付訴訟も，また，共有者が共同原告としてする妨害排除請求訴訟も，論理的な合一確定の必要があり，全員に勝訴してはじめて目的を達することができるにすぎない。したがって，上述の場合には該当せず，いずれも通常共同訴訟と解されており，その1人の死亡により訴訟手続の中断は生じない（3. および5. は誤り）。

　　　同時審判申出共同訴訟（41条）は，法律上併存しえない請求に対する判決の

整合性をはかるために，通常共同訴訟とは異なる規律がされている。しかし，原告からこの申出がなされても，共同訴訟関係じたいは通常共同訴訟であることに変わりはない（4.は誤り）。

No. 8
問1　（正解5）既修者試験2004年第3問。
1. 自己の所有権の確認の訴えを提起することができる場合でも，原告が目的物の占有も登記も取得していて，物上請求の必要がないときは，被告の所有権について消極的確認の訴えを提起することは許される（最判昭和39年11月26日民集18巻9号1992頁）。
2. 単なる事実の確認は，紛争解決の前提事項を対象とするものであるから，既判力により確定する意義は有せず，原則として，許されない（最判昭和39年3月24日判タ164号69頁）。
3. 株主総会決議取消しの訴えは，会社のある期の決算案がその期の株総会で承認されていた場合でも，同じ内容の決議がその後に承認されて成立していた場合には，先の株主総会決議取消しの訴えの利益は失われる（最判平成4年10月29日民集46巻7号2580頁）。
4. すでに勝訴の確定判決を得ている場合は，通常，同一の訴えを提起することは，訴えの利益を欠き却下されるが，さらに勝訴判決を得る特別の利益がある場合，たとえば時候中断のため訴えを提起する以外の適切な方法がない場合（大判昭和6年11月24日民集10巻1096頁）や，判決原本が滅失したために執行正本を得られない場合などは，訴えの利益が認められる。
5. 将来の給付の訴えは，義務者の態度，給付義務の目的・性質などを考慮して判断され，義務の性質上，履行期に履行がないと原告が著しい不利益を受けるような事情〔定期行為（民法542条），養育費（人訴32条2項）〕がある場合は，訴えの利益が認められる（最判平成3年9月13日判タ773号93頁）。

問2　（正解2）2002年法学検定2級第8問。
　一定の資格を有する者が自己の名で他人のために訴訟当事者となる場合，その当事者が訴訟追行をするための資格を失ったときは，訴訟は中断する（民訴124条1項5号）。しかし，これは，破産管財人等の資格当事者の場合のみを適用対象とするのであり，自己の権利の実現を実質的に目的とする代位債権者は含まれない。
　債務者には，代位債権者の当事者適格を争い自己に不利な判決が下されることを阻止する独自の利益があると考えることができるので，債務者は，代位債

解　答

権者が原告適格を有しないことを理由として，独立当事者参加することができる（最判昭和48・4・24民集27巻3号596頁）。また，これは二重起訴の禁止にも違反しない。

通説は債権者代位訴訟を法定訴訟担当として理解するので，代位債権者が得た判決の効果は有利・不利を問わず債務者にも拡張される（民訴115条1項2号）。

他の一般債権者と共同原告となって債権者代位訴訟が起こされた場合，共同原告相互間に直接既判力が作用するわけではない。しかし，訴訟物となっている権利関係は同一なので，通説は。民事訴訟法40条を適用するのが合理的だと考えている。

問3　（正解3）法学検定2級2001年第5問。

債務不存在確認の訴えは，給付訴訟の反対形相であるので鏡を逆さにして考えなければならない。少し厄介であるが，じっくり考えれば間違えることはない。この問題では，証明責任の負担者は，実体法関係的に権利者・義務者に結びつけられており，原告・被告という訴訟法上の地位に結びつけられていない，というのがポイントである。肢3が誤りであり，正解となる。

債務の存在が真偽不明では請求認容となるので，請求棄却判決は必然的に債務の存在を確定する。金額を特定しない給付訴訟は不適法であるが，不法行為の自称被害者が金額を述べないときは，金額を特定せずに債務不存在確認の訴えを提起することも適法とせざるをえないというのが学説である。新訴訟物理論は，肢1のとおり，債務不存在確認の訴えでは訴訟物の幅を広く解している。一般の確認訴訟では，地上権の確認か，賃借権の確認かの法的性質決定を重視し狭く解するのと異なる。

No. 9

問1　（正解5）法学検定2級2004年第2問。
1. 正しい。
2. 正しい。送達により訴訟係属が生じた後は，訴状の却下ではなく，訴え却下の判決をすべきこととなる。
3. 正しい。
4. 正しい。
5. 誤っている。訴額の算定が不可能な場合だけではなく，訴額の算定が極めて困難な場合についても，非財産権上の請求と同様の扱いがなされる（民訴費用4条2項）。

解　答

問2　（正解3）
1. 民訴法271条，273条に規定するとおり。133条1項の特則である。
2. 民訴法262条2項に定めるとおり（最判昭和52年7月19日民集31巻4号693頁）。
3. 反訴は，本訴で被告とされた者が，本訴原告を相手取って提起する1個の訴である。反訴が1個の訴えであるということは，本訴の主文あるいはその既判力で処理される事項以外の別の新しい問題を反訴の請求が内容にしていることを必須とする。ところが(3)の記述の場合には，本訴である債務不存在確認の訴について，もし請求棄却の判決が下されると，それはその債務の存在を確認する判決と等しい既判力を認められる。いいかえると，かりに債務存在確認の反訴を許容したとしても，被告は本訴の請求棄却を求めて防禦するのと異ならない手続地位を占めるのみである。したがって，誤っている。

　なお，以上の考察は単純に債権の有り無しが争いとなっているものと想定したときに妥当するものである。もちろん，択一式である本問の場合，そのような想定で解答を出すべきであるといってよい。しかし実際には，債権債務のあるなしの他に，その他，履行期とか利率とか諸条件が問題になることも大いにありうる。原告は単純に債務の不存在にのみに力点を置いて消極的確認の訴を提起しており，その請求の趣旨の記載は単純であるが，被告の方は債権があることだけにとどまらず，その内容も具体的に確認して欲しいと望み，詳細な請求の趣旨を掲げて積極確認の反訴を提起してきたとき，これを許容してよいと解する余地はある。
4. 売買契約書は明らかに「法律関係を証する書面」に該当するから，その偽造であるか否か，すなわち「真否」を確認する判決を要求する訴は，民訴法134条により許容される。
5. 民訴法7条に定めるとおりである。

No. 11

（正解3）
　給付訴訟における訴訟物の特定方法が問題になっているが，通説判例がとる旧訴訟物理論（実体法説）によれば，請求の趣旨だけでは特定できず，請求原因も必要となる。本件のように金銭支払請求の場合には，100万円の債権が損害賠償債権か，売買代金債権か，あるいはまた消費貸借による債権かが特定できていないので，請求原因が必要になる。したがって補正命令をまず出すべきで，それに従わない場合には訴状却下で処理すればよい（137条，民訴規則57条）。よって，

解　答

3.が正解である。

No. 12

（正解4）
1. 反しない（最判昭和48年4月24日民集27巻3号596頁）。
2. 反しない（最判昭和32年6月7日民集11巻6号948頁，最判昭和37年8月10日民集16巻8号1720頁）。
3. 反しない（大判昭和7年9月22日民集11巻1989頁）。なお，手形訴訟と通常訴訟という手続形式のちがいからみても，二重訴訟にはあたらないと解しうる。
4. 反する。登記訴訟の本案判決は，その登記により表章される実体権の帰属に関し既判力を生じない（最判昭和30年12月1日民集9巻13号1903頁）。そしてこの場合は中間確認の訴になっているから，民訴法234条により適法となる。
5. 反しない。甲に所有権が帰属しないという理由で甲の確認請求が棄却されても，乙に所有権が帰属すると主文判断されたことにはならない。乙は自己に所有権が帰属するとの別個の判決を求める利益を有する。また，反訴の要件もみたされている。

No. 13

（正解2）
1. 誤り。たとえば民訴143条1項。「いかなる訴訟」と記述している点に注意せよ。
2. 正しい。登記原因をなす売買契約の効力がないことを請求の原因としているという点で，訴訟上の請求には変動がない（理論の立て方によるという面があるが，通説的理解にしたがう）。
3. 誤り。著しく訴訟手続を遅滞せしめる訴えの変更申立は，相手方が異議を述べなくとも，職権で変更を許さない旨の決定をすることができる（143条4項）。
4. 誤り。そのような明文の規定はなく，反訴の場合とは異なり相手方の同意は不要と解されている。
5. 誤り。時効中断効は，その請求が訴の変更申立てにより提出された時において生ずる（147条）。

No. 14

（正解1）法学検定2級2004年第8問。
1. 正しい（最判昭和41年1月21日民集20巻1号94頁）。

2. 誤り（最判昭和41年11月10日民集20巻9号1733頁）。
3. 誤り（最判昭和57年12月2日判時1065号139頁）。
4. 誤り（最判昭和41年4月12日民集20巻4号560頁）。
5. 誤り（大判昭和16年5月23日民集20巻668頁）。

No. 15

問1　（正解4）

1. 反訴は被告が提起する訴えである。原告の本訴請求に結びつけられた予備的請求を内容とする反訴は，許されてよいと解されている。(1)の記述はうら側から表現しているのでやや不自然の感もあるが，被告はまず本訴請求の棄却を申し立て，この申立てが認められなかったときは反訴として提起する請求につき裁判を求めるというのが，すなわち予備的反訴である。原告が訴の客観的予備的併合をするのと相似のことである。予備的反訴の例を1つ挙げると，土地賃貸借契約が終了したと主張して土地所有者＝原告が，その土地の上に建物を所有している土地賃借人を被告として家屋収去土地明渡請求の訴を提起したのに対し，被告はまず，まだ賃借権が存続していると主張して，本訴請求の棄却を求めるほか，これが肯定されない場合を考えて，もし本訴請求が棄却にならないなら，家屋買収の請求につき本案判決を下してほしいと反訴を提起した，という事案がある。
2. 民訴法55条1項にいう「反訴」とは，このことを意味している。同条2項1号が「反訴の提起」につき定めているのと区別する必要がある。
3. 民訴法146条1項2号に明示のあるとおり。
4. 民訴法274条が「相手方の申立てがあるときは」としており，「職権で」ではない。
5. 民訴法300条1項に明示するとおり。

問2　（正解2）

1. 正しい。146条1項本文に定められているとおりである。
2. 誤り。本訴が取り下げられても，反訴が当然に訴訟係属を失うわけではない（261条2項）。
3. 正しい。300条1項に定めるとおりである。
4. 正しい。反訴については本訴に関する規定が適用される（146条3項）。したがって，本訴に対し反訴を提起する際に要求されているのと同じ条件の下に，反訴に対して，その反訴の相手方当事者から反訴（再反訴）を提起することができる。

解　答

5. 正しい。本訴請求と反訴請求の間に特別の関連が認められる場合は別であるが，一般に反訴であるから口頭弁論の分離や一部判決が禁止されるということはない。

No. 17

問1　（正解4）法学検定2級2001年第4問。

　審理の順序は，裁判所の裁量による。判決理由中の判断には既判力が生じないので，どのような判決理由でも既判力の点では等値であり，最も終局判決に達しやすい順序で審理すればよいからである。ただし，相殺は民事訴訟法114条2項で既判力が生じるので例外となり，最後に審理しなければならない。肢4は違法となる。

　裁判所の裁量によるから，被告主張の順序，実体法の論理構造には関係しない。審理の順序が被告に有利かどうかも関係しない。審理しやすい順序による。

　以上が，訴訟法理論からの帰結である。したがって，通常は，審理の簡単そうな時効消滅から審理することになろう。

問2　（正解3）既修者試験2004年第9問。

　一部が判決に熟しても，一部判決をするか否かは裁判所の裁量に委ねられている（243条2項）。したがって，複雑な訴訟の審理の整理・集約化および当事者の権利救済の迅速化に資する場合は，一般に一部判決をすることが許されている。しかし，請求が予備的に併合されている場合に，主位的請求を排斥する裁判をするときは，同時に予備的請求についても裁判をする必要があり，一部判決をすることは許されない（最判昭和38年3月8日民集17巻2号304頁）。

No. 18

（正解4）既修者試験2004年第4問。

1. 誤り。控訴審手続では，第1審の訴訟手続の規定を広く準用しており，民訴158条を特別の定めとして排除していない。
2. 誤り。裁判所は，続行期日に当事者の一方が口頭弁論期日に出頭しない場合に，審理の現状および当事者の訴訟追行の状況を考慮して相当と認めるときは，出頭した相手方の申出があるときに限り終局判決をすることができる（民訴244条）。
3. 誤り。当事者双方が期日に欠席しても，予定した証拠調べ（民訴183条），判決の言渡し（民訴251条2項）はできる。
4. 正しい。当事者双方が期日に欠席し，裁判所が次回期日を指定しない場合に

は，1カ月以内にいずれかの当事者が新期日の申立てをしないときは，訴えの取下げがあったものとみなされる（民訴263条前段）。この取扱いは控訴審手続にも準用されていることから（民訴292条），控訴の取下げとみなされる。
5. 誤り。当事者が準備的口頭弁論の期日に出頭しない場合は，裁判所は，準備的口頭弁論を終了することができる（民訴166条）。

No. 19

問1 （正解2）検定試験2級2004年第3問。
　　申立事項と判決事項（246条）に関わる論点を集めた出題である。2および4は，消極的確認訴訟の場合に，申立額よりも小さな額の認定をすることは，処分権主義に反することを確認させる問題である。1は一部請求，3は相殺の主張の扱いに関わる問題である。

問2 （正解4）検定試験既修者2004年第5問。
　　弁論主義における主要事実と間接事実の取扱いを問う問題。1は正しい（最判昭和46年6月29日判時636号50頁）。2は正しい。3は正しい（主張共通）。4は誤り（〈CASE 21〉参照）。5は正しい。当事者能力は訴訟要件であり職権探知事項である。

No. 20

（正解4）法学検定試験2級2003年第3問がベース。
　　自白の効力に関する問題である。弁論準備手続における自白は，口頭弁論において陳述されない限り訴訟資料として扱われない（173条）。しかし，一度口頭弁論において上程されると，通常の自白として，当事者および裁判所を拘束する。5は，先行自白の問題であり，相手方の援用により自白効力が生ずる。

No. 21

問1 （正解4）法学検定試験2級2004年第6問。
　　証拠能力を制限する規定はなく，1は正しい。2は正しい。3は正しい（191条）。4は誤り（205条）。5は正しい（195条）。

問2 （正解2）法学検定試験2級2004年第7問。
　　1は誤り（203条）。2は正しい（170条2項）。3は誤り（236条）。4は誤り（207条）。5は誤り。公務員作成の文書について，監督官庁は，文書提出義務の存否について理由を付して意見を述べることができるだけである（223条3項）。

解　答

問3　（正解2）法学検定試験既修者2004年第6問。
　　1は正しい（最決平成11年11月12日民集53巻8号1787頁）。2は誤り（最決平成12年3月10日民集54巻3号1073頁）。3は正しい（最決平成12年12月14日民集54巻9号2709頁）。4は正しい（最決平成13年12月7日民集55巻7号1411頁）。5は正しい（前掲最決平成12年3月10日）。

問4　（正解3）法学検定試験2級2003年第4問。
　　1は，自由心証主義に反するので誤り。
　　陳述書の証拠能力を制限する規定はないので
　　2は誤り。
　　3は正しい（228条4項）。
　　4は，自白の法理および職権証拠調べの禁止の原則に反するので誤り。

No. 22

問1　（正解　正しいものはない）法学検定試験2級2002年第6問。
　　中間判決と中間確認判決の違いを明らかにさせるのが狙いである。中間判決が終局判決との対比で理解されていれば，回答は容易である。中間確認の訴え（145条）は独立の訴えであり，それに対する最終的判断は終局判決である。

問2　（正解3）法学検定試験既修者2004年第9問。
　　1は正しい（243条3項）。
　　2は正しい。
　　3は誤り（最判昭和38年3月8日民集17巻2号304頁）。
　　4は通常共同訴訟の場合であり正しい。
　　5は正しい。

問3　（正解　正しいものはない）
　　確定判決と終局判決は異なる（1は誤り）。中間確認判決には既判力が生ずる（2は誤り）。一部判決は独立した終局判決である（3は誤り）。誤字等の誤りは更正決定により，法令違反は変更判決により修正される（4および5は誤り）。言渡しのない判決は非判決である（5は誤り）。

No. 23

問1　（正解3）法学検定試験既修者2003年第10問。
　　上訴の取下げにより，判決は上訴期間経過時に遡り確定するので，3は誤り。

問2　（正解3）法学検定試験2級2003年第5問であるが，ほぼ同様の問題が，平成10年，司法試験論述式問題として出題されている。形成権（詐欺による取

消）の行使は，当該請求に付着した攻撃・防御方法であるかぎり，口頭弁論終結後の主張はゆるされない。最判昭和55年10月23日民集34巻5号747頁は，口頭弁論終結時の後の詐欺による贈与の取消しを認めない。したがって，3は誤り。4は正しい（最判平成7年12月15日民集49巻10号3051頁）。

問3　（正解3）法学検定試験2級2004年第9問。

1は既判力の基準時を問うものであり，2は遮断効と相殺との関係を訊いている。相殺は，基準時以降でも主張することができる（最判昭和40年4月2日民集19巻3号539頁）。3は，元本債権と利息債権の異同の問題。4は117条の問題。5の判例とは，最判昭和57年3月30日民集36巻3号501頁である。

問4　（正解2）法学検定試験既修者2004年第8問。

1は正しい（最判昭和26年4月13日民集5巻5号242頁）。2は誤り（最判昭和48年6月21日民集27巻6号712頁）。3は正しい（最判平成12年7月7日民集54巻6号1767頁）。4は正しい（人訴24条1項）。5は正しい（大判昭和17年5月26日21巻592頁参照）。

No. 24

（正解1）法学検定試験2級2002年第7問をベースにした。1は正しい（265条）。2は誤り（267条参照）。3は誤り（275条）。4は誤り（89条）。

No. 26

問1　（正解4）法学検定試験2級2003年第10問。

1は正しい（373条1項）。2は正しい。3は正しい（369条）。4は誤り（377条）。5は正しい（375条）。

問2　（正解4）法学検定試験2級2002年第9問。

1は誤り（特別上告。327条）。2は誤り（裁16条3号，民訴311条2項）。3は誤り。4は正しい（318条1項・311条2項）。

No. 27

（正解4）法学検定試験2級2001年問題10。

肢1は誤り。〈CASE 26〉の分析を参照せよ。肢2は誤り。〈CASE 27〉の分析を参照せよ。肢3は誤り。予備的請求の基礎となる事実が密接に関連している請求の予備的併合の場合，審級の利益は害さないと解されているので，差し戻すことを要しない（最判昭和33年10月14日民集12巻14号3091頁）。肢4は正しい。肢5は，*No. 27*，2 (4) **控訴審の終局判決**を参照せよ。

解　答

No. 29

（正解２）既修者試験2004年問題10。

　肢１は誤り。不利益変更禁止の2.不利益変更禁止に関する判例(1)の〔事例１〕を参照せよ。肢２は正解。不利益変更禁止の2.不利益変更禁止に関する判例(1)の〔事例２〕を参照せよ。肢３は誤り。不利益変更禁止の2.不利益変更禁止に関する判例(2)の〔事例４〕を参照せよ。肢４も誤り。損害賠償請求訴訟の場合は，損害全体が一個の訴訟物となるため，総額において当事者の請求を越えなければ，当事者が設定した個々の損害費目の上限額を超えていても，処分権主義には反しない（最判昭和48年４月５日民集27巻３号419頁）。肢５も誤り。原告からの不服申立てがない場合，却下判決から棄却判決への変更は，原告に対する不利益変更であるため禁止される（最判昭和60年12月17日民集39巻８号1821頁）。

No. 30

（正解４）法学検定試験2002年問題10。

　肢１は誤り。**No. 30，１(5)上訴の要件と効果**を参照せよ。肢２も誤り。上告の場合，民訴316条１項・317条１項に基づき，上告状に上告の理由の記載がなく，かつ所定の期間内に上告理由書を提出しないと，決定により却下される。控訴の場合，控訴の理由は控訴状の任意的記載事項であり（286条２項），また控訴理由書も民事訴訟規則より提出が必要とされるにとどまる（民訴規182条）。故に，不適法として却下されることはない。もっとも，控訴審手続の流れにつき，***No. 30***，**２(1)控訴手続の開始**も参照せよ。肢３も誤り。***No. 30***，**１(4)上告審の終局判決**を参照せよ。肢４は正解。***No. 30***，**２(2)抗告手続の分類①**を参照せよ。

No. 31

（正解４）法学検定試験2002年問題９。

　肢１は誤り。特別上告（民訴327条）や高等裁判所から最高裁判所への上告事件の移送（民訴規203条）は可能である。肢２も誤り（裁16条３号，民訴311条２項）。上訴制度の2.控訴・上告を参照せよ。肢３も誤り。上告審は法律審たる性格し，それは上告裁判所が高等裁判所であっても変わらない。なお，***No. 30***，**１(3)上告審の審判**も参照せよ。肢４は正解。高等裁判所が第１審または控訴審として下した判決に対して，最高裁判所へ不服を申し立てる場合と，民訴法311条２項により地方裁判所が第１審としてした判決に対する最高裁判所へ不服申立てをなす場合，上告受理の申立てが認められる（318条１項）。

No. 34

（正解4）司法書士試験平成10年第5問。

　手形訴訟における証拠は，簡易迅速性の見地から，原則として書証に限られる（352条1項）。したがって，1の証人尋問や3の鑑定を行うことはできない。また，手形所持人が手形上の権利者である蓋然性が高いことに鑑みて，当事者が自ら所持し任意に提出する文書に制限されるので（352条2項），2の文書提出命令を発することはできない。さらに，受訴裁判所が自ら証拠調べをすべく，調査の嘱託は許されないので（352条4項），5の手形交換所に対する調査嘱託もすることができない。これに対して，文書の成立の真否または手形の提示に関する事実については，申立てにより，4の当事者本人尋問をすることができる（352条3項）。

No. 35

（正解4）司法書士試験平成13年第5問

ア　正しい。368条1項。

イ　誤り。368条2項。少額訴訟による審理及び裁判を求める旨の申述は，訴えの提起の際にしなければならない。

ウ　正しい。371条。

エ　正しい。374条2項。

オ　誤り。377条。少額訴訟の終局判決に対する控訴は許されないが（377条），不服のある当事者は，その判決をした裁判所に異議を申し立てることができる（378条1項）。

No. 36

（正解4）司法書士試験平成16年第5問。

ア　正しい。394条2項。

イ　正しい。392条。

ウ　誤り。386条1項。支払督促は，債権者の申立てに基づいて，簡易迅速に債務名義を付与する特別の手続であり，そこでは実体的な審理・判断は行われないので，債務者の審尋はなされない。

エ　誤り。仮執行宣言付支払督促に対し，督促異議の申立てがないとき，支払督促は，確定判決と同一の効力を有する（396条）。そのため，支払督促は，執行力を生じ，債務名義として認められるが，債権者の主張の真否についての実体的な判断はなされておらず，既判力は認められない。

解　答

オ　正しい。383条ただし書。支払督促は，債務者に送達されなければならないが（388条1項），国外にいる債務者や，住所居所等が知れないなどによって公示送達によらなければならない債務者に対して，支払督促を送達しても，督促異議の申立ての機会がないに等しいなど，債務者にとって酷であることから設けられた制限である。

No. 37

（正解5）オリジナル問題

ア　誤り。403条1項柱書。担保を立てさせてする強制執行の停止も，担保を立てさせないでする強制執行の停止も認められる。

イ　誤り。403条1項柱書。強制執行の停止を命じた裁判所は，担保を立てさせてすでにした執行処分の取消を命ずることができる。

ウ　正しい。404条1項。

エ　誤り。執行による損害を償うために担保を立てるのであるから，執行により償うことができない損害が生ずるおそれがあることを疎明して執行を停止する場合（403条1項1号2号）には，担保を立てても強制執行を続行することにより償うことのできない損害が生じうることから，強制執行の続行を命じることはできない（403条ただし書）。

オ　正しい。403条1項6号。

事項索引

あ行

違式の決定 …………………… *240*
移審効 …………………………… *210*
移 送 ……………………………… *31*
移送裁判所 …………………… *231*
一期日審理の原則 ……… *260, 267*
一事不再理説 ………………… *180*
一部請求訴訟 ………………… *184*
一部判決 ……………………… *172*
訴 え
　――の交換的変更 ………… *112*
　――の主観的予備的併合 …… *53*
　――の種類 ………………… *85*
　――の追加的変更 ………… *113*
　――の提起 ………………… *94*
　――の取下げ ……………… *195*
　――の変更 ………………… *110*
　――の利益 ………………… *84*
訴え提起前における証拠収集 … *81*
訴え提起前の和解 …………… *204*
訴え取下げの擬制 …………… *196*
訴え変更・反訴 ……………… *222*
応訴管轄 ……………………… *30*

か行

確定遮断効 …………………… *210*
確定判決の変更を求める訴え … *182*
確認の訴え ……………………… *87*
確認の利益 ……………………… *88*
確認判決 ……………………… *173*
仮執行宣言 ………… *261, 269, 275*
仮執行宣言付支払督促 ……… *274*
簡易裁判所 …………………… *203*
管 轄 …………………………… *248*
間接反証 ……………………… *150*

鑑 定 …………………………… *159*
鑑定人 ………………………… *159*
期 間 …………………………… *69*
　――の態様 ………………… *70*
期 日 …………………………… *67*
　――の延期 ………………… *68*
　――の続行 ………………… *68*
　――の変更 ………………… *68*
擬制自白 ………………… *139, 145*
擬制陳述 ……………………… *69*
既判力 ……………………………… *8*
　――の客観的範囲 ………… *183*
　――の作用 ………………… *179*
　――の主観的範囲 ………… *189*
　――の性質 ………………… *179*
　――の抵触 ………………… *249*
忌 避 …………………………… *32*
忌避権 ………………………… *234*
　――の濫用 ………………… *33*
給付の訴え ……………………… *86*
給付判決 ……………………… *173*
求問権 ………………………… *141*
境界確定訴訟 …………… *116, 225*
強制執行手続 …………………… *11*
行政訴訟 ……………………… *14*
共同訴訟 ……………………… *48*
共同訴訟参加 ………………… *59*
共同訴訟的補助参加 ………… *57*
共同訴訟人独立の原則 ……… *49*
許可抗告 ……………………… *241*
　――の制限 ………………… *243*
許可抗告制度 …………… *240, 243*
禁反言の法理 ………………… *25*
計画審理 ……………………… *121*
経験則違反 …………………… *237*
形式的不服説 ………………… *216*

301

事項索引

形成の訴え……………………………90
形成判決……………………………90, 173
形成力………………………………91
決　定………………………………170
検　証………………………………164
顕著な事実…………………………143
憲法違反……………………………232
権利・権能の濫用…………………233
権利自白……………………………151
権利能力者…………………………39
合意管轄……………………………30
公開主義……………………………123
抗告審の手続………………………241
公示送達……………………………75
公正手続請求権……………………244
公正な裁判…………………………244
控　訴………………………………211
　──の取下げ……………………213
控訴棄却判決………………………214
控訴却下判決………………………214
控訴権の不発生および放棄………212
控訴権の放棄………………………212
控訴審一般…………………………213
控訴審の終局判決…………………214
控訴審の審理………………………213
控訴手続の開始……………………211
控訴認容判決………………………214
公知の事実…………………………143
口頭審理主義………………………124
口頭弁論……………………………67, 125
　──の一体性……………………128
交付送達……………………………74
小切手訴訟…………………………258
国際裁判管轄………………………26
国内裁判管轄………………………27
固有必要的共同訴訟………………51

さ行

再抗告………………………………241, 242

最高裁判例違反……………………236
最初の抗告…………………………241
再　審………………………………245
　──の訴訟手続…………………252
　──の補充性……………………252
再審の訴え…………………………245, 252
　──の適法要件…………………246
再審事由……………………………249
再度の考案…………………………241
裁判官の除斥………………………32
裁判上の自白………………………144
裁判所等が定める和解条項………205
裁判所等が定める和解条項仲裁和解…199
裁判所の管轄………………………26
裁判長………………………………67
裁判手続の停止……………………76
裁判の更正…………………………241
裁判費用……………………………65
裁量上告制度………………………232
差置送達……………………………74
差戻裁判所…………………………231
参加承継……………………………61
私鑑定………………………………160
事件の送付等………………………229
事件の同一性………………………107
事後審………………………………232
事後審主義…………………………213
失権効………………………………92, 182
執行官送達…………………………73
執行停止……………………………281, 282
執行力………………………………86
実体的不服説………………………216
実体法説……………………………180
指定管轄……………………………30
時的限界……………………………18
自白の撤回…………………………145
支払督促……………………………273
支払命令……………………………273
事物管轄……………………………28

事項索引

司法委員 …………………… 204	証　明 …………………… 142
釈明権 ……………………… 140	——を必要としない事実 … 143
遮断効 ……………………… 181	証明責任 …………………… 147
終局判決 …………………… 171	——の転換 ………………… 148
自由心証主義 ……………… 146	——の分配 ………………… 148
集団訴訟 ……………………… 45	証明度 ……………………… 146
集中審理主義 ……………… 124	職務上知りえた事実 ……… 143
主張責任 …………………… 138	書　証 ……………………… 161
出訴期間 …………………… 249	除斥期間 …………………… 249
準備書面 …………………… 125	職権証拠調べの禁止 … 140, 153
準備的口頭弁論 …………… 131	職権進行主義 ………………… 7
少額訴訟 ………………… 13, 264	処分権主義 ……………… 9, 136
少額訴訟債権執行制度 …… 270	書面による準備手続 ……… 132
証拠共通の原則 …………… 154	信義誠実義務 ………………… 24
上　告 ……………………… 229	人事訴訟 ……………………… 14
——の提起 ………………… 229	新実体的不服説 …………… 217
——の利益 …………… 231, 232	審　尋 ……………………… 170
——の理由の主張 ………… 232	審問請求権 …………………… 46
上告期間の遵守 …………… 232	審理不尽 …………………… 232
上告棄却 …………………… 230	請求の客観的予備的併合 … 224
上告却下 …………………… 230	請求の原因 ………………… 103
上告権の濫用 ……………… 233	請求の主観的併合 …………… 48
上告受理申立 ……………… 236	請求の趣旨 ………………… 104
上告受理申立手続 ………… 237	請求の併合 …………………… 97
上告受理申立理由 ………… 236	請求の放棄・認諾 ………… 197
上告理由 …………………… 232	制限付自白 ………………… 144
証拠結合主義 ……………… 154	制限的訴訟能力者 …………… 41
証拠原因 …………………… 155	絶対的上告理由 …………… 232
証拠調べ …………………… 153	先行自白 …………………… 144
証拠資料 …………………… 155	専属管轄 ……………………… 27
証拠方法 …………………… 155	選択的併合 …………………… 98
上　訴 ……………………… 208	選定当事者 …………………… 53
——の目的 ………………… 209	全部判決 …………………… 172
——の要件と効果 ………… 210	相殺の抗弁 ………………… 224
上訴説 ……………………… 222	送　達 ………………………… 72
上訴人の利益保護 ………… 226	——の一般原則 ……………… 72
証人義務 …………………… 157	争点効 ……………………… 186
証人尋問 …………………… 156	相当な損害額を認定 ……… 147
証人能力 …………………… 157	双方審尋主義 ……………… 124

303

事項索引

即時抗告 …………………… 240
続審主義 …………………… 213
訴権の濫用 ………………… 24
訴　状 ……………… 94, 100
訴訟告知 …………………… 59
訴訟参加 …………………… 54
訴訟指揮 …………………… 67
訴訟承継 …………………… 60
訴訟承継主義 ……………… 63
訴訟上の和解 ……………… 198
訴訟脱退 …………………… 62
訴訟能力 …………………… 39
　　——の欠缺 …………… 41
訴状の審査 ………………… 104
訴訟判決 …………………… 172
訴訟費用 …………………… 65
　　——の裁判 …………… 176
　　——の担保 …………… 66
　　——の負担 …………… 65
訴訟法説 …………………… 180
訴訟無能力者 ……………… 41
疎　明 ……………………… 149

た 行

大規模訴訟 ………………… 202
対世効 ……………………… 92
代理権 ……………………… 43
　　——の欠缺 …………… 249
単純併合 …………………… 98
中間確認の訴え …………… 115
中間判決 …………………… 171
仲　裁 ……………………… 4
調査嘱託 …………………… 165
調書判決制度 ……………… 268
調　停 ……………………… 3
重複訴訟の禁止 …………… 106
直接審理主義 ……………… 124
陳述擬制 …………………… 69
陳述書 ……………………… 164

追加判決 …………………… 173
通常共同訴訟 ……………… 49
通常抗告 …………………… 241
提訴予告通知制度 ………… 81
廷吏送達 …………………… 73
手形訴訟・小切手訴訟 … 12, 258
手形判決 …………………… 261
手続教示 …………………… 266
手続的デュー・プロセス … 244
手続保障説 ………………… 218
電子情報処理組織 ………… 277
電話会議システム ………… 267
当事者 ……………………… 36
　　——の同一性 …… 36, 107
　　——の表示 …………… 37
　　——の複数 …………… 48
当事者権 …………………… 46
当事者恒定主義 …………… 63
当事者尋問 ………………… 158
当事者適格 …………… 44, 246
当事者能力（者） ……… 37, 39
当事者費用 ………………… 65
同時審判申出共同訴訟 …… 53
当然承継 …………………… 61
督促異議の申立て …… 275, 276
督促手続 …………… 13, 272, 273
特別抗告 …………………… 241
特別裁判籍 ………………… 29
特別代理人 …………… 41, 43
特別手続 …………………… 12
特別督促 …………………… 277
独立当事者参加 ……… 58, 225
独立の附帯控訴 …………… 220
土地管轄 ……………… 28, 29
取消自判 …………………… 215

な 行

任意管轄 …………………… 27
任意的口頭弁論 …………… 126

は行

- 破棄移送 …………………… 230
- 破棄差戻し ………………… 230
- 破棄自判 …………………… 230
- 破棄判決の拘束力 ………… 231
- 判　決 ……………………… 170
  - ――の羈束力 …………… 174
  - ――の更正 ……………… 175
  - ――の変更 ……………… 175
  - ――の騙取・詐取……… 25
- 判決書 ……………………… 173
- 反射効…………………………… 92
- 反射的効力 ………………… 189
- 反　証 ……………………… 150
- 反　訴 ……………………… 119
  - ――の禁止 ………… 260, 267
- 判断違脱 …………………… 233
- 引受承継…………………………… 61
- 引換給付判決 ……………… 191
- 非訟事件手続 …………… 5, 225
- 非上訴説 …………………… 221
- 必要的仮執行宣言 ………… 269
- 必要的共同訴訟 ……………… 50
- 必要的口頭弁論 …………… 126
- 必要的差戻し ……………… 215
- 非判決 ……………………… 175
- 飛躍上告 …………………… 232
- 表見証明 …………………… 147
- 複雑訴訟形態………………… 48
- 覆審主義 …………………… 213
- 不控訴の合意 ……………… 212
- 不告不理の原則 …………… 137
- 附帯控訴 …………………… 220
  - ――の要件 ……………… 221
- 附帯上告制度 ……………… 239
- 付随手続……………………… 11
- 普通裁判籍………………………… 29
- 不利益変更の禁止 ………… 224
- 文書送付嘱託 ……………… 164
- 文書提出命令 ……………… 164
- 弁論主義 ……………… 10, 136, 138
- 弁論準備手続 ……………… 132
- 弁論能力 …………………… 47
- 弁論の更新手続 …………… 231
- 弁論の終結・再開 ………… 127
- 弁論の併合・分離 ………… 127
- 法人格なき社団・財団……… 39
- 法律上の推定 ……………… 149
- 補充送達 …………………… 74
  - ――と再審 ……………… 254
- 補助参加………………………… 55
- 補助参加人の地位…………… 55
- 本案判決 …………………… 172
- 本　証 ……………………… 150

ま行

- 民事訴訟法規の規準性……… 18
- 民事訴訟法の沿革…………… 15
- 民事保全手続………………… 11
- 民訴費………………………… 17
- 民法上の組合………………… 39
- 無効判決 …………………… 175
- 命　令 ………………… 170, 240
- 申立拘束原則 ……………… 223

や行

- 予備的併合…………………… 98

ら行

- 利益変更の禁止 …………… 223
- 略式訴訟手続 ……………… 258
- 利用回数 …………………… 265
- 類似必要的共同訴訟………… 51

わ行

- 和解条項案の書面による受諾 …… 198, 205
- 和解に代わる決定 ………… 204

ケイスメソッド　民事訴訟法〔第2版〕

2006年5月10日　第1版第1刷発行
2009年4月10日　第2版第1刷発行

　　Ⓒ著者　池　田　粂　男
　　　　　　小　野　寺　　　忍
　　　　　　齋　藤　　　　　哲
　　　　　　田　尻　泰　之
　　　　　　小　林　　　　　学

　　発行　不　磨　書　房
　　〒113-0033　東京都文京区本郷6-2-9-302
　　TEL(03)3813-7199／FAX(03)3813-7104

　　発売　㈱信　山　社
　　〒113-0033　東京都文京区本郷6-2-9-102
　　TEL(03)3818-1019／FAX(03)3818-0344

　Ⓒ著者，2009. Printed in Japan　　印刷・製本／松澤印刷

ISBN4-7972-8562-8　C3332

編集代表
石川　明・池田真朗・宮島　司・安冨　潔
三上威彦・大森正仁・三木浩一・小山　剛

5741-0101　定価 本体1,280円（税別）

標準六法 '09

法曹志望者のスタンダード六法!!

見やすい横組

標準六法 '09

編集代表
石川　明　　池田真朗
宮島　司　　安冨　潔
三上威彦　　大森正仁
三木浩一　　小山　剛

standard edition of

全115法令：約1050頁

信山社
5741-0101

法学教育に、一般利用に、大学院入試に